나는
왜
혼자가
편할까
?

나는
왜
혼자가
편할까
?

7주년 기념 개정판

A ROOM
OF
ONE'S OWN

인간관계가 귀찮은 사람들의 관계 심리학

오카다 다카시 지음 | 김해용 옮김 | 이남옥 해제

📖 동양북스

타인의 어떤 말과 행동에 당신이 상처받는지를 잘 들여다봐라.
그것은 당신이 어떤 사람인지를 알려줄 것이다.

_ 카를 구스타프 융

목마른 사람에게 건네는
시원한 물 한잔 같은 책!

모두가 부러워하는 그 사람은 왜 행복을 차버리는 걸까?

이 책을 읽고 한 가족이 생각났다. 문제가 불거지기 전까지는 정말 행복하고 남들이 부러워하는 가족이었다. 남편은 잘나가는 전문직에 종사하는 능력 있는 사회인이자 가장이었다. 부인은 밝은 성격에 현모양처라는 수식어가 어울리는 타입으로 가정과 자녀 양육에 온 마음을 쏟는 사람이었다. 둘 사이에는 자녀가 네 명 있었는데 모두 건강하고 재능도 많아서 부모에게 기쁨을 가득 안겨주는 존재들이었다.

그러던 어느 날, 이 행복한 가족에게 청천벽력과도 같은 사건이 생긴다. 남편의 도박 중독이 이미 심각한 상태라는 사실이 밝혀진 것이다. 남편은 아주 오래전부터 혼자 몰래 도박을 하고 있었는데 점차 그 규모가 커지면서 빚을 지게 되었고, 급기야는 그 빚이 감당하기 힘든 지경에 이르렀다.

부인은 이런 상황을 알고 난 후, 경제적인 문제도 문제지만 남편을 도저히 이해할 수 없었고, 앞으로 어떻게 함께 살아야 할지 걱정이 되어 부부 상담과 가족 상담을 요청했다. 상담은 매회 어렵게 진행되었다. 남편은 상담실에 함께 오긴 했으나 몸만 앉아 있을 뿐 영혼이 없었다. 실제로 도박을 끊거나 가족에게 다시 돌아가고 싶다는 마음도 없는 것처럼 보였다.

이 가족은 점차 깊은 검은 바다의 심연으로 빠져들어 가는 듯했으나 안타까워하는 것은 부인뿐이었다. 솔직히 상담자인 나도 남편의 마음을 쉽게 이해하기 힘들었다. 그는 모든 것을 가진 사람이었다. 행복한 가정, 사회적 지위와 멋진 직업 등 남들은 너무나 갖고 싶어 하는 것들을 다 갖추고 있는 그가 왜 눈앞에 있는 행복을 차버리는 걸까? 행복하고 편안한 삶으로 돌아가는 것이 어렵지도 않건만 왜 어두운 동굴 속으로 들어가는 걸까?

시간이 지나면서 부부 상담은 중단되었고 부인의 개인 상담만 진행하게 되었다. 남편은 결국 가족을 떠나 아무도 연락할 수 없는 곳으로 잠적해버렸고, 홀로 남은 부인이 네 자녀를 키워냈다.

부유하게 살다가 갑자기 경제적으로 힘들어지자 가족 모두가 낯설고 불편해했지만, 그래도 부인은 해냈다. 자녀들도 아빠에게 버림받았다는 충격으로 사춘기 때 방황도 하고 성적이 떨어지기도 했지만 엄마의 지극한 사랑으로 조금씩 극복하면서 모두 나름대로 삶의 방향을 찾아가고 있다고 전해 들었다. 나는 부인의 회복탄력성에 감탄하면서도 남편의 행동은 이해할 수가 없었다.

바로 이 남편과 같은 사람을 이해할 수 있도록 도와주는 것이 이 책, 『나는 왜 혼자가 편할까?』이다.

이 부부의 경우, 문제의 원인을 남편에게, 혹은 부인에게 찾으려 하면 서로 답답해질 뿐이다. 만약 남편의 잘못을 찾아 나열하게 되면 그는 더더욱 자신만의 동굴 속이나 무인도로 도망가버릴 것이다. 또 '남편을 그렇게 만든 것이 부인 탓은 아닐까?'라는 식의 질문을 하는 순간, 부인은 더 큰 상처를 입게 될 것이기 때문이다.

좀처럼 마음을 열지 않는 회피형 인간의 딜레마

심리 상담은 크게 두 가지로 나누어볼 수 있다. 하나는 설명적인 접근이고 다른 하나는 실천적인 접근이다. 설명적인 접근이란 지금 현 상태에 대한 원인을 찾아가는 작업이다. 그 설명이 과학적이든 비과학적이든 '아, 그래서 그런 거구나' 하고 납득하게 해준다면 우리의 마음은 녹아내리고 치유받게 된다. 즉 그 문제에서 자유로워질 수 있게 되는 것이다. 만약 이해가 되지 않을 경우, 우리는 심리적으로 더 묶여 있게 된다.

이에 비해 실천적 접근이란 구체적인 변화를 추구하는 방법이다. 회피형 인간이 자신의 동굴 밖으로 나올 수 있도록 그 실질적인 방법을 찾는 것이다. 이를테면 자신의 감정을 인지하고 표현하도록 돕고 건강한 대인 관계를 위해 새로운 행동들을 학습하는 것이다. 이 두 가지 방법은 각각 장점이 있으면서 서로 보완이 된다는 특징이 있다.

오랫동안 상담한 경험을 통해 보면 이 두 접근 중 설명적인 접근을 첫 번째로 하고 두 번째로 실천적인 접근을 시도하는 것이 효과적이다.

우선 설명을 통해 자신과 타인에 대해 충분히 이해를 하고 나면 '아 그래서 그랬구나! 내가 이상한 게 아니구나. 내가 한 행동들은 나의 특별한 경험과 성향이 만들어내는 자연스러운 행동들이었구나!'라고 수용할 수 있게 된다. 이렇게 된 이후에 실천적인 접근을 하면 큰 저항 없이 새로운 변화의 필요성을 쉽게 인식하고 또 노력하게 된다.

위 사례의 경우, 남편은 원가족 안에서 정서적인 보살핌을 받지 못한 사람이었다. 탁월한 지적 능력으로 학업과 직업에서 성공을 거두었지만 관계에서는 능력도 없었고 또 주어진 행복을 느낄 수도 없는 사람이었다. 오히려 행복할수록 '언제 이 행복이 떠나갈까' 하고 불안해하면서 불행이 닥쳐도 잘 견뎌야 한다는 무의식적 자기 보호에만 모든 노력을 기울였던 것이다. 그렇게 본다면 남편의 행동을 일방적으로 비난만 할 수는 없다. 더욱이 '남편이 그렇게 된 건 부인 탓이 아닐까?' 하고 부인에게 책임을 전가하는 것은 부당한 일이다. 그저 부부 모두가 남편의 특징을 잘 이해하고 수용하는 것이 답이다.

하지만 이렇게 설명적 접근으로 남편의 성향을 이해한다고 해서 문제가 완벽하게 해결되지는 않는다. 남편은 조금씩 타인과 장기적 관계를 맺는 법에 익숙해져야 한다.

그래서 그가 가족 안에서, 관계 안에서 행복을 느낀다면 모두에게 좋은 것이다. 이때 필요한 것이 바로 실천적인 접근이다. 우선 설명적인 접근으로 자기 이해와 수용이 이루어지고 나면 자존감이 살아나기 때문에 실천적인 접근은 마치 순풍에 돛 단 듯 진행된다.

설명적인 접근 없이 바로 실천적인 접근을 하게 되면 당사자는 심리적으로 따라가기가 버겁고 실천이 지속되기도 힘들다. 단 여기서 딜레마가 있다. 회피형 인간은 설명적인 접근에 좀처럼 마음을 열기가 어렵다는 것이다. 위 사례에 나오는 남편처럼 상담에 응해도 좀처럼 마음을 열지 못하다가 잠적하기 일쑤다.

히키코모리가 된 모범생 아들의 외마디 외침

이 책은 이 두 가지 접근을 모두 포함하고 있다. 1장에서 5장에 걸쳐 애착 관계에 대한 설명이 등장하는데 안정형과 불안정형 또 불안정형 중에서도 불안형과 회피형을 잘 구분하여 설명하고 있다. 6장과 7장에서는 어떻게 하면 회피형에서 벗어날 수 있는지 구체적인 해결책을 제시한다.

이 책에 등장하는 회피형 인간에 대한 설명은 매우 흥미롭다. 읽다 보면 많은 사람들의 얼굴이 떠오른다. 그리고 그들이 왜 그런 말과 행동을 했는지 이해가 된다. 어쩌면 조금은 그들과 화해할 수 있게 도와주기도 한다. 아마도 독자 중에는 이 책을 통해 타인뿐만 아니라 자기 자신과 화해하게 된 사람도 있을 것이다.

저자 오카다 다카시는 왜 회피형 인간이 되어버렸는지, 그 원인으로 부모의 방임뿐만 아니라 과도한 관여와 집착을 지적하고 있다. 이는 매우 날카롭고 설득력 있는 가설이다.

애착 이론의 창시자인 존 볼비(John Bowlby, 1907~1990)와 이후 이를 더욱 발전시킨 메리 애인스워스(Mary Ainsworth, 1913~1999)는 애착 유형을 구분할 때 방임, 방치당한 자녀들이 자라서 회피형 인간이 된다고 밝힌 바 있다. 그러나 실제 상담 현장에서 지켜본 바로는 부모의 방임이 아닌 과도한 사랑 때문에 회피형 인간이 된 사례가 무척이나 많았다. 그들은 부모의 끊임없는 간섭과 지배에서 자신을 보호하기 위해 철통같은 방벽을 쌓고 있었다. 그리고 그 때문에 부모가 아닌 타인에게도 가까이 오지 못하도록 선을 긋고 있었다.

이 유형에 딱 맞는 또 다른 내담자가 생각난다. 그는 20대 후반의 청년이었다. 한눈에도 선해 보이는 인상이었는데 히키코모리처럼 집 밖으로 나오지 않고 있었다. 아들의 이런 모습을 보고 답답해진 부모가 상담을 신청한 사례였다.

부모는 성실한 사람들이었다. 아버지는 평생 한 직장에서 꾸준히 일하다가 정년퇴직한 이후 연금을 받으면서 자신의 직업적 노하우로 컨설팅을 병행한 덕분에 꽤 높은 수입을 올리고 있었다. 어머니 역시 성실한 사람으로 평생 동안 가정과 직장 두 가지를 다 잘하기 위해 열심히 산 사람이었다.

두 사람 모두 성실하게 열심히만 하면 뭐든 된다는 신념을 갖고 있었다. 아들에게도 열심히 공을 들이면 잘될 거라고 생각했기 때문에 어린 시절부터 치밀하게 공부 계획을 세워주고 실천 여부를 직접 컨트롤했다. 특히 어머니는 자기 자신이 부모에게 도움을 못 받아 대학을 가지 못했다는 상처를 안고 있었기 때문에 아들의 대학 진학을 위해서라면 불구덩이에라도 뛰어들 기세로 지원을 마다하지 않았다. 그러나 불행하게도 이 좋은 의도와 노력이 빛을 보지 못한 것은 그런 자신들의 행동을 몹시 거북해하고 힘겨워하는 아들의 성향을 간과했기 때문이었다.

아들은 겉으로 보기에 착하고 순했고, 부모가 시키는 대로 잘 따라오는 것 같았다. 이 때문에 부모는 더더욱 심리적 문제가 있을 거라고는 생각하지 못했다. 그러나 속으로만 끙끙 앓고 있던 아들은 대학을 졸업한 후 그만 심리적으로 나가떨어지고 말았다. 자신의 일거수일투족을 관여하는 부모 곁에서 아들이 할 수 있는 일이라는 건 단지 아무 말도 하지 않는 것, 방 밖으로 나오지 않는 것뿐이었다.

몇 차례의 가족 상담을 통해 이들은 서로의 행동에 대해 이해하게 되었고, 서로에 대한 감정을 허심탄회하게 이야기하는 시간을 갖게 되었다. 부모가 먼저 아들에게 미안하다고 사과를 했다. 상담자인 나는 아들에게 부모에게 하고 싶은 이야기를 하라고 격려했다. 그런데 이때 이 아들이 쏟아낸 절규를 나는 잊을 수가 없다. 그가 용기를 내어 어머니에게 쏟아낸 말은,

"꺼져----!"

라는 외마디 외침이었다. 그 목소리가 주는 울림은 아직도 내 귓가에 생생하다.

내가 왜 이러는지, 저 사람이 왜 저러는지 궁금하다면 꼭 봐야 할 책

부모의 방임뿐 아니라 과도한 관여와 집착이 자녀를 회피형 인간으로 만드는 것을 증명하는 사례는 이뿐만이 아니다. 내가 상담을 통해 내담자에게 들은 이야기 중에는 이런 사례가 무척이나 많았다. 한 내담자가 남겼던 명언도 기억난다.

그는 이렇게 말했다.

"저희 아버지는 지적과 비난을 통해서 저를 무기력하게 만들어요. 그러고 나서는 열심히 살라고 해요."

또 다른 한 내담자가 했던 말도 기억에 남는다.

"어머니는 공부시킨다는 목적으로 이틀에 한 번꼴로 저에게 매를 들었어요."

그는 분노도 미움도 아무 감정도 없이 그냥 덤덤하고 무기력하게 이렇게 말했다.

부모가 아무리 자식을 사랑하고 헌신한다고 해도 자녀들이 왜 이를 좋게 받아들일 수 없는지, 그 이유를 말해주는 대사들이다.

나는 이 책을 읽으면서 방임만이 아니라 과도한 집착이 회피형 인간을 양산한다는 사실을 다시 한번 생생하게 확인할 수 있었다.

저자 오카다 다카시는 현대사회에서 회피형 인간이 증가하는 이유로 가족 내부의 문제뿐 아니라 사회적 문제도 지적하고 있는데, 이는 매우 설득력이 강하다. 정보의 홍수 시대가 만든 부작용 특히 컴퓨터나 스마트폰의 과다 사용이 뇌에 미치는 영향, 또 핵가족화와 더불어 여성의 사회 진출로 돌봄 노동이 외주화된 상황은 애착 형성에 큰 변화를 만들고 있다. 이러한 환경의 변화로 결국 회피형 인간은 앞으로 더욱 늘어날 것이고 이제 모든 사람들이 고민해야 하는 사회적 문제가 되었다는 것이다.

또한 이 책의 장점은 이렇게 문제점을 지적할 뿐 아니라 해결책을 친절하게 제시하고 있다는 점이다. 회피형 인간의 문제에 대해 극명하게 드러낸 이후에 그가 제시하는 다양한 해결책은 목마른 사람에게 건네는 시원한 물 한잔처럼 소중하고 반갑기만 하다. 많은 독자들에게도 6장과 7장에 나오는 해결책은 귀한 조언이 될 것이다.

이 책은 '내가 왜 이러는지, 어떻게 해야 하는지' 혹은 '저 사람은 도대체 왜 저러는지, 어떻게 대처해야 하는지'가 궁금한 일반 독자

뿐 아니라 상담이나 심리치료 및 관련 분야에서 일하는 많은 전문가들에게도 귀한 지침서가 될 거라 생각한다. 귀한 책을 쓴 저자 오카다 다카시와 번역자 김해용, 그리고 이 책을 만든 출판사 모두에게 독자로서 감사드린다.

서초동에서
이남옥
(가족치료 전문가, 『나의 다정하고 무례한 엄마』 저자)

나는 회피형 인간인가?

다른 사람과 친밀한 관계로 발전하는 것을 싫어한다, 혼자 있는 편이 더 마음 편하다, 결혼을 하거나 자녀를 갖는 일에 소극적이다, 책임이나 속박을 싫어한다, 상처받는 일에 민감하다, 실패가 두렵다……. 이런 특징을 가진 사람들이 급증하고 있다. 심리학 용어로는 이런 사람들을 가리켜 '회피성 인격 장애'라 지칭한다.

이런 성향을 갖고 있는 사람들은 다른 사람에게 거리를 둘 뿐만 아니라, 실패할 것 같은 일, 상처받을 만한 일을 최대한 피해가려고 애쓰기 때문에 인생 자체가 위축되기 쉽다. 자신의 능력보다 질적으로 낮은 삶에 만족해버리는 것이다. 그러나 친밀한 관계나 정서적 유대 관계를 피한다거나, 결혼이나 자녀 등 책임져야 하는 일을 회피하는 성향은 비단 '회피성 인격 장애'에만 해당되는 것은 아니다. 언뜻 보면 매우 사교적이며 인생을 즐기는 것처럼 보이는 사람 혹은 사회적인 지명도가 높은 사람 등등 많은 유형과 계층의 사람들에게서도 이와 같은 특징을 발견할 수 있다. 이런 특성을 좀 더 깊이 추적해보면 그 사람의 내면 깊숙한 곳에 '회피형 애착 성향'이 있다는 것을 알 수 있다.

이것이 사회에 적응하는 데 지장이 되는 수준에 이르면 '회피성 인격 장애'라고 부르는 것이다. 일반 수준의 애착 성향은 '회피형'이라는 표현을, 장애 수준의 애착 성향은 '회피성'이라는 표현을 쓰는데, 영어로 표현하자면 두 가지 모두 '어보이던트(avoidant)'이다. 두 단계 모두 지속적으로 일어나는 현상이고 현대인들 사이에서 이런 현상은 점점 늘어만 가고 있다. 그리고 이는 환경오염이나 지구온난화 못지않을 만큼 중요한 문제라는 것을 이 책을 읽으면서 알게 될 것이다.

우리는 가족 관계를 비롯한 대인 관계, 성생활, 자녀 양육 등등 친밀함이 필요한 인간관계에서 점점 더 많은 스트레스를 받게 되었다. 혼인율이나 출산율 저하의 주범으로 주로 경제적 문제를 지목하곤 하지만 실제로 따져보면 그렇지도 않다. 지금보다 훨씬 가난하고 궁핍한 시대에도 혼인율이나 출산율은 월등히 높았기 때문이다. 거의 굶어 죽기 일보 직전이더라도 많은 사람들이 가정을 꾸리고 자녀를 생산하는 일이 필수라고 생각했던 것이다. 그런데 지금은 많은 사람들이 혼자 지내는 시간이나 자신을 위해 쓸 돈을 줄이면서까지 가족을 만들고 싶다고는 생각하지 않는다. 이것은 경제적 문제만이 아닌 '회피형 애착 성향' 때문이다. 과거 존재했던 인류와는 또 다른 '종(種)'으로 분화해가고 있다고 표현할 정도로 우리의 신체에는 생물학적 변화가 일어나고 있는 것이다.

이 문제에 대해 생각해보기 전에 먼저 '회피형 애착 성향'이 무엇인지 알아보자. 이것만 제대로 파악해도 인간관계에서 발생하는 불협화음의 정체를 좀 더 쉽게 파악할 수 있다. 일반 독자뿐 아니라 인격 장애나 심리학에 대해 어느 정도 지식이 있는 독자들도 이 둘의 관계에 대해 알게 되면 더 많은 지식을 얻을 수 있을 것이다. 이를테면 회피형 애착 성향에 환경적인 요소가 더해져 또 다른 인격 장애로 발전한다거나, 역으로 다른 종류의 인격 장애인 사람의 내면에 회피형 애착 성향을 발견한다거나, 하는 상황을 이해하게 될 것이다. 이 책이 왜 여러 가지 애착 성향 중 '회피형 애착 성향'을 다뤘는지, 그 이유 역시 절로 알게 될 것이다.

'회피형 애착 성향'은 그 사람의 인생을 곤란하게 만들 뿐 아니라, 이 사회가 유지되는 것을 방해하는 요소이기도 하다. '회피형 애착 성향'이 강한 사람들이 왜 이렇게 늘어나는지를 파악하는 것보다 더 중요한 것은 회피형 인간들이 어떻게 하면 지금보다 더 인생을 편안하고 내실 있게 만들 수 있는지 그 방법을 터득하는 것이다.

이 책의 목적은 바로 여기에 있다. 회피형 인간이 어떻게 하면 자신의 단점을 극복할 수 있는지, 어떻게 하면 장점을 활용하여 자신에게 가장 최적화된 인생을 보낼 수 있는지 그 대안을 제시하는 것이 궁극적인 목적인 것이다.

이 문제의 해결책을 찾기 위해서는 기존의 상식적인 가치관이나 사고방식, 관념 등이 통하지 않는다는 것을 전제해야 한다. 회피형 인간은 일찍이 인류 역사상 보지 못했던 새로운 종이라고 명명할 만큼 완전히 다른 형태의 인간형이기에 기존의 가치 체계가 아닌 대안적인 가치 기준으로 분석하지 않으면 안 되기 때문이다.

다만 그 새로운 가치관이 사회 유지에 보탬이 될 것인지 아닌지, 그것을 파악하는 것이 현재로선 불투명하다는 것이 문제이다. 인류는 아직 이 종에 대해 충분한 연구를 하지 못했다. 또한 그 어떤 사상이나 철학으로도 이 종을 설명할 수가 없다. 디지털 기술의 발전과 아날로그의 붕괴가 극과 극으로 대비되는 현 상황에서 인류는 마치 레밍(lemming, 유라시아와 북아메리카 등 북반구에 폭넓게 분포하는 설치류의 한 종류. 특히 북유럽에 사는 노르웨이 레밍은 집단 자살로 유명하다 – 옮긴이)처럼 개개인의 의지와 상관없이 공동 운명체가 되어 죽음의 행진을 하고 있는 상황이다.

그러나 그럼에도 불구하고 우리는 살아야만 한다. 인류의 생존과는 별개로 우리 모두는 스스로의 삶을 마무리해야만 한다. 그러기 위해서 어쨌거나 지혜 내지는 삶의 기술이 필요한 것이다. 나는 이 책에서 회피형 인간이 실제 삶에서 응용할 수 있는 생존법을 최대한 제공하고자 노력했다. 그러기 위해서 여러 유명인의 사례를 소개하였는데, 그 외 일반인의 경우에는 여러 사례를 혼합하여 재구성한 것이므로 특정 인물과는 관계가 없다는 사실을 밝히는 바이다.

/ 1장 /
회피형 인간의 탄생

"왜, 혼자가 편한 걸까?"

나 는 왜 혼 자 가 편 할 까 ?

/ 애착 성향이란 무엇인가? /

대인 관계가 늘 안정적이고 신뢰를 바탕으로 한 친밀한 관계를 즐기는 사람이 있는 반면, 늘 불안정하고 표면적이며, 관계 형성이 어렵고, 관계가 성립되더라도 오래 지속하기 어려워 친밀한 신뢰 관계를 구축하기 힘든 사람도 있다. 이러한 차이의 근본적인 원인은 '애착 성향' 때문이다. '애착 성향'은 어린 시절부터 어머니와의 관계에서 시작되어, 여러 대인 관계를 경험하는 과정에서 확립되는 것으로 단순히 심리학적인 특성뿐만 아니라 생물학적인 특성에서 결정되기도 한다. 무리 지어 행동하는 것을 좋아하는 종이 있고 단독으로 행동하는 것을 좋아하는 종이 있다. 이 같은 차이는 생물학적인 것이지만 애착 성향의 차이도 그와 관련된 특성이라 할 수 있다.

애착 성향은 크게 안정형과 불안정형으로 나눌 수 있는데, 불안정형은 다시 불안형(포로형, 어린이의 경우에는 양가형兩價型)과 회피형(애착경시형)으로 나눈다. 불안형과 회피형이 다 포함된 공포회피형(어린이의 경우에는 혼란형)이나 애착의 상처를 평생 안고 가는 미해결형이라고 불리는 유형도 있다(아래 표 참조).

애착 시스템이 균형 있게 기능하고 있는 상태가 안정형이라면, 불안형은 애착 시스템이 민감해서 과도하게 작동하는 상태라고 할 수 있다. 한편 이 책의 주제인 회피형은 애착 시스템의 작동이 억눌린 채 저하된 상태이다(자신이 어떤 애착 성향에 해당하는지는 책의 뒷부분에 나오는 '애착 성향 진단 테스트'를 참조하면 된다).

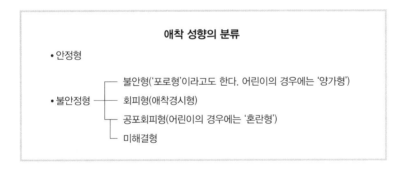

애착 성향의 분류

- 안정형

- 불안정형 ─┬─ 불안형('포로형'이라고도 한다. 어린이의 경우에는 '양가형')
　　　　　　├─ 회피형(애착경시형)
　　　　　　├─ 공포회피형(어린이의 경우에는 '혼란형')
　　　　　　└─ 미해결형

한마디로 '애착이 불안정'하다 해도 불안형과 회피형은 정반대의 양상을 보인다. 예를 들어 연인에게 이별을 통보받은 스트레스 상황에서도 반응은 정반대이다. 불안형은 상대방에게 매달리고 울부짖으며 저항한다. 하지만 회피형은 표정 변화가 거의 없을 정도로 쿨하게 반응한다. 시련을 겪거나 사건 사고를 당했을 때도 대응 방식이 매우 다르다. 불안형은 누구든 상관없이 의논하려 들면서 과도하리만치 큰 소동을 일으킨다. 하지만 회피형은 아무 일도 없었던 것처럼 그저 혼자서 버틴다. 불안형은 잘 받아주기만 한다면 누가 됐든 어리광을 피우려 하지만 회피형은 누구에게도 속마음을 털어놓지 않고, 어리광도 피우지 않는다.

이를테면 똑같이 불안정한 환경에서 자란 아이여도, 예민하게 주변 사람 눈치를 보면서 그들의 마음에 들려고 애쓰는 유형이 있는 반면, 주변의 반응에 전혀 신경 쓰지 않고 차가운 태도를 보이는 유형이 있다. 이것이 바로 각각 불안형과 회피형의 특징적인 반응이다. 실제로는 양쪽 요소가 뒤섞여 있는 경우도 적지 않은데 이것이 바로 공포회피형이다. 이들은 주변인들에게 과도한 배려와 친절을 베풀며 친밀함을 요구하면서도, 누구에게도 마음을 허락하지 않기 때문에 신뢰를 쌓지 못한다는 점이 특징이다. 이 책에서 주로 다루는 것은 회피형이지만, 그 외의 유형에 대해서도 기회가 되면 이따금 언급할 것이다.

회피형은 친밀한 관계를 거부하는 성향이 강한데, 심한 경우에는 사회 적응이 힘든 수준에 이르기도 한다. 애착 장애 중에는 원래 어린이의 질환으로 분류하던 억제성 애착 장애가 있는데, 누구에게도 마음을 열지 않는 것이 특징이다. 이 유형은 방치나 학대 등의 극단적인 환경을 경험한 어린이에게 쓰이는 상당히 좁은 개념이기 때문에, 어른에게도 폭넓게 적용시킬 수 있는 개념으로는

'회피성 애착 장애' 혹은 '회피성 인격 장애'라는 용어를 사용한다. 이 책에서는 '회피형 인간'이라는 용어를 써서 이야기를 전개해나 가도록 하겠다.

/ 회피형 인간의 특징 /

회피형 인간의 최대 특징은 타인과의 친밀한 관계를 원하지 않는 다는 점이다. 회피형 인간은 자신의 속마음을 드러내지 않고, 상대 방이 친밀함이나 호의를 보여도 무뚝뚝한 반응을 보이는 경향이 있다. 기본적인 성향이 타인과 함께 시간을 보내는 것보다 혼자 뭔 가 하는 것을 좋아한다. 타인과 함께 시간을 보내는 것에 전혀 흥 미가 없는 것은 아니며 마음만 먹으면 잘 지낼 수도 있지만 그러 기 위해서는 그만큼의 고통과 노력이 동반되기 때문이다. 부분적 인 회피형 인간도 상처받거나 거부당하는 것에 대해 민감하게 반 응하고 타인과 친해지거나 자신의 존재가 드러나면 그에 따른 책 임을 최대한 피하려고 한다. 그러나 회피형 인간처럼 불안해하고 소극적으로 반응하지는 않는다. 이들 중에는 언뜻 보면 자신감이 충만하고 오만한 사람, 혹은 냉혹하고 태연스럽게 타인의 공을 착 취하는 사람도 있다. 하지만 겉모습은 정반대일지라도 친밀한 관 계나 지속적인 관계를 피한다는 점에서는 같다. 즉 회피형 인간의 본질은 불안감이 강하다거나 소극적이다거나 하는 데 있지 않다.

친밀한 신뢰 관계와 그에 따른 지속적인 책임을 피하는 것. 이것이 핵심적인 특징이다. 친밀한 신뢰 관계란 지속적인 책임과 결부되어 있다. 회피형 인간은 그것을 성가시다고 생각한다. 이를테면 사회적으로나 경제적으로도 결혼과 자녀 양육이 충분히 가능한데, 그것들을 성가신 짐으로 여기기 때문에 꼭 결혼하지 않아도 된다고 생각하며 아이를 갖고 싶어 하지도 않는다. 뭔가를 지속적으로 책임져야 하는 것을 의식한 순간 사랑의 열정조차 차갑게 식어버리기도 한다. 이 유형의 또 다른 특징인 감정을 억제하는 성향도 친밀한 관계나 지속적인 책임을 피하는 것과 밀접한 관련이 있다. 친밀함은 정서적인 것으로만 성립되기 때문이다. 정서적으로 교감하는 것이야말로 애착이며 진정한 친밀함인 것이다. 하지만 정서적인 애착 관계에는 지속적인 책임감이 필요하다. 그러다 보니 책임으로부터 도망치고 싶을 때는 애착이 족쇄가 되고 만다. 그러니 책임감에서 벗어나기 위해서는 최대한 친밀한 관계를 만들지 않아야 하는 것이다. 그런 의미에서 회피형 인간의 사회 적응 전략은 친밀함을 피함으로써 정서적인 속박이나 책임으로부터 자유로워지려는 것이라 할 수 있을 것이다.

/ 의외로 적은 유전적 요인 /

사람들과 사귀는 게 힘들다거나 친밀한 관계를 좋아하지 않으며,

혼자 있는 게 더 마음 편한 회피형 인간의 특징이 유전적 요인에서 비롯된다는 설이 있었다. 과거에는 이런 경향의 사람을 분열성 인격 장애(스키조이드)라 부르며, 유전적으로 타고난 기질이라고 생각했다. 그런데 연구가 진행됨에 따라 애착 성향을 결정하는 것은 유전적 요인보다 오히려 환경적 요인이라는 게 밝혀졌다. 좀더 정확하게 말하자면 4분의 1 정도는 유전적인 영향이지만 나머지 4분의 3 정도는 양육 환경 등의 2차 요인에 의해 결정된다는 것이다. 그것도 어린 시절의 영향이 가장 큰데, 특히 한 살 반까지의 양육 환경이 중요하다. 다만 그 이후의 환경도 관계가 있는데 학교나 사회에서 겪는 대인 관계가 주는 영향도 적지 않다. 또한 의외로 매우 큰 영향을 주는 인간관계는 바로 연인 관계나 부부 관계이다. 이 점에 대해서는 뒤에서 다시 다룰 것이므로, 우선 여기에서는 유전적 요인보다 환경적 요인이 애착 성향에 더 많은 영향을 미친다는 것만 기억하면 된다. 심지어는 언뜻 보면 유전적으로 보이는 애착 성향도 실은 후천적인 체험에 의해 만들어진 경우가 많다고 하는데 이와 관련해서는 재미있는 연구 결과가 있다.

네덜란드의 판 데르 베임 등의 연구진은 생후 6개월 된 신생아들 중에서 신경질적이고, 잘 울어서 손이 많이 가는 백 명을 골라 절반씩 두 그룹으로 나누어 3개월 동안 심리 실험을 했다. 한 그룹의 아기들에게는 별다른 변화 없이 평범하게 응해주었고, 다른 한 그룹의 아기들에게는 반응에 적극적으로 응해주었다.

그러고 나서 생후 한 살이 되는 시점에 아기들의 애착 유형을 조사했다. 결과는 놀라웠다. 평범한 대응만 해준 그룹의 아기들은 대부분이 회피형 애착 성향을 보인 반면 적극적으로 대응해준 그룹의 아기들은 거의 대부분이 안정형 애착 성향을 보였던 것이다. 게다가 이런 성향은 두 살이 되는 시점에도 마찬가지였다. 생후 6개월부터 단 3개월 동안만 어머니와 적극적으로 접촉해도 안정형 애착 성향이 형성되고 그것이 지속적으로 나타난다는 사실은 후천적인 양육 방식이 애착 성향에 얼마나 큰 영향을 미치는지를 보여준다. 또한 사람들 중 3분의 2는 두 살 때의 애착 성향을 성인이 될 때까지 유지한다고 알려져 있다. 신생아 시절 3개월이라는 짧은 기간에 형성된 부모와의 관계가 평생 동안의 대인 관계나 행동 패턴에 영향을 미치는 것이다. 그와 동시에 이 심리 실험 결과는 상당히 중요한 사실을 우리에게 가르쳐준다. 바로 우리가 흔히 말하는 '선천적인 성격'이라는 것도 사실 유전적 요인이라기보다는 부모(혹은 양육자)와의 관계 양상에 따라 좌지우지된다는 점이다. 주의를 기울여주고 적극적으로 반응해주기만 하면 대부분이 적응력이 높고 안정된 '성격'을 갖게 된다. 어린 동안에는 부모가 관계 방식을 달리함에 따라 비교적 짧은 기간 안에 애착 성향을 안정된 것으로 바꿀 수 있다. 회피형 성향을 보이는 아기라 해도 함께하는 시간이나 스킨십을 늘리고, 적극적으로 공감해주면 짧은 시간 안에 안정형 애착 성향으로 바뀐다. 또 나이가 어릴수록 효과가 빠르고 좋긴 하지만, 나이를 먹은 이후에도 전혀 불가능한 것은 아니다. 애착 성향은 한 번 형성된 이후로는 점점 굳어가기 때문에 쉽게 바뀌는 것은 아니지만, 절대적으로 불변하는 것은 아니기 때문이다. 성인이 된 이후에도 불안정형 애착 성향이었던 사람이 안정형 애착 성향으로 바뀌는 경우도 있고, 그 반대의 경우도 있다. 이런 경우 가까이에서 늘 함께하는 사람의 애착 성향이 큰 영향을 준다. 즉 신생아에게 했던 것과 똑같이 적극적으로 반응하고 배려해주면 애착 성향이 점점 안정형으로 변해간다. 이에 관해서는 뒤에서 더욱 자세히 이야기할 것이므로 우선 애착이란 무엇인가 하는 기본적인 부분부터 살펴보도록 하자.

/ 애착이란 무엇일까? /

그럼 애착이란 무엇일까? 어떤 기능과 의미가 있기에 애착 관계를 만들어야 할까? 또 애착이 결핍된 상태에서 양육한다는 것은 구체적으로 어떤 양상이며 어떤 영향을 끼치는 것일까? 우리 모두는 누군가와 애착 관계를 경험하지만, 그것이 어떤 의미가 있는지는 의식하지 못하고 살아간다. 인류 최초로 애착의 심리학적 의미뿐만 아니라, 생물학적 의미를 밝히려 했던 사람은 영국의 정신과 의사인 존 볼비이다. 볼비 이전에는 아기가 어머니에게 애착심을 갖는 것은 모유를 얻기 위한 실리적인 목적 때문이라고 판단했다.

　그런데 볼비가 전쟁으로 고아가 된 어린이를 조사하면서 알게 된 것은 아무리 영양 공급이 원활하다 해도 정서적인 안정감이 없으면 성장하지 않는다는 사실이었다. 아기가 잘 자라기 위해서는 어머니와의 유대감이 필수인 것이다. 그것이 결여돼 있는 상태를 볼비는 '모성애 박탈'이라는 개념으로 파악했다. 볼비 이후 이에 대한 여러 다른 연구가 진행됨에 따라 아기의 성장에는 모성애가 필수라는 사실이 판명되었다. 그중 대표적인 것이 심리학자 해리 할로(Harry Harlow, 1905~1981 – 옮긴이)가 붉은털 원숭이와 마카크 원숭이에게 행한 동물실험이다. 그의 실험에 따르면 새끼 원숭이는 어미 원숭이와 떨어지면 성장하지 못하고 죽고 말았다. 아무리 우유를 풍족하게 주어도 성장하지 않았던 것이다. 그러나 어떤 시도를 하면 성장이 가능했다. 그것은 새끼 원숭이가 안길 수 있을 정도 크기의 어미 원숭이 인형을 준비하는 것이었다. 할로는 우유병을 쥔 철사 인형(철사 어미)과 우유병은 없지만 부드러운 감촉의 천으로 만든 인형(헝겊 어미)을 준비하고, 둘 중 어느 경우에서 새끼 원숭이가 더 잘 지내는지를 조사했다. 그 결과 중요한 사실을 알게 되었는데, 헝겊 어미와 함께 있는 새끼 원숭이가 더 잘 지냈다. 즉 새끼 원숭이에게는 우유 못지않게 매달릴 수 있는 존재, 푹신하게 안길 수 있는 존재가 필요하다는 것이다. 그러나 살아남을 수는 있어도 살아 있는 어미 밑에서 자라지 못한 새끼 원숭이는 중대한 결함을 안고 있었다. 불안감이 강하고, 다른 동료들과의 놀이에 끼지도 못했던 것이다. 설사 동료들과 어울리게 되었다고 해도 도저히 극복할 수 없는 문제가 있었다. 그것은 바로 이성 관계와 자녀 양육 문제였다. 어미 밑에서 자라지 못한 새끼 원숭이는 청년기를 맞이해서도 이성에게 친밀감을 느끼지 못했고, 새끼를 낳아 키우는 일은 더더군다나 쉽지 않았다. 이런 사실들은 결코 원숭이에게만 해당되는 이야기가 아니며, 인간에게도 그대로 적용된다. 포옹 같은 스킨십이 없으면 새끼 원숭이는 제대로 성장하기는커녕 생존 자체도 원활치 않았다. 인간의 역사에서도 그와 비슷한 사례가 있다. 과거, 시설에 수용된 고아의 90퍼센트는 성장하지 못하고 죽었다고 한다. 훗날 스킨십의 중요성에 대한 연구 결과가 나온 이후로는, 이 점을 배려해서 조치를 취했고 사망률도 대폭 저하되었다. 하지만 그 내용을 들여다보면, 일정 시간 동안 보육교사 등이 아기의 몸에 손만 대고 돌아다니는 등의 형식적인 조치였다. 그것만으로도 생존율은 개선되었다. 그러나 모성애를 느끼며 성장하지 못한 아이는 살아남을 수는 있어도, 심리적으로도 매우 불안하다. 성인이 된 이후 배우자를 구하거나, 자녀를 양육하면서 큰 문제를 드러낸 것이다. 물론 인간의 경우에는 원숭이와는 달리 가혹한 환경에서 성장해도 고난을 극복하고 잘 자라는 경우도 있다. 그런 경우를 보면 높은 지능과 적응력으로 사회 시스템을 발달시켜 온 인간이 얼마나 강한 존재인지를 알 수 있다. 하지만 그런 경우는 일부일 뿐이다. 무엇보다 스킨십을 좀 더 늘려주는 것만으로는 정서적 유대감을 형성하기에 충분치가 않다. 그렇다면 대체 무엇이 부족한 걸까. 어머니 밑에서 자란 아이와 그렇지 못한 아이의 차이는 어디에서 유래하는 것일까. 볼비는 그것이 단순한 스킨십이나 보살핌의 문제가 아닌, 애착이라고 부를 수 있는 생물학적 현상에 의한 것임을 밝혀냈다.

그런데 오늘날 더 큰 문제는 어머니의 보살핌을 받고 자랐음에도 불구하고 인형 어미 밑에서 성장한 새끼 원숭이와 비슷한 문제를 품고 있다는 것이다. 그것이 바로 다름 아닌 회피형 인간의 문제이다. 정상적인 환경에서 성장했음에도 왜 이런 일이 벌어지는 걸까?

/ 애착과 스킨십의 차이 /

철사 어미에게서 자란 새끼 원숭이와 어머니 없이 자란 아이의 비극은 스킨십이 부족할 뿐만 아니라 애착이 충분히 형성되지 못한 데서 생겨난다. 애착은 안아주거나, 영양을 공급해주거나, 보살펴주는 것만으로는 쉽게 형성되지 못한다. 애착 관계가 형성되기 위해서는 반드시 필요한 또 하나의 요소가 있다. 단순한 스킨십과 애착의 큰 차이는 대상을 선택할 수 있느냐 없느냐 하는 점이다. 즉 누가 됐든 안아주거나 애무해주면 되는 것은 아니다. 애착을 갖고 있는 대상의 포옹이나 애무만이 안정감을 보증해준다. 안정된 애착 성향이 형성되기 위해서는 스킨십의 상대가 어머니라는 것만으로는 불충분하다. 실제로 낳아준 어머니라 해도 끊임없이 옆에서 아이를 돌봐주지 않으면 애착은 형성되지 않는다. 자신의 일은 나중으로 미루더라도 아이에게 늘 관심을 기울이고 보살펴주어야 비로소 둘 사이에 애착 관계가 생기는 것이다. 인간은 자신이 원할 때 반응해주는 존재에게 애착감이 생긴다. 그것도 어떤 시기에나 형성될 수 있는 것은 아니다. 태어난 이후 고작해야 한 살 반에서 두 살이 될 때까지가 애착이 성립하는 시간이다. 이 기간 동안 정성을 다해 보살펴주는 특정 양육자가 있어야 비로소 애착 관계가 형성되는 것이다. 마찬가지로 만약 이 시기에 그런 존재가 없었다면 성인이 된 이후에도 안정된 애착 관계를 맺기가 힘들어진다. 그렇기 때문에 최초 양육자의 역할이 중요한 것이다. 어머니는 아이의 대인 관계뿐만 아니라, 스트레스를 견디는 힘이나 불안을 느끼는 방식, 배우자와의 관계나 자녀 양육, 건강과 수명에 이르기까지 그야말로 평생에 걸쳐 생존 자체에 영향을 끼친다. 역시 특별한 존재인 것이다. 볼비는 애착이라는 구조가 아이의 생존을 지키기 위해 진화한 것이라고 생각했다. 이 구조가 있기 때문에, 아이는 특정 양육자에게 의지하려 한다. 양육자도 아이를 잠시도 떼어놓지 않고 키운다. 실제 원숭이 연구에 따르면 새끼 원숭이가 어릴 때에 어미 원숭이는 한시도 몸에서 떼어놓으려 하지 않았다. 새끼 원숭이도 어미 원숭이로부터 잠시 떼어놓으려고만 해도 격렬하게 울며 저항했다. 애착이 갖고 있는 이와 같은 구조가 외부의 적으로부터 새끼를 지키는 데 반드시 필요하다는 것은 누구나 쉽게 추측할 수 있다. 새끼 원숭이는 성장함에 따라 서서히 어미 원숭이로부터 떨어져 있는 시간이 늘어가지만 인간처럼 오랜 시간 아이를 타인에게 맡기는 짓은 결코 하지 않는다.

어머니와 떨어져 있게 되면 심한 스트레스를 받게 되는데 이것이 뇌의 발달에까지 영향을 미친다는 동물실험 결과가 있다. 태어나서 얼마 되지 않은 시기에 어미와 몇 시간 동안 떨어진 동물이 다 자랐을 때 뇌를 조사해보니 그렇지 않은 동물과 비교했을 때 수용체의 수나 신경섬유의 활동에 명확한 차이가 있었던 것이다. 실제로 이런 새끼는 스트레스에 과민한 반응을 보인다. 성장함에 따라 아이는 어머니의 영향력에서 벗어나게 되지만 공교롭게도 어머니와의 애착이 안정된 아이일수록 모험을 즐기고, 활발하게 바깥 세계를 탐색하며, 타인과 교류하려 한다. 애착 대상에 대한 신뢰감이나 안도감이 아이가 적극적으로 활동하는 데 든든한 방패가 되는 것이다. 이 방패막이 기능을 '안전 기지(safe base)'라고 부른다. 애착이 안정된 아이는 사회성과 활동성이 높을 뿐만 아니라 지능도 높은 경향을 보인다. 안전 기지가 아이의 학습 능력이나 사회 적응 능력을 향상시키는 역할을 하기 때문이다.

/ 애착과 호르몬 /

불과 얼마 전까지만 해도 애착의 개념을 경시하는 풍토가 있었다. 말하자면 영양학적 문제나 교육, 경제적 풍요로움 등 근대적인 과제에 대한 비중이 높았기 때문에 감정이나 심리의 문제는 별거 아니라고 치부해버린 것이다. 예를 들어 표현하자면 인류가 야만적인 상태에서 문명화되고, 더욱 진보해감에 따라 극복해야만 하는 과거의 유물, 이를테면 꼬리의 흔적을 나타내는 미골(尾骨)쯤으로 여겼던 것이다. 그런데 이 사고방식은 사태 파악을 완전히 잘못한 것이다. 애착은 인간의 생존에 선택이 아니라 필수 요소로 작동하고 있었던 것이다. 아무리 먹을 게 풍족해도 애착이 없으면 행복을 느끼기 힘들고, 이것은 생존과 직결되어 있다. 그뿐인가? 부부 관계나 자녀 양육에도 지장을 주기 때문에 인류라는 종의 생존조차도 위협하는 강력한 무기가 될 수도 있다. 애착을 제대로 이해하기 위해서는 이것을 뒷받침하는 생물학적 구조에 대해 살펴봐야만 한다. 애착 현상은 옥시토신(Oxytocin)과 아르기닌 바소프레신(Arginine Vasopressin; AVP)이라고 불리는 호르몬의 작용으로 생긴다. 옥시토신은 여성에게 중요하며, 아르기닌 바소프레신은 남성에게 중요한 역할을 수행한다. 다만 남녀 모두에게 이 두 호르몬은 존재하며 서로를 보완한다. 과거에는 옥시토신이 젖의 분비와 분만에 관여하는 호르몬이라고만 생각했다. 그런데 20세기가 끝나갈 무렵, 이 호르몬이 자녀 양육이나 배우자와의 교류에도 관련 있다는 것이 동물 연구를 통해 밝혀졌다. 옥시토신의 작용을 저해하는 약품을 동물에게 주사하자 부모는 새끼에게 무관심해졌다. 금실 좋은 걸로 유명한 원앙에게 이 약품을 주사하자 태연하게 바람을 피워 부부 관계가 붕괴되었다. 옥시토신이라는 호르몬의 유무만으로도 이 모양이다. 또 옥시토신은 부부 관계나 자녀 양육뿐만 아니라, 사회성에도 작용한다는 사실이 밝혀졌다. 체내에 옥시토신의 작용이 활발한 사람은 대인 관계에서 적극적일 뿐만 아니라 다른 사람에게 친절하고, 관대하며, 공감 능력이 뛰어나다. 그 반면 옥시토신의 작용이 좋지 않은 사람은 타인과 친해지기가 어렵고, 스스로를 고립시키거나 과도하게 엄격하고 과민한 반응을 보이는 경향이 있다.

/ 옥시토신은 불안과 스트레스를 줄인다 /

옥시토신은 그 밖에도 중요한 작용을 한다. 그것은 바로 스트레스나 불안을 억제하는 효과이다. 옥시토신의 활동이 활발한 사람은 불안이나 스트레스를 쉬이 느끼지 않고, 우울증이나 스트레스 관련 질병에도 좀처럼 걸리지 않는다. 개인에 따라 옥시토신의 작용은 큰 차이가 있고, 그것이 스트레스 내성의 차이로 이어지기도 한다. 그렇다면 과연 어떤 요소가 옥시토신의 활동 강도를 결정하는 걸까?

사실 가장 큰 요인은 어린 시절 안정적인 양육 환경에서 자랐는지의 여부이다. 안심할 수 있는 환경에서 자란 사람은 뇌 속에 옥시토신 수용체가 늘어나 옥시토신이 자연스럽게 작용하기 때문에 그 활동이 활발하다. 그런데 학대받거나 방치당한 아이들은 옥시토신 수용체가 뇌 속에서 거의 증가하지 않기 때문에 옥시토신의 작용이 좋지 않게 되고 결과적으로 스트레스에 민감해지고 만다.

불안한 환경에서 자란 아이가 성장한 후, 사회성이나 대인 관계, 자녀 양육에 어려움을 겪는 것도 단순히 심리적 영향이 아니라 옥시토신 같은 호르몬이 원활하게 기능하지 못하기 때문이다.

회피형 애착 성향이 생물학적으로 어떤 영향을 미치는지에 대해서 많은 것을 시사해주는 연구 결과가 있다. 그것은 미국에서 밭쥐를 조사한 연구이다. 밭쥐는 크게 낮은 지대에서 사는 초원 밭쥐와 높은 지대에서 사는 산악 밭쥐가 있다. 초원 밭쥐와 산악 밭쥐는 가까운 친척이지만 습성은 전혀 다르다. 초원 밭쥐는 암수 한 쌍이 짝을 지어 대가족을 이룬 후 함께 산다. 암수 한 쌍의 관계는 둘 중 누군가가 죽을 때까지 평생 계속되고, 어미와 새끼의 결속력도 강하여 조금이라도 어미 쥐 곁에서 떨어지면 새끼 쥐는 격렬하게 울부짖는다. 그 반면에 산악 밭쥐는 따로따로 산다. 발정기가 되면 이성을 찾아 교미하지만 교미만을 위한 관계일 뿐, 일을 치르고 나면 두 번 다시 만나는 일도 없다. 어미는 혼자 새끼를 키우지만 양육이 끝나면 새끼를 둥지에서 쫓아낸 후 남남처럼 살아간다. 양육 중에도 어미와 새끼의 결속력은 무덤덤한 편이라, 새끼는 어미로부터 떨어져도 울지도 않고 거의 무관심하다. 이러한 반응은 회피형 아이의 그것과 흡사하다.

두 근친 종이 왜 이렇게 다른 습성을 갖게 되었을까? 그것은 바로 옥시토신 시스템의 사소한 차이 때문이다. 초원 밭쥐는 옥시토신 수용체가 뇌 속에 풍부하게 존재하고 있을 뿐 아니라 선조체(線條體, 운동 제어와 인지 기능에 관여하는 뇌의 영역 - 옮긴이)라고 불리는 쾌락 중추에도 옥시토신 수용체가 많이 존재한다. 그에 반해 산악 밭쥐는 옥시토신 수용체가 적은데다 선조체에는 거의 존재하지 않는다. 옥시토신이 분비되었을 때 초원 밭쥐에게는 환희라는 보수가 주어지고, 그것이 배우자나 새끼와의 관계 유지를 돕지만, 산악 밭쥐의 경우 불안은 줄더라도 환희까지는 맛볼 수 없으므로, 배우자나 새끼와 함께 사는 것을 적극적으로 원하지 않는 것이다. 그 미세한 차이에 의해 초원 밭쥐는 애착이 강하고 관계가 반영구적으로 유지되지만 산악 밭쥐는 애착이 희박하고 관계 또한 한순간만 유지된다. 누구에 대해서도 애착이 없는 회피형 인간의 습성은 산악 밭쥐의 그것과 비슷하다.

/ 희박한 애착이 초래하는 것 /

회피형 인간의 이런 습성은 이를테면 부모 자식 관계 이외의 인간관계에서도 나타난다. 친하게 지내던 친구라 해도 자주 보지 않으면 금방 멀어지고, 결국 관계도 끊어지고 만다. 학교나 직장에서 친하게 말을 주고받는 사이라 해도 그것은 어디까지나 그때뿐이고 개인적인 시간을 희생하면서까지 관계를 유지하지는 않는다. 친밀한 관계에서 편안함보다 오히려 고통을 더 느낀다. 서로의 살을 맞대는 밀착된 관계나 스킨십에서도 좋은 기분보다 불쾌감을 더 느낀다. 그래서 섹스도 귀찮고 번잡스럽다고 생각하는 면이 강하다. 이처럼 애착의 강약은 타인과의 거리감에서 그 차이가 확연히 드러난다. 아이에게 가장 가까운 존재인 어머니와의 거리도 마찬가지이다. 아이의 애착 유형을 조사할 때 일반적으로 쓰는 방법은 서로 떨어졌다가 재회했을 때의 반응을 살펴보는 것이다. 안정된 애착 유형의 아이는 어머니와 떨어지는 것에 불안을 느끼지만 과도하게 반응하지 않고, 어머니가 돌아오면 다시 만나게 된 것을 기뻐한다.

그런데 불안형 애착 성향의 아이는 어머니와 떨어지는 것에 과도한 불안을 나타낼 뿐만 아니라 다시 만나더라도 편안하게 대하지 못하고 분노나 저항을 드러낸다. 한편 회피형 아이는 어머니와 떨어지는 것에도, 다시 돌아온 것에도 무관심하다. 성인의 경우에도 이러한 차이를 발견할 수 있다. 연인이나 가족과 떨어졌을 때 빈번하게 전화를 하거나 이메일을 보내고, 답장이 늦거나 상대가 곧바로 전화를 받지 않으면 불쾌함을 느끼는 것은 불안형 인간의 특징이다. 그런 반면 멀리 떨어져 있을 때도 이메일, 전화 등으로 좀처럼 연락하지 않는 사람은 회피형 성향이 강하다고 말할 수 있다. 회피형 인간은 불안형 인간과는 반대로, 일단 떨어져서 혼자가 되면 상대방을 마음속에서 배제해버린다. '죽은 사람은 점차 잊게 마련'인 것이다. 그래서 상당히 강한 애착의 연결 고리를 갖고 있어야 할 부모와의 사이도 어딘지 모르게 무덤덤하다. 부모와 몇 년이나 만나지 못해도 외로움을 느끼지 않는다. 추억도 거의 없고, 무엇보다 그립다는 감정을 품는 일이 적다. 그리움이란 애착이 있어야 생기는 감정이기 때문이다. 또 어린 시절이나 옛날 일을 거의 기억하지 못하거나 특히 힘들었던 일에 대해서는 다시 생각하지 않는 경향도 보인다. 죽은 사람에 대해서도 신속하게 잊어버린다. 사별할 때도 냉정하여 그다지 슬픈 감정을 느끼지 않는다. 그렇게 함으로써 자신을 지키는 것이다.

/ 다른 사람에게 의지하지 않는다 /

회피형 인간은 다른 사람에게 부탁을 하거나 도움을 요청하는 경우가 없다. 타인에게 기대를 품을 수 없다는 생각이 강하기 때문이다. 함부로 약한 모습을 보이면 비난을 받거나 공연히 힘든 상황에 처할 수 있다고 생각할 정도로 인간에 대한 불신감을 갖고 있다. 그래서 문제나 사건이 생겨도 자신만의 힘으로 해결하려는 경향이 있다. 만약 자기 한계를 넘는 스트레스나 해결이 어려운 문제와 맞닥뜨리면 궁지에 몰려 자신을 소모하게 된다. 더 이상은 무리라는 판단이 설 때까지 계속 버티다가 갑자기 좌절해버리는 경우도 종종 있다. 그럴 때에도 자신의 괴로운 마음을 다른 사람에게 호소하지 않고, 그냥 도망침으로써 자신을 지키려 하는 것이다. 어떻게든 참을 수 있을 때는 문제 따위 전혀 없다는 듯 태연한 표정을 짓는다. 그래서 주위 사람들도 이상이 있다고는 생각하지 못한다. 하지만 마음보다 몸이 먼저 비명을 질러서 두통이나 복통, 설사, 구토, 두근거림, 현기증 같은 신체 증상으로 나타나는 경우도 많다. 안정형 인간은 이와 똑같은 스트레스 상황에 처했을 때, 다른 사람과의 관계나 접촉을 원한다. 타인이 전해주는 온기에서 안도감을 느끼려고 하는 것이다. 하지만 회피형 인간 특히 방치당한 유형의 인간은 오히려 혼자가 되려 한다. 그들에게는 다른 사람의 도움조차 번잡스러운 일이 되고 만다. 최근 늘어나고 있는 회피형 인간 중에는 어린 시절 부모로부터 강한 지배를 받은 유형이 있는데, 이 유형의 사람은 다른 사람에게 의지하지 못하거나 반대로 과도하게 의존하는 측면을 동시에 갖는다. 그래서 부모 밑에서 벗어나 자립하는 일이 어려워진다.

이와 관련하여 앞에서 언급한 심리학자 해리 할로는 흥미진진한 심리 실험을 했다. 새끼 원숭이를 다른 집단으로부터 격리하고 오로지 어미 원숭이하고만 함께 지내도록 하여 그 성장을 관찰했던 것이다. 그러자 그 새끼 원숭이는 성장한 후 집단에 적응할 수 없었다. 이 실험 결과는 어머니의 중요성을 새삼 확인했다기보다는 어머니가 안전 기지로서 바깥 세계에 대한 모험과 타인과의 교류를 안심하고 행할 수 있도록 뒷받침해준다는 사실을 입증해준다. 그것이 바로 안전 기지가 갖는 본래의 작용이다.

/ 다른 사람과 편하지 못하고,
   자기를 드러내는 일이 힘들다 /

정서적 측면을 억제하는 회피형 인간의 성향이 장점이 되는 경우도 있다. 슬픈 장면이나 힘든 장면과 마주치더라도 냉정하고 쿨하게 대처할 수 있다. 그래서 일이나 취미에도 집중할 수 있다. 실제 회피형 인간은 정서적 문제와 얽히지 않는 일 쪽에서 능력을 잘 발휘한다. 이러한 회피형 인간의 특성은 또 다른 특성과도 연결된다. 그것은 다른 사람과 함께 있는 것에서 편안함이나 즐거움을 맛보기 힘들다는 것이다. 방치당한 회피형 인간도, 과도한 지배를 받은 회피형 인간도 마찬가지이다. 전자의 경우에는 인간관계를 즐기는 회로가 성장하지 못하고 후자의 경우에는 비난을 받거나 무리한 요구가 들어오지 않을까 하여 긴장하는 습관이 몸에 배어 타인과 함께 있으면 어색하거나 거북함을 느끼고 만다. 이렇듯 타인과 기분 좋게 교류하지 못하는 것은 자기를 드러내거나 감정 표현하는 것을 힘들어한다는 특징과도 밀접하게 연관돼 있다. 부모의 반응이 정상이었던 사람은 자신의 감정이나 의사를 자연스럽게 표현할 수 있지만 부모에게 무시당하거나 부정당하면서 부모의 의사를 강요받으며 자란 사람은 자기를 드러내는 것 자체를 꺼리는 습관이 몸에 배어 있다. 자기를 표현하는 기회를 피하다 보니 더욱더 자신의 기분이나 의사를 말로 표현하는 것이 어려워진다. 그러다 보니 심리 상담을 받을 때도 과거 경험을 떠올리는 데에 시간이 많이 걸린다. 과거를 다시 생각하는 것을 회피하려는 경우도 많다. 첫 상담에서는 '아무런 문제도 없었다'고 말하다가 두 번째, 세 번째 회를 거듭하여 상담을 진행하면 점점 문제가 드러나는 경우가 많다. 힘들었던 과거와 마주하고 싶지 않아서 마음 속 깊은 곳에 집어넣고는 그저 뚜껑을 덮어놓았던 것이다.

　어느 20대 청년은 '좀처럼 친밀한 대인 관계를 만들 수가 없다', '대인 관계가 오래 지속되지 않는다' 등의 문제로 고민하다가 상담하러 왔다. 청년은 누구에게도 마음을 열지 못했기에 친구라고 부를 만한 동성이 한 명도 없었다. 그는 누군가가 늘 옆에 있어주지 않으면 불안했기 때문에 연인에게 그 역할을 요구했다. 연인에게 마음을 빼앗겼다거나 신뢰를 바탕으로 한 지속적 관계를 맺으려는 게 아니라 그저 함께 있어주는 존재가 필요한 것이었다. 그러면서도 연인이 언젠가 자신에게서 떠나가버리지는 않을까 하는 마음에 끊임없이 불안했다. 청년은 그러한 불안정한 대인 관계가 자신의 문제라고 생각하고 있었다. 그에게 부모와의 관계가 어땠는지 묻자, 처음에는 '아무런 문제가 없다'고 대답했다. 부모님이 잔소리도 하지 않는 편이었으며 자신이 하고 싶은 대로 내버려두면서, 경제적 지원까지 해줘서 오히려 고맙다는 것이었다. 그런데 사실 부모님은 어린 시절 이혼했고, 그는 어머니와 양아버지 밑에서 자랐다. 상담이 더 진행되면서 그는 부모와의 사이에서 일어났던 일들을 이야기하기 시작했는데 실은 어머니가 그의 마음을 헤아렸다기보다 자신의 형편이나 기대를 그에게 억지로 강요했으며,

자신은 늘 그것에 부응하기 위해 맞춰서 살아왔다는 것을 깨닫게 되었다. 공감하기보다는 감정을 지배하는 편이었던 어머니는 그의 '안전 기지'가 될 수 없었다. 한편 양아버지는 어머니의 그늘에 숨어 그에게 직접적으로 관여하는 것을 피했다. 결국 그는 어린 시절 어머니와도, 아버지와도 진정한 정서적 교류를 나눌 수는 없었던 것이다. 이렇게 성장한 그는 회피 및 불안이 강한, 공포회피형 애착 성향을 갖게 되었다. 진심으로 사랑하지도 않는 여성과의 불안정한 관계 속에서 자신을 지탱해줄 무엇인가를 찾을 수밖에 없었던 것이다.

회피형 인간은 '기분을 확실히 표현해주세요'라거나 '자신이 느낀 점을 말씀해주세요'라고 요청하면 바로 대답하지 못한다. 그럴싸한 말로 설득해봐도 진지하게 대응하지 않기도 한다. 업무적인 관계라면 그런대로 괜찮을지도 모르지만 만약 정말 친밀한 사이가 되면 상대방이 진심으로 마음을 공유할 수 없다고 느끼기 때문에 관계가 진전되기는 힘들다. 오해가 생겨도 자신의 속마음을 털어놓지 않아 관계에 앙금이 쌓여간다. 회피형 인간은 이야기할 차례가 돌아오면 곧바로 말을 하지 못하거나, 중요한 시점에 침묵해버리는 경우도 많다. 평소 감정에 의해 말이 나오는 게 아니라 머리로 생각해서 말을 하고 있기 때문이다. 자신의 기분이 아닌, 상대방의 의도로부터 역산하여 그에 대해 적절하다고 생각되는 표현을 선택하고 말을 짜 맞추는 작업을 하다 보니 시간이 걸리는 것은 당연하다. 그런 반응에 대해 주변 사람들은 답답해하거나 무뚝뚝하다고 생각한다. 때로는 무시당했다고 오해하는 경우도 있다.

/ 책임이나 구속이 싫다 /

친밀한 관계를 피한다는 것은 구속당하는 것을 싫어한다는 뜻이기도 하다. 도망칠 수 없는 굴레나 막중한 책임이 걸려 있는 일에 답답함이나 압박감을 느끼기 때문에 언제든지 도망칠 수 있는 상황을 선택한다. 방치당한 회피형 인간은 특히 이런 경향이 강하다. 들개가 인간에게 사육된다 해도 그것을 오래 견디지 못하고 이내 다시 밖으로 나가고 싶어 하는 것이나 마찬가지이다.

취직이나 승진, 결혼이나 자녀의 생일 같은 즐거운 일도 회피형 인간에게는 자유를 박탈하는 쐐기에 불과하다. 사회적 관례나 일반적인 가치관에 맞춰 살기는 해도 마음 한구석에서는 뭔가 심기가 불편하여 생매장당하는 듯한 답답함을 느끼는 것이다. 과도하게 지배당한 회피형 인간은 또 다른 의미에서 책임이나 부담이 늘어나는 것에 저항감을 갖는다. 이런 유형의 사람에게 삶이란, 채찍을 맞으며 계속 달려온 말의 그것과 다름없다.

이들은 시키는 일만 지긋지긋하게 하며 어린 시절을 마친다. 스스로 뭔가 하려 해도 실패하면 꾸지람만 들을 뿐이므로 쓸데없는 짓은 하지 않는 행동 패턴이 정착되어 있다. 그래서 새롭게 도전하는 일에 겁을 먹는 경향이 있다.

/ 평범한 당신도 회피형 인간일 수 있다 /

지금까지 서술한 내용은 회피형 인간에게 나타나는 공통적인 특징이다. 물론 그 사람의 성격을 형성하는 것은 애착 성향 이외의 요소도 있으므로 같은 회피형 인간이라 해도 그 폭은 대단히 넓다. 유전적 요인과 양육 환경 같은 후천적인 요인의 상호작용 속에서 애착 성향도 다양하게 변화하며 각각의 인격 장애로 분화해 간다.

한 마디로 말하면 같은 회피형 인간이라 해도 여러 가지 인격 장애가 있을 수 있다는 말이다. 그와 반대로 같은 인격 장애라고 해도 어떤 애착 성향을 갖고 있느냐에 따라서 성격이나 사회에 적응하는 순발력 등등이 상당히 다를 수도 있다. 회피하는 수준에도 여러 스펙트럼이 있다. 친밀한 관계를 원하지는 않지만 언뜻 보면 상당히 사교적이고, 요령 있게 사회생활을 잘하는 것처럼 보이는 사람도 있다. 결혼해서 자녀도 있고, 정상적으로 가정을 꾸려 잘 살고 있는 것처럼 보이는 사람 말이다. 하지만 한 걸음만 더 이 사람의 사적인 영역으로 들어가 관찰해보면 실제 친구라고 부를 만한 사람이 한 명도 없다거나 가족과 대화다운 대화도 없이 자신의 즐거움에만 몰두한다거나 오랫동안 섹스리스 부부라거나 하는 문제들이 보인다.

혼자 살고 있는 사람이라고 해도 정말 고독한 경우부터 시작해, 계속 상대를 바꿔가며 육체관계를 맺는 경우까지 폭넓다. 하지만 기본적으로 친밀하거나 책임 있는 관계를 회피한다는 점에서는 공통된다.

양육 환경뿐 아니라 다른 여러 요인에 의해 윤리관이나 협동심 같은 공동체 의식이 바뀌는 경우도 많다. 쉽게 말해서 부모와의 애착이 약해 공감 능력이나 감정이 결핍된 사람 중에서도, 타인의 고통에 무감하여 남들을 착취하며 살아가는 냉혈한이 있는 반면, 극단적으로 금욕적이고 정의감이 강하며 사회를 위해 헌신하는 위인이라 칭송받는 사람도 있다는 것이다. 다만 이 두 가지 경우 모두 인간적인 감정이나 온기로 가득한 삶을 보내기보다 가혹한 삶을 보낼 가능성이 높다는 점에서는 서로 통하는 면이 있다. 두 경우 모두 따뜻한 인간미 같은 것과는 인연이 없는 것이다.

/ 회피형 애착 성향과 인격 장애 /

그럼 애착 성향을 기준으로 나눌 수 있는 인격 장애의 특징들을 정리해보자.

① 회피성 인격 장애 – 책임감이나 구속, 즉 상처가 두려운 인간

회피성 인격 장애가 있는 사람은 상처받는 것에 민감하여 조금이라도 실수하거나 책임이 발생할 수 있는 상황을 피하는 것이 가장 큰 특징이다. 회피형 애착 성향을 갖고 있는 모든 성격 유형을 통합하는 유형이지만 이 중에서는 불안형 애착 성향을 보이는 사람도 적지 않다. 회피성 인격 장애의 적응 전략은 새로운 일에 뛰어들기보다는 위험을 회피하거나 소극적인 자세로 현상을 유지하는 것이다. 그 배경에는 원래 신경질적이고 불안감이 강하다는 유전적 특성도 있지만 부모의 강압적이고 권위적인 양육 방식이 자리하고 있는 경우가 많다. 집단 따돌림을 당하거나, 실수하여 창피를 당한 경험도 회피성 인격 장애로 발전하는 결정적 계기가 될수 있다. 이렇게 대인 관계에서 부정적인 경험이 쌓이면서, 친밀한 관계를 피하는 성격이 만들어진 것이다. 회피형 애착 성향이 강한 회피성 인격 장애 유형은 인간관계에 상대적으로 소극적이고, 쿨하며 타인에게 일체의 간섭도 하지 않는 성향이 두드러지지만, 불안형 애착 성향을 동반한 경우에는 타인의 반응에 민감하며, 타인으로부터 인정받고 싶은 마음이 강하고, 다음에 서술할 의존성 경향을 보이는 경우도 많다.

② 의존성 인격 장애 - 타인의 반응에 민감한 소심한 인간

의존성 인격 장애는 끊임없이 상대방의 안색을 살피면서 비위를 맞추려는 성향이 특징이다. 혼자서는 살아갈 수 없다고 생각하기 때문에 상대방의 비위를 맞추면서 자신을 보호하려는 생존 전략을 쓴다. 그러나 그 결과 자신에게 해를 끼치는 사람한테까지 접근하여 그의 부당한 요구를 거부할 수 없는 문제가 발생하곤 한다. 본래 불안형 애착 성향을 갖고 있는 경우가 많지만 부모에게 방치당했거나, 강압적인 양육 환경에서 자란 경우에는 회피형 애착 성향을 동시에 갖고 있는 경우가 있다. 그 경우 다른 사람과 타협하는 것은 불가능하지만 상대방이 자신을 어떻게 생각하는지에는 지나치게 신경을 쓰기 때문에 매사 조심스럽게 행동하는 것이 습관처럼 굳어진다. 그러다 보니 자기주장을 억누르게 되고 주변 상황에 그냥 휩쓸리는 경우가 많다. 한편 불안형 애착 성향의 의존성 인격 장애의 경우에는 '강박적인 보살핌'이 문제이다. 이들은 배우자나 자녀에게 지나치게 몰입하기 때문에 그것이 상대방의 자립을 방해하는 결과로 이어진다는 문제가 발생한다.

비록 의존성 인격 장애에 해당되더라도 애착 성향이 안정돼 있는 사람의 경우에는 왕성한 서비스 정신과 배려심이라는 덕목을 활용하여 가족의 든든한 버팀목이 되기도 하고, 서비스 업종에서 승승장구하여 사회적으로 크게 성공하기도 한다.

③ 강박성 인격 장애 – 지나치게 책임감이 강한 노력가

어린 시절 부모로부터 의무를 강요받는 환경에서 성장한 경우, 그 기대에 짓눌려버리면 회피형 애착 성향을 갖기 쉽다. 그러나 부모의 기대에 부응하는 데 성공하고 부모의 기준을 내면화하여 완전히 그것과 동일시된 경우에는 의무나 책임을 다하는 일을 최우선시하는 인격이 만들어지게 된다. 이것이 바로 강박성 인격 장애이다. 여기에 해당되는 사람은 질서나 규칙을 중시하며, 의무나 책임을 다하는 것을 지상 명제로 삼고 부지런히 노력한다. 그러다 보니 워커홀릭이 되기도 하며, 자신을 돌보지 않기 때문에 심신질환이나 우울증에 걸리곤 한다. 이 중에서도 회피형 애착 성향의 경우에는 의무나 책임을 중시하는 경향이 더욱 강하기 때문에 예외를 인정하지 않을 정도로 엄격한 성격을 드러낸다. 이런 특징은 가족이나 연인 등 애정으로 묶여 있는 관계에서는 마이너스로 작용한다. 공감이 바탕이 되어 애착 관계가 형성되는 것인데 이 경우에는 사막에서 자라는 선인장처럼 윤기 없는 애착 관계만이 있을 뿐이다. 같은 강박성 인격 장애라 해도 애착 성향이 안정형인 사람은 의무감이나 책임감의 강도가 적절하여 주변 사람들로부터 인정받고, 사회적으로도 적응하기 쉬운 편이다. 그러나 회피형 애착 성향이 공존하는 경우에는 타인과의 사이에 친밀한 관계를 맺는 일이 결코 쉽지 않다. 예의가 바르거나 형식적으로 공손하긴 하지만 감정이 수반되지 않기 때문에 관계가 깊어지기 힘든 것이다. 애착 성향이 불안형인 경우에는 타인에게 과도하게 헌신하기 때문에 스스로 엄청난 스트레스를 받는다.

④ 자기애성 인격 장애 – 자기밖에 사랑하지 않는 유아독존형 인간

자기애성 인격 장애는 자신을 특별하게 생각하고 주변 사람들을 우습게 봄으로써 자신을 보호하려는 유형이다. 타인의 공감이나 대등한 애정을 기대하기보다 칭찬과 봉사만을 요구하려 한다. 그 오만하고 건방진 태도와는 달리 상처받는 것에 민감하여, 타인의 비난에 대해서는 격렬한 분노로 반응한다. 자신의 결점이나 실수를 지적당하면 그것이 정당한 것일지라도 수용하려 하지 않고 오히려 화를 낸다. 어린 시절 양육 환경을 살펴보면 공감 어린 애정이 부족하다는 것이 전형적인 특징이다. 냉정하고 자신의 이상을 실현시켜 주는 우월한 자녀만을 인정하는 부모가 궁극적인 원인이다. 이 유형의 인간도 애착 성향이 안정형이면 자신감을 활용하여 크게 성공하는 경우도 이따금 있을 수 있다. 반대로 애착 성향이 불안형인 경우에는 거만한 성격의 내면에 들어 있는 열등감과 불안감이 강해 평상심을 유지하지 못한다. 그러니 감정 기복이 심하고 역경에 잘 대처하지 못한다.

⑤ 반사회적 인격 장애 – 냉정하게 타인을 착취하는 냉혈한

반사회적 인격 장애인 사람 중에도 회피형 애착 성향을 가진 사람이 많다. 공감 능력이 결핍되어 있다는 점에서는 자기애성 인격 장애와 같지만 타인이 인정해주기를 바라기보다는 태연한 얼굴로 비난을 가하면서 존재감을 드러낸다는 것이 다르다. 타인을 냉혹하게 이용하고, 착취하며, 공격함으로써 기쁨을 느끼는 것이다. 이런 유형의 사람은 어린 시절, 부모로부터 공감 어린 애정을 받는 대신 끊임없이 부정적인 말을 듣고 자랐다. 그런 체험에 의해 타인에 대한 증오와 분노를 마음속에 품고 있는 것이다. 타인에 대한 공격은 자신이 받은 대우에 대한 반항이며 복수라고 할 수 있다. 이런 특성 때문에 타인에게 지속적으로 애착하는 일이 적고 그때그때 임시방편적인 관계로 일관하는 경향이 있다.

⑥ 분열성 인격 장애 – 함께 있는 게 즐겁지 않은 고독형 인간

타인에게 공감하고 친밀한 관계를 회피하는 경향이 진한 분열성 인격 장애의 경우를 살펴보자. 유전적 요인이 가장 큰 원인이라고 분석되곤 하는 이 유형은 뒤에 서술할 자폐증과 겹치는 경우도 많다.

이 유형은 회피형 애착 성향이 공존하는 경우도 많고, 그럴 경우에는 결혼이나 양육에 무관심하며 주로 자신의 내면이나 자신만의 세계에서 즐거움을 추구한다. 다만, 애착 성향이 안정형인 사람은 몇몇 소수의 사람들과 친밀한 신뢰 관계를 구축할 수 있고, 부부 관계나 자녀와의 관계도 안정적일 수 있다.

⑦ 망상성 인격 장애 – 친한 사람도 믿지 못하는 감시형 인간

망상성 인격 장애는 타인을 믿지 못한다. 자신의 내면이나 감정을 들킬까 봐 두려워하기 때문에 경계심이 강하다. 그러므로 가장 친한 사람조차도 믿지 못하여 감시하거나 지배하려 든다. 또한 이 유형은 애착 성향이 회피형과 불안형이 공존하는 공포회피형인 경우가 많다. 믿을 만한 사람을 원하면서도 누구도 믿을 수 없다는 딜레마를 안고 있는 것이다. 처음 얼마 동안은 예의 바르게 행동하지만 친밀한 관계로 발전하면 질투심의 스위치가 작동되어 상대방을 감시의 눈초리로 보게 된다. 또한 회피형 애착 성향이 강한 경우에는 늘 서먹서먹하고 건조하기도 하며, 상대방을 권력이나 돈의 힘으로 지배하려 든다.

⑧ 경계성 인격 장애 – 양극단을 오가며 자신을 혐오하는 자학형 인간

기분이나 대인 관계가 양극단에서 요동치거나, 자기부정이 강하여 스스로에게 상처 주는 행위를 반복하는 게 경계성 인격 장애의 특징이다. 애착 성향으로는 불안형과 미해결형(양육자에게 받은 상처를 오랫동안 간직하고 있기 때문에 양육자에 대해 생각하면 냉정을 잃는 것이 특징이다)이 공존한다. 공포회피형 애착 성향을 가지고 있는 경우도 적지 않다. 이 경우에는 가족에게 의존하면서 동시에 공격하는 상황에 빠지기 쉽고, 그래서 히키코모리가 되는 경향이 있다. 또한 망상성 인격 장애와 비슷하여 다른 사람을 믿으려 하지만 믿을 수 없는 딜레마에도 빠지기 쉽다. 망상성 인격 장애가 고지식하고 집요한 기질을 바탕에 깔고 있는 반면 경계성 인격 장애는 변덕스럽고 자기 멋대로인 것이 특징이다.

*

여기서 소개한 모든 유형에 공통되는 것은 인격 장애 유형이 무엇이든 애착 성향이 안정되어 있으면 사회에 부적응하는 사례는 줄고 삶의 고난을 이겨낼 확률은 높아진다는 것이다. 그러니 인생이란 길에서 막다른 골목에 몰리고 깊은 수렁에 빠졌을 때, 거기서 벗어나는 가장 유효한 수단은 안전 기지가 되어주는 애착 관계를 만드는 것이다.

/ 자폐증과 회피형 애착 성향 /

인격 장애의 유형은 아니지만 사회성의 결핍과 함께 과민성이나 특정한 행동 패턴을 고집하는 게 특징인 자폐증(정식 명칭은 자폐 범주성 장애autism spectrum disorders이다 – 옮긴이)에 대해 이야기해보려고 하는데, 이것은 대개 유전이라고 알려져 있다(그 반면에 회피형 애착 성향은 유전보다는 양육 환경이 큰 영향을 미친다). 그런데 최근 들어서 유전적 요인은 생각보다 적고, 양육 환경 같은 2차 요인이 상당히 큰 영향을 끼친다는 연구 결과가 나왔다.

스탠퍼드 대학의 연구팀이 행한 쌍둥이 연구(Hallmayer et al., 2011)를 보면 유전적 요인은 40퍼센트 미만이라고 한다. 방치당한 아이라 해도 자폐증 아이와 분간하기 어려운 상태를 드러내는 경우가 있다. 이것은 억제성 애착 장애라고 부르는데, 실제로는 자폐증이나 광범성 발달 장애로 진단되는 경우가 많다. 회피형 애착 성향도 표면적인 증상만으로는 자폐증이라고 의심받기도 한다.

주의해야 할 점은 똑같이 자폐증을 앓고 있다고 해도 애착 성향이 안정형인 경우도 있고, 회피형이나 불안형도 있다는 것이다. 똑같은 유전적 특성을 가지고 있다 해도 애착 성향이 안정된 사람은 그 사람의 특성이 개성으로 인정되거나 장점으로 활용될 수도 있어서 사회 적응 또한 양호한 편이다.

즉 유전적으로 자폐증을 타고났다고 해도 안정형 애착 성향을 가질 수 있으며, 꼭 회피형 애착 성향을 가진 사람으로 성장하지는 않는다. 유전보다는 2차 요인이 더 중요한 것이다. 자폐증인 사람을 치료할 때도 가장 중요한 것은 안전 기지 역할을 하는 애착 관계를 만들어주는 것이다. 이것은 불변의 진리라 할 수 있다.

/ 2장 /
회피형 인간의 성장 배경

"왜, 상처 입는 게 두려운 걸까?"

나 는 왜 혼 자 가 편 할 까 ?

1장에서 본 것처럼 회피형 애착 성향에서 비롯된 회피형 인간은 어떤 종류의 인격 장애인지에 따라 폭이 넓긴 하지만 타인에게 마음을 터놓는다거나 신뢰 관계를 구축해서 오래 지속하기 힘들다는 공통점이 있다. 애당초 인간관계 자체를 피하는 경향 때문에 사회생활, 결혼, 양육 같은 과정에도 심각한 영향을 미친다. 그런데 요즘에는 이런 회피형 인간이 늘고 있는 추세이다.

개인주의화된 근대 사회일수록 회피형 인간이 차지하는 비율은 높다. 원시 부족이나 개발도상국을 연구한 자료를 살펴보면, 근대화 이전 사회에서 회피형 인간은 거의 존재하지 않거나 극히 예외적인 한도 내에서 있었던 것으로 보인다. 실제 아프리카의 드곤족을 대상으로 실시한 조사에서는 회피형 아이가 한 명도 없었고, 또 1985년 삿포로에서 실시한 조사에서도 회피형 아이는 없었다.

하지만 같은 시기에 도쿄에서 실시한 조사에서는 13퍼센트의 어린이가 회피형인 것으로 나타나 미국 같은 선진국 못지않은 비율을 보였다. 대학생을 대상으로 한 최근 조사에서는 회피형 인간의 비율이 27.5퍼센트에 달했다(마쓰시타, 오카바야시, 2009).

애착 성향이 만들어지기까지는 유전보다는 양육 환경 같은 2차 요인이 큰 영향을 끼친다. 현대인들 중 회피형 인간이 늘어난다는 것은 인간이라는 종을 유지시키는 '애착 시스템'에 이상이 생겼다는 뜻이다. 이번 장에서는 애착 시스템에 관여하는 양육 환경에 대해 이야기해보려고 한다.

/ 방치와 회피 /

오랫동안 회피형 애착 장애의 원인으로 지목받은 것은 '방치'였다. 아이가 부모에게 보살핌과 관심을 요구해도 무시당하거나 배반당하는 상황이 반복되면 아이는 결국 더 이상 기대하지 않고 상처 입지 않기 위해 관계를 피하게 된다. 심리적인 반응이라기보다는 살아남기 위한 동물적인 반응이라 할 수 있다. 이 과정에서 보상을 얻을 수 없는 행동은 하나둘 사라져간다. 예를 들어 울고 보채는데도 부모가 계속 아무런 반응을 보이지 않으면 아이는 마침내 그런 행동을 멈춘다. 모든 동기 부여나 행동은 기분 좋은 응답, 즉 보상이 주어짐으로써 비로소 강화되고 지속되기 때문이다.

부모로부터 충분한 관심과 사랑을 받지 못하면 회피형 인간이 되기 쉽다는 것은 이미 여러 연구를 통해 밝혀진 바 있다. 그러니 이 시기에 관심과 사랑을 보여주면 회피형 인간이 되는 것은 충분히 막을 수 있다.

/ 반응과 공감 /

안정된 애착 성향을 가지려면 우선 환경이 안전하고 안심할 수 있어야 하며 응답성과 공감성을 가진 대상이 존재해야 한다. 뭔가를 요구하면 그것에 반응해주는 것이 응답성이고, 상대방의 입장에서 기분을 존중해주는 것이 공감성이다. 이 두 가지가 함께하는 것, 즉 '공감하면서 반응해주는' 것이 가장 바람직하다. 아이가 뭔가를 요구하면 부모가 바로 그 아이의 기분을 헤아리고 반응해주는 것이 핵심이다. 요구하는데 응답해주지 않고, 요구하는 것과는 다른 것을 들이밀면 안 된다. 반응과 공감은 아이에게 자신의 감정이나 의도를 거울처럼 비춰주는 요소이다. 이 두 가지는 다음의 세 가지 측면에서 아이의 발달을 돕는다.

첫째, 아이는 정서상 만족감을 느껴 상대방을 기분 좋은 존재로 인식한다. 신뢰감을 길러준다는 면에서 반응과 공감은 상당히 중요하다.

둘째, 아이의 감정이나 의도를 거울처럼 비춰줌으로써 자기 자신의 기분을 이해하는 힘을 길러준다. 여러 복잡한 감정이나 본능적 요구에 사로잡혀 있는 아이는 자신이 무엇을 느끼고 원하는지를 잘 알지 못한다. 부모가 아이의 기분을 파악해주고, 웃거나 곤란한 표정을 지으면서 피드백을 해주면 아이는 자신에게 벌어지고 있는 일을 서서히 이해할 수 있게 된다. 막연하거나 혼란스러운 감정과 욕구에 이름이 붙고, 쉽게 이해하게 되는 것이다. 이를 통해 아이는 자기 마음속에서 벌어지는 일이 자연스러운 것이라는 것을 인식하고 안심하게 된다. 그리고 셋째는 반응과 공감이 반복되면서 아이 스스로도 똑같이 반응하고 공감하는 습관을 갖게 된다는 것이다. 부모와 아이가 주고받는 정서적 공감은 공명 현상을 불러일으켜 서로 감정을 공유하고 관계를 돈독히 해나가는 출발점이 된다. 타인과 정서를 공유했을 때의 즐거움을 맛본 아이는 타인과 관계를 맺고 체험을 공유하는 것을 자연스럽게 원하게 된다. 그렇게 해서 상호성과 공감성이 점점 길러지고, 마침내 그 아이 자신도 타인에게 반응과 공감을 할 수 있게 된다. 하지만 그와 반대로 반응과 공감이 부족한 환경에서 자란 아이는 타인에 대한 신뢰를 갖기 힘들 뿐 아니라 공감하는 능력도 학습할 수가 없다. 또한 자신이 무엇을 느끼고 무엇을 원하는지도 잘 파악하지 못한다. 그리고 이것은 그야말로 회피형 인간의 대표적인 특징이다. 어린 시절 반응과 공감이 충분한 환경에서 자랐는지의 여부는 인격 형성과 현실 적응력에 깊이 연관되어 있다. 이렇게 중요한 요소임에도 불구하고 사실 현실에서는 적지 않은 수의 부모가 자신의 아이에게 반응과 공감을 잘하지 못한다. 부모 스스로는 아이에게 '평범하게' 대응했다고 생각하지만 실제로는 공감이 없는 반응만 되돌려주는 경우도 많다. 이보다 더 안 좋은 경우는 아이가 원하는데도 무반응으로 일관하는 것이다. 아이가 원하는 것을 허락하지 않기 위해 전혀 반응하지 않거나 아이 쪽으로 눈길도 주지 않는 것이다.

/ 아버지의 영향 /

어머니가 회피형이고 아이에 대한 관심이나 공감이 부족한 경우, 아이는 회피형 인간이 되기 쉽지만 의외로 중요한 것이 아버지의 역할이다. 아버지가 아이에게 무관심하거나, 무반응으로 일관하는 경우에도 아이는 회피형 인간의 성격을 갖게 된다.

N 씨의 아버지는 교사였다. 가르치는 일이 직업이었기에 다른 동아리나 모임에서도 고문을 맡기도 하는 등 성실하다고 소문난 사람이었다. 그러나 그런 아버지가 집에서는 N 씨에게 무관심했고, 교육 또한 어머니에게 전부 떠넘겼다. 집에서는 말수도 적어서 자신이 먼저 말을 꺼내는 일도 거의 없었다. 기분이 좋을 때는 이야기를 할 때도 있었지만 N 씨가 뭔가 물어봐도 대답해주지 않았다. 아버지와 좀 더 많은 이야기를 하고 싶어도 언제나 금방 자리에서 일어나버렸다. N 씨는 어린 시절부터 그런 아버지의 반응이

이상해서 견딜 수가 없었다. 그는 자신의 마음을 헤아려주지 않는 아버지가 야속하기만 했다.

아버지는 언뜻 보기에는 사교적이어서 밖에서는 활동적으로 행동했지만 사실은 진정한 친구라고 할 만한 존재가 한 명도 없었다. 어른이 되어서 생각해보니 아버지 또한 자신과 마찬가지로 친밀한 관계가 고통스러워서 타인과 너무 가까워지는 것을 피했던 게 아닐까 싶었다. 말을 걸어도 곤혹스럽다는 표정을 지으며 자신의 방으로 들어가버리던 수수께끼 같던 아버지의 반응을 이제 겨우 이해할 수 있을 것 같았다.

젖먹이 아이에게 어머니가 자신의 일부 같은 존재라면 아버지는 생애 처음으로 만나는 타인이라 할 수 있다.

아버지가 공감이 가득한 상태로 피드백을 해주는지의 여부, 아버지와 안정된 애착 관계가 형성되어 있는지의 여부는 이후 아이의 사회생활과 인간관계에 지대한 영향을 미친다. 프로이트가 오이디푸스 콤플렉스라 불렀던, 아버지에 대한 라이벌 의식이나 공포심도, 애착 관계를 형성한다면 슬기롭게 극복할 수 있다. 하지만 아버지와의 관계가 희박하거나 아버지가 자식을 억압하는 인간인 경우에는, 어린 시절 품은 아버지에 대한 공포와 불안이 타인에 대한 그것으로 환치되어 평생을 꼬리표처럼 따라다닌다.

/ 에릭 호퍼의 경우 /

'부두 노동자 철학자'로 유명한 사회철학자 에릭 호퍼(Eric Hoffer,
1902~1983, 미국의 사회철학자 - 옮긴이)는 다양한 인생 편력과 더불
어 방랑하는 삶을 보낸 것으로 알려져 있다. 그의 인생은 어느 의
미에서는 그가 남긴 철학 사상 이상으로 시대를 앞선 것이었다.
그의 인생은 그야말로 회피의 연속이었고, 인생의 대부분을 그것
을 극복하는 데 썼다고 봐도 무방하다. 그는 뭔가가 성사되는 것
을 계속 거부하듯, 온갖 기회와 만남으로부터 도망쳤다. 지속적인
인간관계나 안정된 생활을 포기하며 모든 속박을 거부했다. 타인
과 뭔가 친밀한 관계가 형성되기 시작하면 이내 안정된 생활을 접
고 행방을 감추었던 것이다.

그는 오렌지 농장에서 일하는 노동자로 전국 각지를 돌아다녔
다. 그러다 결국 샌프란시스코에 거처를 정하고, 부두 노동자로 일
하면서 첫 작품을 발간한 것이 마흔아홉 살 때였다. 그는 무엇으
로부터 계속 도망쳤던 것일까. 왜 계속 도망쳐야만 했던 것일까.
그 비밀은 그의 성장 과정에서 찾을 수 있다.

에릭 호퍼는 일곱 살 때 어머니를 여의고, 그로부터 머지않아
실명하는 두 비극을 한꺼번에 겪었다. 에릭이 다섯 살 때, 어머니
는 아이를 안은 채 계단에서 굴러떨어졌고, 그 사고가 원인이 되
어 자리에 누운 지 2년 후 사망했던 것이다. 가구를 만드는 장인이
었던 아버지는 독서와 음악을 좋아하는, 교양 있는 인물이었지만

눈이 보이지 않는 아들을 무거운 짐으로 느껴 '바보'라고 부른 적
도 있었다.

에릭 호퍼가 실명한 것은 심리적인 이유도 컸던 것으로 보인
다. 어머니를 잃은 그는 이 세상 따위는 보고 싶지도 않다고 할 만
큼 비극적인 생각에 빠져버렸다. 실명한 그를 보살펴준 것은 마사
라는 독일계 가정부였다. 결국 그는 마사에게 깊은 애착을 느끼게
되었다.

그러던 그는 열다섯 살이 되어서 갑자기 시력을 되찾았다. 그러
나 그에게 이 사실은 기쁨이라기보다는 오히려 낙원으로부터 추
방된 것과 같았다. 그때까지 마사에 대한 그의 애착은 시각적인
것이라기보다는 촉각, 후각적인 것이었기 때문이다. 예전처럼 어
리광을 부릴 수 없게 되자, 그와 마사의 관계는 이내 서먹서먹해
졌다. 그 후 마사는 독일로 건너갔고, 에릭은 마음 편하게 독서할
수 있는 곳을 찾게 된다. 하지만 그에게 더욱 가혹한 불행이 덮쳐
왔으니, 바로 아버지가 사망한 것이었다.

호퍼 가문은 쉰 살 이상 산 사람이 없을 정도로 단명하는 것이
유전적인 특징이었다. 아버지 역시 예외는 아니었다. 에릭에게 아
버지의 죽음은 단순히 아버지를 잃었다는 사실에 그치지 않았고,
자신 또한 일찍 죽을 거라는 저주를 확인하는 일이기도 했다. 그
때문에 에릭은 이후로 더욱 세속적인 것에 무관심해지고 무념으
로 일관하는 삶을 살았다. 어린 시절 부모가 죽거나 곁에 없는 경
우에는 방치당한 아이와 똑같은 영향을 받게 된다. 살아 있을 때

어머니가 아무리 애정을 쏟았다고 해도 죽은 이후에는 머리카락이라도 한 번 쓸어줄 수가 없기 때문이다. 지각이 생긴 이후 경험하는 사별과 이별은 세상이 얼마나 허무하고 짧은지를 마음에 각인시켜 주는 계기가 된다. 지속적인 애정으로 애착 관계가 형성되느니만큼 이별은 상처로 남을 수밖에 없다. 그 때문에 어린 시절 부모와 사별한 사람은 매우 쉽게 회피형 인간의 특징을 보이게 된다. 이제 예로 들 다네다 산토카(種田山頭火, 1882~1940, 일본의 방랑 시인 - 옮긴이)도 그 전형적인 예이다.

/ 다네다 산토카의 경우 /

시인 다네다 산토카는 한 곳에 머무르지 않고 계속 방랑했다는 점에서 에릭 호퍼와 비슷한데 애착 성향을 살펴봐도 전형적으로 회피형 인간의 특징을 보인다. 성장 과정이 그 원인이라는 점도 호퍼와 비슷하다. 호퍼는 불행한 사고로 어머니를 일찍 여의었지만, 산토카는 열 살 때 어머니가 자살을 했다. 산토카의 동생을 낳은 후, 결핵을 앓던 어머니는 별채에서 와병 생활을 했다. 남편은 그런 아내를 외면한 채 주색잡기에 제정신이 아니었고, 그런 와중에 산토카의 동생을 양자로 입양하는 문제도 있었다. 독종이라 불렸다던 그의 어머니는 '자신의 역할을 다하지 못했다'는 생각에 괴로웠을 것이다. 어머니가 저택 안에 있던 우물에 몸을 던진 것은 마침 아이들이 밖에서 놀고 있을 때였다. 땅으로 끌어올려진 어머니의 시신을 소년 산토카는 목격하고야 말았다. 그는 그 무서운 죽음 앞에서 자기도 모르게 할머니의 무릎에 매달렸다고 한다. 어머니의 비참한 죽음을 목격한 산토카는 평생 그 기억에서 벗어나지 못한다. 이후 그를 보살펴준 것은 할머니였다. 하지만 그는 학교도 잘 다니지 않았고, 그때부터 이미 상처받는 일이나 괴로운 일을 피하려는 성향을 드러냈다.

그는 충분히 능력이 있었지만 노력이라는 것을 하지 않았다. 그래서 가장 중요한 시점에 버티지 못하고, 제대(帝大, 정식 명칭은 제국대학으로, 1886년에 설립되어 일본이 패망할 때까지 큰 영향력을 행사했다 - 옮긴이) 진학을 단념한 후 도쿄전문대학(현 와세다대학)에 진학했다. 그 무렵부터 산토카는 하이쿠(俳句, 일본 고유의 짧은 시 - 옮긴이)와 문학에 몰입하기 시작했다.

시나 소설의 세계는 오늘날 인터넷이나 영화의 세계가 그렇듯이 현실 세계에서 자신이 있을 곳을 찾지 못한 젊은이들에게는 적절한 피난 장소였고, 특히 회피형 인간에게는 현실 세계보다 더 안전하고 안심할 수 있는 장소가 되어주었다. 산토카는 하이쿠 세계에서 자신이 있을 곳과 존재 가치를 발견했던 것이다.

이렇듯 애착 대상을 잃게 되면 커다란 고통을 느끼게 되고, 상실의 고통에서 도망치기 위해 '탈애착'의 프로세스에 돌입하는 것이다. 고통을 피하기 위해 애착하는 것 자체에서 도망치려 하는 것이다. 회피형 애착 성향은 탈애착을 반복함에 따라 더욱 강해진다. 양육자나 보살펴주는 누군가가 몇 번이나 바뀌는 상황 역시 회피형 애착 성향을 더욱 가속화한다. 이사나 전학도 마찬가지이다. 그러므로 어린 시절 부모의 전근으로 이사를 반복하는 것도 아이에게는 회피형 애착 성향을 키워주는 결과로 이어질 수 있다.

/ 과도한 관심 /

앞에서도 말했지만 오랫동안 회피형 인간이 되는 원인 중 가장 큰 것이 '방치'였다. 하지만 연구가 계속되면서 역으로 과보호나 과도한 지배도 회피형 인간을 만드는 큰 원인이라는 것이 밝혀졌다. 최근에는 아무 문제없어 보이는 지극히 평범한 가정에서도 회피형 아이가 급증하고 있는데 그 원인이 바로 이것이다. 이것은 기존의 애착 이론으로는 설명할 수 없는 새로운 '발견'이었다. 실제로 너무 엄격한 부모나 과도하게 지배적인 부모 밑에서 자란 아이는 애착이 불안정해지기 쉬우며, 회피형 애착 성향을 갖게 된다. 평균 이상으로 충분할 만큼 아이를 돌봤다고 생각하는데 왜 이런 일이 발생하는 걸까? 이 유형에 속하는 사람들은 부모의 의사를 가장 우선시하며, 부모의 명령대로 따랐던 사람들이다. 이들의 어린 시절은 이를테면 '강제수용소 체험'이라 표현할 수 있다. 강제수용소에서 지낸 사람은 해방이 된 이후에도 허무감이나 무기력, 무감정이라는 특징을 드러내는데 이것은 장기간에 걸쳐 자유의사를 박탈당한 결과이다.

 2, 3년의 강제수용소 체험조차도 그런데, 어린 시절부터 줄곧 감시인 같은 부모 밑에서 벌을 받고, 자신의 의지와 상관없는 일을 억지로 강요당한 채 살았다면 어떨까. 그 경험이 애착 관계나 사고방식에 뿌리 깊이 박혀 그 사람의 인생 전반에 걸쳐 영향을 주는 것은 당연한 것이 아니겠는가. 어린 시절 과도한 지배를 받은 사람은 자신의 감정이나 의사가 애매모호할 뿐만 아니라, 양면적이다. 타인과 친밀한 관계를 맺거나 타인을 진심으로 신뢰할 수 없을 뿐만 아니라, 겉모습과 속마음의 괴리가 크다. 이는 부모가 '안전 기지'라기보다 '감시인'으로 기능했기 때문이며, 부모에게 속마음을 알리는 것 자체가 위험한 일이었기 때문이다. 이러한 경우에서는 대체로 부모가 고지식하고 의무감이 강하며 '~해야만 한다'라는 사고방식에 사로잡힌 경향이 있다. 자연스러운 애정이나 공감보다 목적을 달성하거나, 규칙과 기준을 지켜야 하는 것에 더 관심이 많다.

 관심의 양은 지나치게 충분하지만, 질을 살펴보면 문제가 있다. 아이의 기분을 살피면서 공감을 바탕으로 대응하는 것이 아니라, 자신이 정해놓은 규칙과 기준에 따라 일방적으로 관심을 표명하기 때문이다. 아이 입장에서 보면 원하지도 않은 것을 억지로 강요당하는 건 숨 막히는 체험일 따름이다. 그러니 부모와의 관계에서 기쁨보다는 고통을 느낀다고 말할 수 있다.

 그러니 이 양육 방식은 얼핏 보면 '방치'와 정반대인 것처럼 보이지만 실상은 아이의 욕구나 감정, 의사를 무시하는 '감정의 방치'가 이루어진다는 측면에서 통하는 구석이 있다. 아니, 어쩌면 본인의 의사와는 무관하게 감정을 지배하려 하고 아이의 주체성을 침범한다는 점에서 '방치'보다 더 가혹한 양육 방식이라 할 수 있다. 하지만 부모나 아이 모두 그것을 자각하기는커녕 부모 스스로가 '좋은 부모'라고 생각하고 아이도 '다 나를 위해서 그러는 거야'라고 생각하기 때문에 더욱 좋지 않다.

/ 옳은 것을 너무 강요하는 부모 /

예의 바른 가정에서 자란 S 씨는 어머니가 신경질적이고 걱정이 많아 어린 시절, 밖에서 논 적이 없었다. 그래서 유치원에 들어가서도 다른 아이들과 좀처럼 친해지지 못했고, 초등학교에 들어가고 나서도 좀처럼 나아지지 않았다. S 씨 입장에서 보면 주변 아이들은 무슨 짓을 할지 알 수 없는 무서운 존재이고, 어른이 오히려 훨씬 더 안심할 수 있었던 것이다.

어머니는 무엇이든 옳은 것이나 규칙에 얽매이는 사람으로, 식사 때도 차려준 것을 남김없이 다 먹지 않으면 용서하지 않았다. 좋고 나쁨에 대한 판단을 허용하지 않는 것이다. S 씨는 매일 식사 시간이 고통스러워서 견딜 수 없었다. 먹는다는 것이 즐거움이 아닌, 의무이자 고역이었다. 그 후 오랜 시간이 흘렀는데도 S 씨는 맛을 느낄 수 없는 증상이 있었다. 먹는 게 즐겁다는 사람을 전혀 이해할 수 없었다. "이거 참 맛있네요"라고 말하는 사람을 보면 S 씨는 슬퍼진다고 한다. 어떻게 그렇게 먹는 것을 즐길 수 있을까. 아무 맛도 없는 것을 그저 의무적으로 먹는 자신을 생각하니 슬펐던 것이다.

이 일이 상징하듯 S 씨의 어린 시절은 '해야만 하는' 의무감에 속박당해 있었다. 의무를 게을리하면 어머니의 엄격한 질책이 날아왔다. 뭔가를 진심으로 즐긴다는 경험은 없었고, 자신이 먼저 뭔가를 하고 싶다거나 자신이 무엇을 느끼고 있는지, 그런 것도 알지 못한 채 그저 어머니가 정해놓은 규칙과 어머니의 기분만이 일상생활의 기준이었다. '자신의 감각이나 감정을 잘 모르겠다'는 S 씨의 상태는 실감정증(失感情症, Alexithymia)이라고도 부르는데 회피형 인간의 특징 중 하나이다.

이것은 주체성을 존중받기보다 의무에 속박당해 자기의 영역을 계속 침범당하면서 타인에게 종속되어 살아온 결과이다. 오랜 세월, 다른 나라의 식민지로 살아온 국가가 자국의 아이덴티티와 주체성을 잃어버리고, 종주국의 의사에 따르지 않으면 체제를 유지할 수 없게 되는 것과 같은 이치이다. 역으로 표현하자면 아이는 자신의 주체성을 포기하고 부모에게 지배당하면서 현실에 적응하는 길을 선택했다고도 할 수 있다. 이런 아이가 부모의 뜻에 거역해 주체성을 가지려 하면 반항과 비행으로 점철된 생활을 하게 된다. 부모의 지배에 저항하며 싸우는 것은, 싸우지 않는 길을 선택하는 것보다 큰 대가가 필요하다. S 씨는 싸우지 않는 길을 선택했다. 신경질적이고, 불안감이 강하며, 몸도 약한 S 씨는 현실적으로 그 길을 선택할 수밖에 없었던 것이다. 싸우지 않음에 따라 S 씨는 집에서도, 학교에서도 '착한 아이', '우등생'으로 행동했고, 실제 성적도 좋았다. 일류 대학에 진학하고 대기업에 취직할 수도 있었다. 하지만 그와 동시에 그는 주체적인 삶의 방식도 잃어버렸다. 이것은 일하는 과정에서도 드러나게 된다. 그는 매뉴얼이 있는 일은 완벽하게 처리했지만, 새로운 발상이 필요한 업무이거나, 전례가 없는 일에는 완전히 두 손을 들고 말았다. 주어진 규칙이나 결정이 있어야만 행동하는 것이 가능했던 것이다.

/ 트라우마는 회피형 인간에게
어떤 영향을 미칠까? /

방치와 과도한 관심이 회피형 인간을 만드는 데 가장 큰 요인이라 할 수 있지만 '인간을 피한다'는 현상을 생각했을 때 또 하나 중요한 배경을 고려해야만 한다. 인간은 상처받을 만한 상황을 회피하려는 습성을 갖고 있기 때문이다. 이것은 비단 인간뿐 아니라 살아 있는 모든 생물의 본능이다. 상처받을 만한 상황을 피함으로써 자신을 보호하고 살아남아야 하기 때문이다. 회피형 인간도 마찬가지이다. 방치된 아이가 회피형 인간이 되는 것도 그런 맥락이다.

기대하면 상처를 받게 되기 때문에 아예 아무것도 바라지도 않고 상황을 피해버리는 것이다. 과도한 관심을 받는 아이의 경우도 마찬가지이다. 어차피 자신의 감정이나 의사를 인정받지 못하기 때문에 솔직한 속마음, 진심을 제거해버림으로써 회피형 인간이 되는 것이다. 이렇게 지속적인 스트레스 상황에서 회피 반응이 몸에 배어버리는 경우도 있지만 일회성 스트레스라도 불쾌한 정도가 강한 경우에는 회피 반응이 일어난다. 아이는 혼내거나 때린 사람, 그리고 기분 나쁜 일이 일어난 장소를 자연스럽게 피하게 된다. 실패하거나, 질책당한 경우에도 마찬가지이다.

사실 회피의 계기가 되는 사건은 우리 주변에서 흔히 일어난다. 실패하거나 상처를 받게 되는 경우가 바로 그것이다. 그중에서도 가장 나쁜 영향을 주는 것이 집단 괴롭힘이나 왕따이다. 이런 일이 발생했을 때 심리적으로 극복하지 못하면 그 상황이 재현될까 봐 두려워하는 마음이 생기고 그러다 보니 그와 연관되는 장소나 상황을 피하는 것이다. 등교를 거부하거나 히키코모리가 되어버린 청소년들에게 흔히 나타나는 심리이다. 특히 10대, 20대는 수치스럽거나 자존심에 상처 입는 일에 민감하므로 단 한 번이라도 큰 사건을 체험하고 그것이 마음에 남아 있다면, 이후 어떤 일에 도전하거나 다른 사람과 친밀해지는 것을 어려워하는 성향이 되고 만다. 일시적으로 회피하는 반응을 보이기도 하지만 심각한 사건을 겪고 나서 오랫동안 회피하는 생활을 하다 보면 회피형 인간으로 굳어지고 심하면 집 안에 틀어박히기도 한다. 또한 애착 성향에도 영향을 주어 원래 안정형이었던 사람이 회피형 애착 성향을 갖게 되는 경우도 있다. 원래 회피형 애착 성향이었던 사람에게 사건이 일어나면 그 성향이 더욱 강해진다.

/ 난폭한 부모와
속마음을 털어놓지 않는 아이 /

트라우마 때문에 회피형 인간이 되는 전형적인 상황 중 하나는 부모가 난폭한 경우를 들 수 있다. 이 경우에 아이는 자신의 기분이 무시당하는 것을 지속적으로 경험하기 때문에 속마음을 털어놓지 않는다. 솔직하게 말하는 것 자체가 허용되지 않는 상황에 지속적으로 노출되어 있었기 때문에 그럴 수밖에 없는 것이다. 이런 부모를 둔 아이의 애착 성향은 과도한 관심을 갖는 부모의 경우보다 훨씬 나쁘다. 애착 성향도 공포회피형에 가깝다.

누군가의 손길을 원하면서도, 그 누군가를 순순히 믿을 수가 없어서 사회에 부적응하거나 고통스러운 삶을 살게 되는 것이다.

나에게 상담하러 온 어떤 남성은 타인의 반응을 끊임없이 살피며, 믿을 만한 사람이 하는 말에 대해서도 나쁜 쪽으로만 받아들이는 증상 때문에 괴로워했다. 그는 연인에게 헤어지자는 말을 꺼냈다가 다시 시작하기를 몇 번이나 반복했다. 주변 사람들에게 마음을 열지 않았기 때문에 늘 사회에 적응하기가 힘들었고, 일 역시 지속하지 못한 채 히키코모리처럼 생활하기에 이르렀다.

그가 이런 인간관계를 맺게 된 데에는 성장 과정이 깊은 영향을 미쳤다. 알코올의존증을 앓고 있던 그의 아버지는 자기 마음에 들지 않으면 곧바로 주먹질을 했다. 어린 시절 그는 그런 아버지로부터 언제 주먹이 날아올지 모르는 상태 즉, '24시간 경보기가 울리는 상태'에서 살았다. 그런 그가 부모에게 속마음을 털어놓는 것은 도저히 불가능했다. 마침내 그는 집에서뿐만 아니라, 다른 사람들 앞에서도 입을 다물고 말았다. 그는 이렇게 말했다.

"대화가 아니라 상대방의 안색을 살피면서 상황을 판단하는 사람이 되어버렸어요."

그는 자신의 인생에 막대한 영향을 끼치는 결정도 본인의 의지가 아니라 주변의 반응을 기준으로 삼아 결정했다. 사는 게 사는 게 아니었던 것이다. 그는 점차 기운을 잃고 집에 틀어박히게 되었다.

이 남성은 단순한 회피형 인간 유형이 아니다. 타인에게 부정당하고 무시당하는 일에 민감한 공포회피형 애착 성향이 결합되어 있는 유형이다. 이 유형은 타인에게 인정받으려고 하는 '인정 욕구'가 강하면서도 타인을 믿지 못한다는 딜레마를 갖고 있다.

/ 부모의 불화에 상처받는 아이들 /

회피형 애착 성향을 만드는 원인 중 빈도가 높은 또 하나는 부모의 불화이다. 아이는 어머니뿐만 아니라 아버지에 대해서도 애착한다. 그러므로 부모가 싸우는 것은 아이에게 마치 자기 살이 찢기는 듯한 고통이나 다름없다. 아이가 무엇보다 보고 싶지 않은 것은 부모가 싸우는 모습이다. 부모의 갈등과 이혼은 당연히 아이의 마음에 상처를 주고 애착 성향에도 오랫동안 영향을 미친다.

　부모가 싸움 끝에 이혼하는 모습을 본 아이는 성인이 되어서도 연애나 결혼에 적극성을 띠지 않는다. 이성을 아예 멀리하는 사람도 있다. 애정이라는 것을 지속성을 가진 뭔가로 믿기가 힘든 것이다. 아버지나 어머니 중 한쪽이 늘 다른 쪽 험담을 하는 경우도 마찬가지이다. 아이는 비난받는 쪽도, 비난하는 쪽도 진심으로 신뢰할 수 없다. 일상적으로 부정적이고 공격적인 감정에 휩싸이다 보니 누군가와 정서적으로 친밀한 관계를 갖기가 힘들다. 그저 거리를 두고 있는 것이 안전하다고 느끼는 것이다. 그러다 보니 회피형 인간이 되는 것은 어쩌면 당연한 결과일지도 모른다.

/ 우울해지는 것을 피한다 /

방치된 아이든 과도한 관심을 받은 아이든, 학대나 불화에서 트라우마가 생긴 아이든 모두 '다시 상처받을지도 모르는 상황을 피한다'는 공통점이 있다. 이것은 바꿔 말하면 우울해지는 것을 피한다는 뜻이기도 하다. 사람은 상처받으면 고통을 느낄 뿐만 아니라 무력감이나 자기부정에 사로잡혀 우울해지기 십상이다. 상처 입힌 상대에게 반발하거나 저항함으로써 자신을 지키려 해도, 상처받았다는 생각이 머리에서 떠나지 않고 시간과 함께 마음속 깊이 침투해버리는 경우도 많다. 이렇게 끊임없이 낙담과 우울이 그 사람의 마음을 가라앉게 만드는 것이다.

이러한 경험 때문에 사람은 자연스럽게 자신이 침울해질지 모르는 상황을 피하려고 한다. 자존심에 상처받는 상황은 더욱 그렇다. 그것이 학교든 회사든 가고 싶지 않게 된다. 몸도 마음도 상황을 거부하게 된다.

본래 안전 기지로서 아이를 지탱해줘야 할 부모가 아이의 자존심이나 자신감에 상처를 주고, 발목을 잡는 경우도 있다. 이런 경우에는 부모를 피하는 것 말고 자신을 지킬 방법이 없다. 부모에게 회피형 애착을 보인다는 것은 과거 일 때문에 실망한 나머지 더 이상 부모와 가깝게 지내지 않는 것이 안전하다고 느낀 결과라 할 수 있다.

『수레바퀴 밑에서』 같은 작품으로 유명한 독일의 작가 헤르만 헤세(Hermann Hesse, 1877~1962 – 옮긴이)는 어머니가 병상에 누워 있어도 문병 가는 것을 최대한 피했고, 어머니가 사망했을 때 장례식장에도 가지 않으려 했다.

어머니는 늘 의무감이나 자신의 기준을 중심으로 자식 교육을 시켰고, 자신의 종교적 신념을 자식들에게 강요했다. 헤세는 그런 지배적 성향을 가진 어머니 때문에 괴로워했던 것이다.

어머니는 헤세에게 일상적으로 부정적인 평가를 늘어놓았지만 그는 늘 어머니의 인정을 받고 싶어 했다. 어머니가 죽음의 병상에서 앓고 있을 때는 그의 첫 장편소설이 출판되기 얼마 전이었다. 그런데도 문병을 가지 않은 것은 자신이 겨우 지켜온 세계가 죽어가는 어머니의 모습을 보면서 흔들릴까 봐 두렵고, 임종의 순간에 어머니의 입에서 부정적인 말이 쏟아져 나와 자신의 세계를 무너뜨릴까 봐 두려웠기 때문이다. 이것은 바꿔 말하면 자신이 다시 우울감에 빠져 과거의 상처나 갈등 속으로 빨려 들어가지나 않을까 하는 두려움이기도 하다.

어머니가 사망한 후, 헤세는 자신을 누르던 무거운 굴레에서 해방이라도 된 듯 계속 작품을 발표했고, 작가로서 성공했다. 어머니가 결코 인정하지 않았던 작가 헤르만 헤세는 수많은 독자로부터 열광적인 지지를 받았던 것이다. 어떤 의미에서, 그것은 어머니를 외면하고, 어머니를 거부했기 때문에 얻을 수 있었던 성공이라고도 할 수 있다. 그의 작품에는 그야말로 헤세 자신의 생활 방식과 고민이 잘 묘사되어 있다. 어머니의 죽음조차도 자신의 영역에 침범하지 못했음을 스스로 보여줌으로써 헤세는 자신의 문학 세계를 수립했던 것이다.

다만 이 시점에서 헤세 스스로가 어머니와의 문제를 제대로 자각한 것은 아니었던 듯하다. 자신이 안고 있는 고뇌는 자신의 고단한 삶과 청년기 특유의 문제, 혹은 그 시대와 사회의 문제라고 인식한 측면이 크다. 어머니와의 문제에서 비롯된 자신의 정체성

고민을 확실하게 자각하게 된 것은 중년 이후 우울증으로 고통받다가 융의 정신분석을 받고 나서부터였다. 어머니를 거부했지만 그는 완전히 자유로워진 것이 아니었다. 어머니에 대한 죄책감이 무의식적으로 그를 괴롭혔고, 어머니가 내던진 말을 헤세 스스로가 내면화하면서 오랫동안 자기 자신을 괴롭혔던 것이다.

3장

현대사회와 회피형 인간

"왜, 기계에만 의존하는 걸까?"

나 는 왜 혼 자 가 편 할 까 ?

/ 정보 과부하와 회피형 인간 /

최근 뉴질랜드의 학자가 흥미진진한 연구 결과를 보고한 바 있다
(Richards et al., 2010). 약 4000명을 대상으로 텔레비전이나 컴퓨터
등을 이용하는 시간과 부모나 친구에 대한 애착 관계가 얼마나 연
관성이 있는지를 조사했는데, 화면을 보는 시간이 길면 길수록 애
착 관계가 희박하다는 결과가 나왔다.

이것은 정보화 사회가 되면서 나타난 여러 환경 변화가 회피형
인간을 양산하는 데 일조하고 있다는 것을 잘 보여준다. 부모의
양육 방식 이외에도 우리를 점점 회피형 인간으로 만드는 요인들
이 그만큼 많다는 이야기이다.

인류는 지금까지 경험한 적 없는 정보화 사회에 살고 있다. 1년 동안 만들어지는 정보의 양은 10조 테라바이트를 가볍게 넘는다. 이 숫자는 인류의 역사상 출간된 모든 책이 담고 있는 정보량의 1000만 배 이상에 해당하는 정보가 매년 만들어지고, 유포되고 있다는 뜻이다.

바이트란 정보량의 기본 단위인데, 1000바이트가 1킬로바이트, 1000킬로바이트가 1메가바이트, 1000메가바이트가 1기가바이트, 1000기가바이트가 1테라바이트이다. 즉 1테라바이트는 1조 바이트에 해당하며, 10조 테라바이트는 그 10조 배. 그야말로 천문학적인 숫자일 수밖에 없는 정보량이다.

그런데 인간의 뇌에서 처리할 수 있는 정보는 아무리 애를 써도 1초 동안 126바이트가 한계라고 한다. 이 최고 속도로 한잠도 자지 않고 정보를 처리한다 해도 한 사람이 1년에 처리할 수 있는 정보량은 4기가바이트도 채 못 된다. 즉 책 한 권의 문자 정보의 양은 대략 200킬로바이트이므로 4기가바이트는 2만 권 정도 되는 책 분량에 해당된다. 현실적으로 1년에 2만 권의 책을 읽는 것은 불가능하다. 하지만 이것이 영상이라면 이야기가 달라진다. 이를테면 두 시간짜리 영화의 경우, 그 정보량은 대략 2메가바이트에 달한다. 4기가바이트는 2000편 정도의 영화 분량에 해당한다. 1년에 이 정도로 많은 영화를 보려면 하루에 여섯 편을 봐야만 한다. 하루에 반나절은 영화 감상에 할애해야 하는 것이다. 그러나 어쨌든 1년에 2만 권의 책을 읽는 것보다는 현실적이어서, 수면 시간을 확보할 수도 있을 것이다. 그렇다고는 해도 다른 많은 것들을 희생해야 하므로 상당히 고통스러울 거라는 것은 틀림없다. 이것은 인간의 뇌 처리 능력의 한계를 시험하는 차원의 문제일 것이다. 하지만 오늘날에는 하루의 반나절 이상을 화면을 보며 지내는 사람이 드물지 않게 존재한다. 그들은 뇌의 한계 처리량을 위협하는 생활을 계속하고 있다.

인간은 정보가 너무 과도할 때, 또는 너무 부족할 때, 정신을 통제당하기 쉽다는 것이 연구를 통해 밝혀졌다. 적절한 양의 정보가 주어져야 비로소 인간의 뇌는 주체성을 유지하고, 균형감 있는 판단이나 자연스러운 정보 처리를 할 수 있다. 즉 사고의 '공간'이 필요하다는 의미이다. 예를 들어, 책이나 잡지, 자료 같은 잡다한 것들로 가득하여 노트를 펼칠 여유도 없는 책상과, 필요한 자료만 있어서 여유 공간이 넉넉한 책상을 상상해보자. 가만히 생각에 잠겨 판단을 하기 위해서 어느 쪽 환경이 더 적당한지는 두말할 것도 없다.

현재 우리의 뇌는 노트를 펼칠 여지도 없는 책상과 똑같은 상태이다. 머릿속에 정보가 너무 많이 들어오기 때문에, 정작 중요한 정보를 찾기 힘들다. 이래서는 우연히 눈에 들어온 정보로 판단해야만 하는 상태에 빠질 우려가 있다. 자신도 알지 못하는 사이에 적절한 정보 처리를 위한 공간을 잃고, 주변의 달콤한 선전에 유혹당하거나 우발적인 자극에 우왕좌왕할 수 있는 것이다.

그렇다면 이러한 환경이 우리의 애착 성향에 어떤 영향을 미치는가 하는 점을 생각해보자. 정보의 과잉과 정보 의존도가 높아지면서 우리는 타인 특히 가장 가까운 배우자나 자녀와 접촉하는 시간을 빼앗기게 되었다.

애착 시스템이라는 것이 자녀를 양육하고 궁극적으로는 인간이라는 종의 보존을 위해 진화했다고 본다면, 현대인의 애착 성향이 이토록 급속도록 변화하는 것은 단지 대인 관계나 사회생활을 변질시킬 뿐 아니라 부부 관계나 자녀 양육에도 영향을 미쳐 인류의 생존 자체를 위협할 수도 있다.

/ 애착이 불안정할수록 미디어에 의존 /

몇 가지 연구에 따르면 부모로부터 학대를 당했거나, 부모와의 관계가 불안정한 사람일수록 인터넷에 의존하는 경향이 높다고 한다. 또한 인터넷에 의존하는 아이의 사정을 들여다보면 부모가 정서적인 온기 없이 아이를 대하거나, 어머니가 지나친 간섭, 거절, 징벌 등의 태도를 보이는 경향이 있다고 한다. 이런 연구 내용에서 추론해보면 애착이 희박한 사람일수록 인터넷 등 정보 통신 매체에서 피난 장소를 찾으려 하고, 거기에 의존한다는 것을 알 수 있다.

이런 사람이야말로 타인과 접촉하는 시간이나 뇌에 비어 있는 공간이 필요하지만 현실은 그 반대이다. 독서일 경우에는 정보량이 비교적 적은 상태에서 끝나지만 영상을 동반한 정보 매체에서 피난 장소를 찾는다면 뇌에서 과부하가 일어나 힘을 잃을 수도 있다. 그렇게 해서는 몸과 마음을 쉬게 하거나 마음을 진정시키기는 커녕, 과중한 피로감과 무기력, 우울 상태를 더욱 악화시키고 만다. 그리고 그 기간이 길면 길수록 다시 일어서는 게 힘들어진다. 그 결과 더욱더 인터넷 세계에 갇혀 현실의 인간관계에서는 멀어지고 만다. 이러한 악순환이 히키코모리가 늘어난 한 원인이다.

처음에는 별것 아닌 방황에 불과해 일주일이나 한 달 정도 푹 쉬면 다시 활동할 수 있었던 사람이 몇 년 단위로 회복 기간이 길어지고, 자칫하다가는 10년, 20년에 걸친 히키코모리 상태가 돼버리는 것 역시 회피를 고정화하는 장치가 이 사회에 가득하기 때문이다. 지금은 시간이 흘러가는 것을 잊게 해주는 정보 통신 매체가 내 방 안에, 급기야는 내 손바닥 안에 존재하는 시대이다. 거기에 푹 빠져 있는 동안, 눈 깜짝할 사이에 10년, 20년의 시간이 흘러가버리고 만다. 정신을 차리고 다시 제자리로 돌아오려 해도 그 세월의 격차가 너무 심해 결코 쉽지 않다.

/ 인터넷과 마약의 공통점 /

인터넷 의존에 대해서는 더욱 심각한 영향도 시사하고 있다. 2012년, 중국과학원무한물리 · 수학연구소의 레이하오 교수 연구팀은 인터넷 의존증인 젊은이의 뇌를 DTI(확산텐서영상)라는 최신 기법으로 조사한 결과, 안와전두피질(眼窩前頭皮質, OFC, orbitofrontal cortex, 인지와 감정을 조절하는 자기조절중추 - 옮긴이), 전측대상회(前側帶狀回, anterior cingulate, 주의, 반응 억제, 정서 반응에 관여하는 전두엽 한가운데에 있는 부위, 대상회의 전측 부분이다 - 옮긴이), 뇌량(腦梁, corpus callosum, 좌우 대뇌 반구를 연결하는 신경섬유 다발이 반구 사이의 세로 틈새 깊은 곳에 활 모양으로 밀집되어 있는 것 - 옮긴이) 같은 대뇌백질에서 신경섬유 조직이 불규칙적으로 바뀌면서 밀도도 떨어졌다고 보고했다. 이런 현상은 마약이나 각성제에 중독되었을 때와 같은 증세여서, 인터넷에 의존하는 것만으로도 뇌에 그와 똑같은 변화가 일어날 가능성이 있다는 것이다. 그중에서도 전측대상회라는 부위는 공감 능력과도 연결되어 있어서 장기간 폭력적인 게임을 한 사람들의 뇌를 살펴보면 이 부위 중에서도 공감 능력의 중추인 문측전측대상회(吻側前側帶狀回)의 활동이 저하되어 있다는 보고도 있다. 이러한 연구 결과는 정보 매체에 지나치게 의존하는 것이 신경 발달 자체에 영향을 미치고 급기야는 그 구조 자체를 변질시켜 버릴 수도 있다는 것을 잘 보여주고 있다. 또한 MRI를 이용한 다른 연구에서도 이와 비슷한 사항을 지적하고 있다.

이를테면 인터넷 의존도가 높은 한 남성의 안와전두피질을 살펴보니 두께가 현저하게 얇아진 사실이 밝혀졌다(Hong, 2013). 안와전두피질은 의욕과 억제에도 관여하는데, 이 부위의 두께가 얇아졌다는 것은 감정을 제어하는 능력이 없어 충동적으로 행동한다거나 무기력해지는 현상이 일어날 수 있다는 의미이다.

이처럼 인터넷에 지나치게 의존하는 것은 마약중독과 비슷하게 뇌에 악영향을 미친다. 또 이러한 직접적인 영향뿐만 아니라 간접적인 영향도 무시할 수 없다. 현실 세계에서 살아 있는 존재와 접촉하고 살을 비비며 시간을 보낼 기회도 줄어드니 사람을 회피하는 경향은 더욱 강해질 우려가 있는 것이다.

/ 양육 패턴의 변화 /

정보화는 근대화라는 사회 변동의 최종 단계에서 일어나는 변화라 할 수 있다. 공업화나 도시화, 핵가족화 같은 지난 수십 년 동안의 움직임은 양육의 방식을 크게 바꿔놓았다. 그 과정에서 오로지 아이에게 관심을 갖던 어머니도 이제 다른 여러 가지 관심사에 눈을 돌리게 되었다. 전자 제품의 보급으로 가사노동 시간이 대폭 줄어들어 어머니가 아이와 함께 지낼 시간은 늘어났지만 그런 한편으로 어머니는 그때보다 훨씬 더 바빠졌다. 다른 일이나 취미에도 시간을 쏟을 수 있게 되었기 때문이다. 이것은 어떤 의미에서는 '해방'이라고도 부를 수 있는 사건이다. 하지만 어머니의 가사노동 부담이 줄었음에도 불구하고, 아이와의 관계는 질적으로 저하되는 사태가 벌어진 것이다.

어머니는 과거에 비해 집안일뿐만 아니라 양육 노동 시간이 대폭 줄었지만 결과적으로 그에 따른 피해를 보는 것은 아이이다. 갓난아기인 동안에도 어머니가 아닌 다른 사람과 함께 지내는 시간이 길어졌기 때문이다.

지금이야 이것을 당연한 일로 생각하지만 포유동물에게 이것은 생각지도 못할 일이었다. 젖을 떼기 전까지, 어미는 새끼를 몸에 밀착시키고 있거나, 그렇지 않을 때도 바로 옆에 두고 시선을 떼지 않는다. 이것은 애착 시스템으로 생존을 지탱하고 있는 포유류의 본능이다. 본능에 위배되는 것은 새끼에게도, 어미에게도 억지를 강요하는 셈이다. 어머니의 관심이나 보살핌을 아이에게서 빼앗는 것은 일이나 취미뿐만이 아니다. 현대의 어머니는 자기 아이의 얼굴을 바라보며 반응하기보다, 텔레비전이나 휴대전화, 컴퓨터 화면을 체크하거나 시청하는 일에 주의를 다 쏟아붓는 경향이 있다.

이래서는 아이가 어떤 반응을 보이더라도 제대로 응답할 수가 없다. 어머니는 자기 편의에 따라 아이를 돌보려 하는 것이지만, 이것은 본래의 응답성은 아니다. 아이 위주로 어머니가 맞춰주는 것이 아니라 어머니 위주로 아이가 맞춰야 하는 것도 일종의 방치나 마찬가지이다. 게다가 핵가족화되었기 때문에 아버지를 비롯한 다른 가족들은 집에 없는 것과 다름없는 상황이다. 어머니 외에 아이에게 반응해줄 수 있는 존재가 없는 환경은 아이가 방치될 위험이 그만큼 크다는 말이다. 어머니가 자신의 볼일을 보기 위해 아이를 비디오나 텔레비전에 맡기는 일도 일반적이다. 그러나 이런 매체는 일방적으로 영상과 음성을 내보낼 뿐, 아이의 요구나 물음에 응답해주는 시스템을 갖고 있지 않다. 좋든 싫든, 웃든 울든, 아이의 기분이나 의사, 반응은 완전히 '무시'된다. 이렇게 기계에 둘러싸인 환경이 공감과 응답이 이루어지는 환경과 정반대인 것은 두말할 필요가 없다. 우리는 전혀 의식하고 있지 못하지만 이것 역시 방치 중 하나이다.

/ 근대화와 위기에 직면한 애착 시스템 /

애착 시스템은 양육을 위해 진화되어왔다. 애착 시스템에 균열이 생기면 가장 큰 손상을 받는 것은 부부 관계와 부모 자식 관계이다. 가족 내에 애착이 희박해지면 과연 앞으로 인류는 유지될 수 있을까? 애착 활동 중 하나는 어머니와 아이가 서로 떨어지지 않으려고 애쓰는 것이다. 어머니는 아이를 떼어놓는 것에 본능적으로 불안을 느끼고, 아이도 어머니로부터 떨어지는 것에 저항한다. 지난 수십 년의 예외적인 시기를 제외하면 인류 역사상 어머니와 아이는 완벽하게 밀착되어서 살아왔던 것이다. 현대에 남아 있는 원시 부족 국가를 조사해봐도 이 사실을 확인할 수 있다. 또 과거의 유아기는 현대인의 그것보다 훨씬 긴 경향이 있었던 것으로 보이는데, 원래 인류는 3, 4살 무렵까지 모유를 먹는 게 일반적이지 않았을까 싶다.

그런데 문명이 발달하고 사회구조가 복잡해지면서 효율성을 최대 가치로 여기게 된 현대인은 유아기를 거의 필요악처럼 생각하게 되었다. 그리고 그것이 어머니와 아이를 일찌감치 떼어놓는 결과를 낳게 되었다. 이러한 경향이 근대 자본주의의 발상지이자 기독교 중심의 서양 여러 나라일수록 강한 것은 흥미롭다. 이들 나라에서는 효율적으로 영양과 환경을 관리하면 굳이 모자가 함께 시간을 보낼 필요가 없다는 사고방식이 널리 퍼지게 된 것이다.

그중에서도 아이를 어리광 부리지 못하게 하고, 일찍부터 자립시키려는 경향이 강한 지역 중 하나가 북부 독일이다. 이 지역에서는 회피형 애착 성향을 보이는 아이들의 비율이 다른 유럽 여러 지역과 비교해도 두 배 이상 높다는 보고가 있다.

/ 신생아실, 아기 침대, 유아원 /

양육을 효율적으로 하기 위해 지금은 당연한 것처럼 되어 있는 게 신생아실이며 아기 침대, 그리고 탁아소와 유아원이다. 갓 태어난 아기는 어머니로부터 떨어져 신생아실이라는 곳에 다 같이 모여 지낸다. 머리와 몸이 거의 짓눌릴 뻔하고 숨도 가쁜, 그야말로 목숨을 건 고생을 하고 비로소 이 세상에 나왔는데 믿음직스러운 어머니와 떨어져서 시끄러운 울음소리로 가득한 무미건조한 방에 놓여 있는 것이다.

애착 형성을 위해서도 아기가 받을 스트레스를 생각해서도 이 것은 상당히 의문스러운 조치로 보인다.

아기를 신생아실로 옮기는 이유는 막 출산을 끝낸 어머니가 안 정적으로 쉴 수 있도록 하는 동시에 신생아의 상태를 관찰, 관리 하기가 용이하기 때문이다. 이 시기에 아기와 어머니가 만나는 것 은 수유 시간뿐이며, 모유가 잘 나오지 않으면 간호사가 기계적으 로 우유를 추가하여 먹인다. 아기는 이렇게 일주일 정도의 시간을 보낸다. 아무리 울어도 응답해주지 않는 시간을 맛보는 것으로 인 생을 시작하는 것이다. 이것은 회피형 인간으로 가는 첫걸음이라 고도 말할 수 있다. 하지만 이것은 자연 상태의 신생아나 어머니 에게는 있을 수 없는 일이다. 자연 상태에서 어머니는 끊임없이 아기를 옆에 두고 수상한 자의 접근을 차단한다. 더 나아가 타인 에게 아기를 만지게 하는 일은 생각지도 못하는 것이다. 현대 문 명은 효율적인 관리라는 대의명분 아래 아기가 받을 스트레스와 애착 시스템은 미처 생각하지 못하고 있을지도 모른다. 고작 두 세 시간, 어머니와 떨어져 있는 것만으로 아기의 뇌에는 그 흔적 이 남는다. 근대화 이후 일반화되어 버린 이런 양육 환경은 인간 이 살아가는 데 반드시 필요한 뭔가를 위협할 만큼 중대한 결함을 안고 있을지도 모른다. 아기를 병원에서 출산하는 것이 일반화된 것은 1960년대 중반부터이다. 이때부터 서양식 양육법이 널리 퍼 지면서 아기를 어머니와 함께 재우는 것이 아니라 아기 침대에 따 로 재우는 것이 대중화되었다. 어머니와 떨어져서 자는데도 아기가 울지 않고 어머니도 덜 힘들다는 점 때문에 아기 침대는 그 효율성을 인정받았다. 아기를 일찍 자립시키는 데도 효과가 있다고 여기저기서 이론을 발표하며 칭찬했다.

하지만 자립이라는 관점에 대해서 다시 생각해봐야 할 시점이 도래했다. 겉으로는 자립한 것처럼 보일지 모르지만, 이것은 진정한 자립이 아니라 그저 회피형 인간으로 자라는 데 일조할 뿐일지도 모른다. 친밀한 대인 관계를 만들기 어렵고 배우자와도 안정적인 관계를 갖지 못하게 됨으로써 진정한 의미에서의 자립이 더 힘들어진 것이라고도 말할 수 있다. 자립이란 타인을 쌀쌀맞게 대하거나 타인에게 어리광을 부리지 않는 것을 말하는 것이 아니지 않는가.

1970년대 이후 여성의 사회 진출이 급속이 늘어나 직업을 가진 어머니가 아이를 다른 곳에 맡기고 일하게 되었는데, 이것도 아이의 애착 성향에 영향을 준 요소 중 하나이다. 특히 아기가 어릴 때, 어머니가 아닌 다른 사람에게 양육을 맡기면 애착 형성에 매우 좋지 않은 영향을 미친다는 것은 이미 몇몇 연구 결과를 통해 밝혀졌다. 아주 어린 시절에 부모와 떨어져 지낸 아이들은 부지불식간에 회피형 애착 성향을 갖게 된다. 아무리 의사를 표현해도 응답이 돌아오지 않는 상황에 처해 있기 때문이다. 또한 위험한 행동을 하게 될 가능성 역시 높다. 게다가 불안감이 강한 아이는 일찍부터 자주 운다거나 공격적 성향을 띤다거나 하는 등 부모의 애를 태우는 형태로 SOS를 보내지만 전혀 문제가 없어 보이는 아이라 해도 그 영향에서 벗어날 수는 없다. 이처럼 근대 자본주의와 함께 발전한 양육 방식은 애착을 무시한 결과이며 회피형 인간을 양산한 큰 원인 중 하나이다.

/ 불행의 연쇄가 문제를 가속화시킨다 /

애착 성향은 대부분 후천적 체험에서 결정된다. 즉 부모 세대의 애착 성향이 불안정하면 그 부모 밑에서 자란 아이의 애착 성향 역시 불안정해지기 쉽다. 손자 세대에 이르면 문제는 더욱 가속화된다. 회피형 애착 성향의 경우에도 그렇다. 바쁜 어머니의 보살핌을 거의 받지 못하고 자란 아이는 회피형 애착 성향으로 그 상황에 적응한다. 그 아이가 부모가 되면 아이보다 일이나 취미에서 즐거움을 찾기 때문에 아예 양육에는 무관심해지기 쉽다. 그리고 회피형 부모 밑에서 자란 아이는 더욱 회피적인 성향이 강해지는 것이다.

현대사회에서 경계성 인격 장애와 같은 불안정한 애착 성향을 가진 사람이 증가하는 현상, 회피형 인간이 증가하는 현상이 거의 동시에 일어나는 것에는 필연성이 있다. 애정이라는 양분이 부족한 환경에서 살아남기 위해서는 원하는 것을 모두 중단하는 것이 가장 합리적인 적응 전략이기 때문이다. 경계성 인격 장애인 사람들의 사례를 보면 알 수 있듯이, 그들은 뭔가를 원하면 원할수록 더 상처 입는다. 회피형 인간이 늘어나는 것은 개인의 문제가 아니라 우리 사회 전체의 문제이다. 인류가 초원 밭쥐 유형에서 산악 밭쥐 유형으로 변하고 있는 것이다. 이 같은 변화가 피치 못할 현실이라면 지금 우리는 회피형 인간 유형에게 맞춤형인 부부 관계와 자녀 관계, 인간관계를 모색해봐야 한다.

/ 4장 /
회피형 인간의 사랑

"왜, 결혼과 아이를 거부하는 걸까?"

나 는   왜   혼 자 가   편 할 까 ?

지금까지 살펴보았다시피 애착 관계가 안정적이지 않은 사람은 배우자나 자녀를 비롯한 친밀한 인간관계에서 문제가 발생하기 쉽다. 다만 애착 유형이 불안형이냐 회피형이냐에 따라 그 양상이 크게 달라진다. 여기서는 회피형 애착 성향을 가진 사람, 즉 회피형 인간의 특징을 자세히 살펴보도록 하자.

/ 친밀한 관계를 구축하기 힘든 이유 /

회피형 인간은 자기표현을 잘 못하기 때문에 친밀한 관계를 만들기 힘들다. 그런데 사람 자체를 회피하기 때문에 더욱 힘들어진다. 표면적인 관계에서 친밀한 관계로 발전하기 위해서는 자신이 어떤 사람이고, 무엇을 느끼며 살아왔는지 알려주는 것이 필수이기 때문이다. 만약 이런 자기표현을 하지 않고 비밀주의로 일관하면 절대 친밀한 사이로 이어지지는 않는다. 회피형 인간은 감정 표현도 억제하는 경향이 있다. 특히 기쁨이나 관심사 같은 긍정적인 표현을 더욱 강하게 억누른다. 그 결과 주변 사람들에게 부정적이고 불편한 인상을 남기고 만다. 친밀한 관계를 구축하려면 긍정적인 감정 표현이나 자기표현을 의식적으로 늘리는 일이 필요한데도 말이다. 또 그러다 보니 자기의 감정이나 기분을 제대로 파악하지 못하는 경우가 많다. 이것은 생각지도 못한 마이너스 요인이 된다. 기분이나 감정은 이성과는 또 다른 요소이지만, 사실 뭔가를 결정할 때, 이성보다 더 중요한 역할을 담당할 때가 많기 때문이다. 본질적으로 행동의 지침을 부여하는 것은 이성이 아니라 감정일 때가 많다. 이를테면 그 사람과 결혼해야 할지 말아야 할지 고민할 때 '좋아한다', '늘 함께 있고 싶다' 같은 생각이 든다면 별로 망설이지 않을 것이다. 그런데 그런 편안한 감정이 정확하게 들지 않는다면 자신이 상대방을 진짜 좋아하는 건지 아닌지, 그것조차 확실히 알 수가 없다. 이러한 문제에 종지부를 찍으려면 이성으로는 설명할 수 없는, '느낌이 좋다', '같이 있으면 즐겁다'와 같은 촉이 확실하게 와야 한다. 그런데 회피형 인간은 그런 감정을 파악하지 못한다. 상대방을 냉정한 시각으로 바라보기 때문에 결점을 먼저 보고, 실패로 끝날지도 모른다는 위험성과 예전에 인간관계에서 느꼈던 피곤함을 먼저 떠올리기 때문이다. 그래서 먼저 적극적으로 다가가지 않는다. 나중에 피곤하고 귀찮아질 것 같아서 시작도 하기 전에 포기하는 것이다.

/ 회피형 인간이 부모가 되었을 때 /

대학생을 대상으로 한 연구에 따르면 회피형 인간은 자녀를 두는 일에 별 흥미가 없으며, 또한 자녀를 보살피는 일에서 그리 만족을 얻지 못할 것 같다고 대답했다. 그리고 회피형 부모를 대상으로 한 조사에서는 자녀와 거리감을 느끼거나 자녀와의 친밀한 관계를 즐기지 못하는 경향이 있었다.

실제 회피형 인간이 부모가 되었을 때 자녀의 기분에 둔감하며, 자신의 뜻대로 밀어붙이려는 경향이 강할 뿐만 아니라 주로 자신이 부과한 과제를 처리했는지에만 초점을 맞춘다. 그 과정에서 얼마나 노력을 했는지, 기분은 어땠는지에는 그다지 관심을 기울이지 않는다. 또 자녀와 떨어지는 상황에 처해도 비교적 냉정하게 대처하고 별로 불안감을 느끼지 않는다. 이것은 포유류의 습성을 생각해볼 때 몹시 '이상'한 일이다. 그런 점에서 아이와 떨어지는 것에 금방 불안과 스트레스를 느끼는 불안형 어머니는 가장 포유류스러운 본성을 갖고 있다고 할 수 있다. 다만 젖을 떼고 10년, 20년이 지나도 여전히 불안감을 갖고 있는 것 역시 '이상'하다고 말할 수 있겠다.

회피형 부모는 자녀가 곤란에 처하거나 허약해서 도움을 요청하는 때일수록 무관심하거나 무시하는 경향이 있다. 자녀가 기뻐하거나 웃는 것에는 반응하지만 울거나 칭얼거릴 때는 오히려 반응하지 않는 것이다. 즉, 자녀가 절실하게 부모를 필요로 할 때일수록 요구에 응해주지 않는 모순된 행동을 하기 쉽다는 것이다.

/ 회피형 인간이 사랑을 할 때 /

회피형 인간이 자녀를 대하는 습성은 배우자에게도 마찬가지이다. 무관심한 태도가 기본이며 뭔가 요구를 해도 반응하지 않는다. 신체적으로도 거리를 둔 채 잘 접촉하지 않는다. 그리고 비협조적인 구도를 유지하려는 경향이 있다. 상대방을 자신의 뜻대로 하려는 한편 상대방의 기분에는 상관하지 않는 괴리도 보인다.

타인과 거리를 둠으로써 자신을 지키려 하는 것은 회피형 인간의 기본 전략이며, 이것은 자신의 안전이 위협받을 만한 상황일수록 강해진다. 실제로 배우자가 신상에 문제가 생겨 고통스러운 표정을 드러낼수록 회피형 인간은 분노를 느끼고, 부정적인 반응을 보인다는 연구 결과도 있다(Simpson et al., 1992;Rholes et al., 1999).

언뜻 보면 헌신적으로 행동하는 것 같지만, 그 경우에도 자연스러운 감정에 의해 그렇게 했다기보다는 그렇게 하지 않으면 더욱 성가시게 되거나 헌신적인 척하면 유리하게 일이 진행될 것 같다는 이해타산이 작용한 결과이다. 타인의 고통이나 괴로움에 대한 회피형 인간의 태도는 상대방의 입장에 공감하는 것이라기보다 냉담, 무관심, 분노, 초조, 연민 등이다. 여기서의 연민도 상대방에게 감정이입하는 것이 아니라 우월한 자가 열등한 자를 내려다보면서 느끼는 감정의 성격을 띤다.

어떤 심리 실험에서는 커플 가운데 한 명에게 스트레스를 느낄만한 과제를 부여하고, 다른 한 명에게는 그를 위로하는 역할을 부여함으로써 애착 성향의 영향을 조사했다. 그 결과, 회피형 인간은 효과적으로 위로하지도 못했고, 그와 동시에 파트너가 곤란에 처해 있어도 별로 마음 아파하지 않았던 것이다. 또한 회피형 인간이 이따금 고통스러워하는 사람의 모습을 보며 즐기는 경우도 있다. 회피형 아이가 약한 아이를 괴롭히는 측에 서기 쉽다는 것은 예전부터 잘 알려진 사실이다.

/ 불안형 인간의 자녀 양육과 사랑 /

회피형 인간의 특성을 이해하는 데 있어서 그와는 정반대라 할 수 있는 특징을 가진 불안형에 대해 알아두는 일은 유용하다.

불안형 인간은 자신의 감정에 사로잡히기 쉽다. 그래서 사실을 객관적으로 보고, 상대방이 필요로 하는 도움을 주기보다 불필요하게 소란을 떨거나 엉뚱한 짓을 벌이는 경향이 있다.

불안형 인간은 타인의 고통이나 괴로움을 목격했을 때, 안정형 인간보다 강한 스트레스를 느낀다는 게 실험을 통해서도 밝혀졌다(Britton & Fuendeling, 2005).

그래서 이를테면 눈앞에 다쳐서 피를 흘리는 사람이 있어도 마치 자신이 피를 흘리는 듯 느끼기 때문에 그 고통이나 괴로움 앞에서 이성을 잃고 적절한 조치를 취할 수 없다. 고통스러워하는 자신의 아이나 상처 입은 배우자를 앞에 둔 경우에도 마찬가지 현상이 발생한다.

그래서 불안형 부모나 배우자는 문제 해결을 위한 실질적인 도움을 주기가 힘들다. 이들은 즉흥적으로 감정이 시키는 대로 말과 행동을 한다. 이를테면 쓸데없는 참견을 함으로써 한바탕 소동을 피우는 식인 것이다.

또 불안형 인간은 상대방이 무엇을 원하는지 정확하게 의사 표현하지 않으면 그를 잘 도울 수 없다. 구체적으로 '무엇무엇을 도와줘'라는 이야기를 듣고 나서야 눈치를 채는 스타일인 것이다. 상대방의 마음을 잘 파악하지 못한다는 점에서는 회피형 인간과 비슷하다. 차이가 있다면 회피형 인간이 상대방의 기분에 무관심한 반면 불안형 인간은 자신의 기분이나 감정 쪽에 더 정신이 팔려 상대방을 냉정하게 바라보지 못한다는 것이다.

불안형 인간은 타인과 친밀한 관계를 맺고 기뻐하고, 감사받고 싶어 하는 욕구가 강하다. 그래서 정말 열심히 보살피려 한다. 실제로 좋은 부모, 좋은 배우자로서 그 역할에 정성을 쏟으면 누구나 할 것 없이 인정하는 경우도 많다. 그런데 안정형 인간과 비교하면 반드시 그 역할의 본래 기능을 다 수행했다고는 할 수 없다. 불안형 인간의 보살핌은 '상대방 위주'가 아닌 '자신 위주'인 경향이 강하기 때문이다.

본래 아이를 보살핀다는 것은 아이를 지지해주고, 자립을 도와주는 일이다. 이 경우 같이 놀아주기만 하면 되는 것이 아니라 아이의 기분이나 감정에 맞춰 때로는 따뜻하게 지켜봐주는 일도 필요하다. 하지만 불안형 인간은 어쨌든 아이를 보살펴주는 일 자체가 목적이 되어버리는 경향이 있다. 즉 과보호나 지나친 간섭이 발생하기 쉬운 것이다. 그 결과 분노나 반발을 초래하여 우울해지게 된다. 아이를 애완동물처럼 묶어두고, 아이가 적극적으로 바깥 세계를 탐색하려는 것을 방해하는 경우도 있다. 아이가 사회생활에 필요한 인간관계를 갖거나 연애를 하려고 할 때도 부정적인 의견을 내놓는 경향이 있다. 부모 자신이 버림받았다고 생각해버리는 것이다.

불안형 부모 밑에서 자란 아이 중 일부는 자라면서 그런 특성을 자각하기 시작한다. 그러면서 부모를 무거운 짐처럼 느껴 그 속박에서 벗어나고 싶다고 생각한다. 실제로 반기를 들어 그것에 성공하면 다행이다. 그런 아이들은 부모에 대해 죄책감을 품고 있긴 해도 자신의 길을 걸어갈 것이다. 하지만 부모의 속박에서 벗어나지 못한 채 그 지배 속에서 계속 지내는 사람은 결국 마음속에 풀길 없는 분노를 담아두게 된다. 그것은 자신이 부모의 인형이 되고 말았다는 생각에서 우러나오는 분노이다.

/ 애착의 붕괴는 가족의 붕괴 /

아이에게는 아버지와 어머니가 있다. 이 둘은 본래 양육을 하면서 서로 협력하는 존재이다. 어머니가 회피형이나 불안형 인간이어도 아버지가 안정형 인간이라면 양육 과정에서 나타나는 부족함과 치우침을 보완할 수 있다. 하지만 둘 다 회피형이거나 불안형이라면 어떻게 될까? 이 경우에는 아이와의 관계뿐만 아니라 두 사람의 관계도 극단적으로 불안해질 가능성이 높다. 실제로 알피 콘(Alfie Kohn, 1957~, 미국의 사회학자 겸 심리학자 – 옮긴이)의 연구에 따르면 불안정형 애착 성향을 가진 어머니라 해도 남편이 안정형인 경우에는 양육 형태도 훨씬 안정적으로 바뀐다. 양육 환경은 어머니뿐 아니라 아버지의 애착 성향도 크게 영향을 미치는 것이다. 불안형 어머니와 회피형 아버지의 조합은 흔한 패턴인데, 이 경우 아버지는 아이에게 무관심하고 양육에 비협조적이라 그만큼 어머니의 부담이 커지므로 결국 아이를 감정적으로 질책하거나 주의만 주게 된다. 이따금 아버지가 참견을 하는가 싶으면 어머니의 기분이나 감정만 상하게 할 뿐 불에 기름을 붓는 격이 된다. 아이는 어머니를 두려워하다가 결국 반발하게 되는 한편 아버지에게는 아무런 애착도 느끼지 못한다.

애당초 인간의 애착 시스템은 양육과 종족 보존을 위해 생겨난 것이다. 이것에 의해 아이는 어머니를 찾고, 그런 아이를 어머니는 한시도 떼어놓지 않은 채 보호하며, 아버지와 어머니가 서로 연결되어 있음으로써 아버지 또한 자녀 양육에 협력한다. 가족이라는 구조는 애착 시스템이 확대된 것이며, 가족 역시 양육을 보호하기 위해 만들어진 것이다. 애착 시스템이 원활하게 기능하지 못하면 아버지와 어머니의 연결 고리가 느슨해지기 시작해 그것이 어머니와 아이의 연결 고리에도 영향을 미친다. 아버지가 자녀 양육에 협력하지 않음으로써 가족은 풍비박산이 난다. 그리고 마침내 어머니조차도 아이를 키우는 일에 어려움을 느끼게 된다. 애착의 붕괴는 가족의 붕괴이며, 양육을 보호하는 구조의 붕괴로 이어진다.

/ 자식의 애착 성향은 곧 부모의 애착 성향 /

애착 성향은 배우자나 아이를 대하는 방식에 강하게 드러나지만 자신의 부모에 대한 태도에서도 잘 나타난다. 특히 부모가 병에 걸렸을 때 어떤 방식으로 간병을 하는지를 보면 더욱 적나라하게 드러난다. 회피형 인간의 경우, 부모를 간병하는 일을 부담스러워하기 때문에 시설에 보내고 그곳에 모든 것을 일임하는 경향이 강하다(Crispi et al., 1997;Carpenter, 2001). 아이를 과도하게 보살피는 경향이 있는 불안형 인간도 부모는 잘 돌보려 하지 않는다.

부모가 치매에 걸려도 자녀와의 애착은 남아 있는데 그 스타일의 차이는 다시 만났을 때의 반응에서 나타난다.

어떻게 보면 여기서 노골적으로 나타난다 해도 좋을 것이다. 치매에 걸린 부모와 자녀가 다시 만나는 장면을 관찰한 연구에 따르면, 서로 애착 관계가 잘 형성돼 있는 경우에는 부모 쪽에서 재회를 몹시 기뻐하는데, 만약 자녀의 애착 성향이 불안정한 경우에는 부모의 반응도 미온적이거나 어색하다고 한다. 자녀의 애착 성향은 부모와의 애착을 반영하지만 그것은 부모의 자식에 대한 애착을 반영한 것이기도 하다.

부모의 반응이 미온적이거나 부정적인 것이었다면 자녀도 면회나 간병할 의욕을 갖지 못할 것이다. 애착이 불안정한 자녀를 부모는 더욱더 사랑할 수 없게 되듯 자녀도 무뚝뚝한 부모를 돌보고 싶다는 생각을 할 수 없게 된다.

애착이라는 관점에서 보면 시설화가 진행되고 있는 현재의 간병 시스템은 착실하게 탈애착형 사회로 향해 나아가고 있는 데 따른 결과이다. 부모가 연로한 조부모를 간병하는 모습을 자녀가 목격하는 일이 점점 줄어들고 있다. '누군가를 돌본다'는 본능적 구조를 가지고 태어났다 해도 그와 같은 체험도 없이 자란 아이는 그것을 무거운 짐으로만 느끼게 된다. 개인주의적이고 자기애가 강한 현대인의 특성이 회피형 애착 성향을 더욱 부채질하고 있다. 이것은 고독하게 살다가 모르는 사람들 사이에서 고독하게 죽어가는 개인의 삶이 사회와 긴밀하게 연결되어 있다는 것을 의미한다.

/ 애착과 성 /

배우자나 연인 사이에 일어나는 성행위는 애착 성향의 영향을 강하게 받는다. 애착 성향이 안정된 사람은 파트너의 성적 매력에 솔직하게 반응하며 상대의 요구를 정확하게 파악해 자연스럽게 응할 수 있다. 또한 불쾌하게 거절하거나 일방적으로 몰두하지 않고 상대방과의 교감을 통해서 자연스럽게 즐길 수 있다. 성적인 클라이맥스도 자연스럽게 유도하고 역으로 상대에게도 자연스럽게 몸을 맡긴다. 성적인 만족도도 높기 때문에 성에 과도하게 사로잡히지도 않는다. 애착이 안정된 사람들의 특징은 특정한 파트너와 장기적으로 관계를 맺는다는 것이다.

성행위도 서로의 가치관이나 내면을 이해하는 것이 중요한 요소 중 하나인데, 애착이 안정된 사람은 그것을 이해하는 것이 자연스럽게 몸에 배어 있고, 또한 거기에서 만족감을 느끼기 때문에 다른 새로운 자극을 그다지 필요로 하지 않는다. 그 반면에 애착이 불안정한 사람은 타인과의 신뢰 관계를 통해 얻을 수 있는 만족이나 기쁨이 부족하기 때문에 새로운 자극이 더 매력적으로 보여 관계가 짧게 끝나기 십상이다. 이러한 경향은 회피형 인간이나 불안형 인간 모두에게 공통된 것이지만 둘 사이에는 큰 차이가 있다. 그 차이를 한 마디로 말하자면, 불안형 인간에게는 성관계가 상당히 중요한 의미를 갖는 반면 회피형 인간에게는 그리 중요한 문제가 아니라는 것이다. 불안형 인간에게 성 파트너는 자신을 지지해주는 존재이며, 성적인 봉사는 말하자면 자신을 지지해주는데 대한 보상이자 증거이기도 하다. 하지만 회피형 인간에게 성관계는 그리 큰 쾌락도 아니고, 마음 편한 것도 아니다. 배설이나 놀이, 일처럼 삶에 필요한 한 가지 요소에 불과하다.

회피형 인간은 기본적으로 타인에게 부정적인 이미지를 갖고 있기 때문에 타인과 밀착된 거리를 기분 좋게 느낄 수가 없고 성관계 역시 즐기기 쉽지 않다. 실제로 회피형 인간은 성 경험이 적고, 누군가와 사귀어도 성관계를 맺는 횟수가 상대적으로 적다. 동거 중인 커플을 대상으로 한 조사에서도 회피형 인간의 경우에는 남녀 불문하고 성관계를 갖는 빈도가 낮다는 연구 결과가 있다(Brassard, Shaver & Lussier, 2007). 그런 한편으로 자위 빈도는 다른 유형보다 많아서 스스로 조절할 수 있는 성적 행위 쪽을 더 마음 편하게 즐기는 듯하다(Bogaert & Sadava, 2002).

회피형 인간이 성관계를 즐길 수 있을 때는 장기적인 부담이나 책임을 짊어져야 한다는 걱정 없이, 그 순간만 관계를 가질 수 있을 때이다. 결혼을 조르거나 영구적인 관계를 요구하면 성적 욕망 자체를 느끼기 힘들어진다. 책임감에 대한 불안 때문에 관계를 즐길 수가 없는 것이다.

아이를 만들기 위한 행위를 강요당하기라도 하면 더욱 그렇다. 그래서 결국 성관계가 기분 좋은 즐거움이 아니라 고역일 수밖에 없게 된다. 회사원들에게 높은 인기를 끌었던 『시마 과장』이라는 만화가 있다. 버블 경제 시절 연재가 시작되었지만 주인공 시마 고사쿠의 애정 생활을 보면 그가 회피형 인간이라는 것이 확연히 보인다. 시마 고사쿠와 그의 부인과의 관계는 이야기가 시작되는 시점부터 이미 냉랭했다. 부인 역시 바람을 피우고 있는 걸로 보이지만 그는 굳이 캐물으려 하지 않는다. 그 또한 불륜에 흥분하지만 그가 제일 좋아하는 것은 상대방이 섹스 이상의 관계를 요구하지 않을 때이다. 부인이 별거와 이혼을 제안했을 때도 어쩔 수 없다며 담담하게 받아들인다. 아이에 대한 애정이 없는 것은 아니지만 아이와 떨어져 살게 되는데도 담담할 뿐이다. 그는 오로지 먼저 다가오는 여성과 성관계를 맺는다. 자신이 먼저 반한 여성에게 말을 건네는 일 따위는 없다. 시마 고사쿠는 단카이 세대(団塊世代, 1947년에서 1949년 사이에 태어난 일본의 베이비 붐 세대를 가리킨다. 1970년대와 1980년대 일본의 고도성장을 이끌어냈다 - 옮긴이)이며, 이 만화의 독자 역시 그 당시 30대, 40대였던 전후 베이비 붐 세대였다. 이런 성향의 주인공에게 많은 사람들이 공감했다는 것은 단카이 세대부터 이미 회피형 인간이 생기기 시작했다는 의미일 것이다.

/ 과정은 필요 없다 /

섹스에 이르기까지 보통은 연애를 하거나, 달콤한 말로 환심을 사거나, 데이트를 청하는 등의 까다로운 수순을 몇 단계나 밟으며 시간과 수고를 아끼지 않을 필요가 있지만 회피형 인간에게는 이러한 과정이 성가시게 느껴진다.

만약 섹스를 하는 관계가 되었다가 다음에는 결혼하자고 조르지나 않을까, 시간과 돈을 들여 일부러 데이트를 하면서도 정작 중요한 때 기분이 상한다거나 타이밍을 놓치지나 않을까, 섹스를 요구했다가 거절당하지나 않을까 고민하는 것 역시 성가시다.

이러한 고민을 피하기에 적당한 것이 이른바 성매매나 인터넷 게시판이다. 회피형 인간은 일시적인 섹스나 성매매 여성을 통해 성욕을 해결하는 경향이 매우 짙다.

어느 30대 전문직 남성을 상담한 적이 있는데 그는 직장에서는 요령 있게 일을 잘 처리하고 동료와의 관계도 양호했다. 아름다운 아내가 있고, 자녀도 있으며, 가정생활에 아무런 문제가 없는 듯했다. 하지만 그에게는 은밀한 비밀이 있었다. 그것은 바로 사창가에 출입하는 것을 그만둘 수가 없었다는 것이다. 그 나쁜 습관이 시작된 것은 아내와 사귈 때부터였다. 처음에는 아직 결혼 전이었던 아내와 만나는 빈도가 얼마 안 돼 성욕을 처리하기 위해 이용했다. 하지만 결혼하고 나서도 몰래 이용하는 일이 계속되고 말았다. 아내에게 성적 매력을 느꼈고 부부 관계에도 아무런 불만이 없었지만 웬일인지 그만둘 수가 없었다. 그렇다고 특정 여성과 불륜을 저지르거나 연애를 할 마음은 털끝만큼도 없었다. 그저 당장의 성욕 처리만 뒤탈 없이 하면 그만이었다. 사창가에서는 상대의 몸 상태나 기분에 관계없이 자신이 필요할 때 욕망을 해소할 수 있다. 하지만 그곳에서 성적 만족은 얻을 수 있을지 몰라도 정신적인 만족은 얻을 수 없었다. 그런 면에서 봐도 그곳에서 만나는 여성보다 아내가 훨씬 더 매력적이었지만 그렇기 때문에 오히려 상대는 성적 욕망을 처리해주는 대상일 뿐이라고 단정 지을 수 있었다. 이 남성에게는 또 하나 큰 특징이 있었다. 그것은 언뜻 보면 명랑하고, 싹싹하게 말도 잘하며, 사교적인 사람 같지만 실은 진정한 친구가 한 명도 없다는 사실이었다. 이러한 경향은 중학교 때부터 시작되었는데 학교에서는 친구들과 즐겁게 이야기하지만 개인적으로 만나려고 생각한 적은 한 번도 없었으며, 서로의 집에 놀러 가는 관계가 된 적도 없었다.

사교적으로 행동하는 자신은 어떻게 보면 연기하는 자신이며, 사적인 시간까지 계속 그러고 싶은 생각은 없었다. 그는 언뜻 보면 알기 어렵지만 사실 회피형 인간이었던 것이다.

이 남성은 지배적인 어머니의 과보호 밑에서 자랐다. 무엇이든 어머니가 결정해주는 대로 따르며 살아왔다. 어머니는 자식을 지나치게 사랑하는 불안형 애착 성향의 소유자로 보였다. 불안형 어머니에게 과도하게 지배당하며 자란 경우에도 아이는 회피형 인간으로 성장하게 된다. 타인이 기쁨이기보다는 숨 막히는 존재였기 때문이다. 그래서 정서적인 관계가 배제된 섹스가 훨씬 더 마음이 편했다. 부인보다는 성매매 여성에게서 육체의 즐거움이나 성적 정복에 대한 순수한 욕구를 충족시킬 수 있었던 것이다. 그것은 정신적인 무미건조함을 보충하고도 남는 매력이었다.

이 남성의 경우 어머니로부터 지나친 사랑을 받고 자라 자기애가 매우 강했는데, 그것을 충족하기 위해 여성을 마음대로 정복하고자 하는 욕구가 뿌리 깊이 잠재되어 있었을 것이다. 이것은 이른바 남근 나르시시즘인데 비록 죄책감을 느낄지라도 지배적인 어머니와 어딘지 모르게 비슷한 아내와의 섹스에서는 얻을 수 없는 자유로움이 좋았던 것이다. 어머니와 아내의 지배로부터 해방되었다는 느낌을 받았기 때문이다.

/ 성 공포증 /

이처럼 정서가 배제된 성관계를 즐기는 회피형 인간이 있긴 하지만, 대부분의 회피형 인간은 성에 적극적이지 않다. 그저 잘 즐기지 않고 섹스리스 형태로 사는 사람이 있는 한편, 성 자체를 기피하는 사람도 있다. 이 경우는 성을 통해 얻을 수 있는 쾌감보다는 그에 수반되는 걱정이나 고통, 불안 등등이 더 크기 때문에 발생한다. 파트너로부터 성적인 비난을 받거나, 실패한 체험이 원인이되는 경우도 있고, 파트너에게 거부당한 뒤 트라우마가 생겨 섹스리스가 되기도 한다. 애착이 안정되지 못한 커플 중에서는 파트너에 대한 성적 욕구가 쇠퇴하거나 식으면 서로의 욕구가 일치되기 어렵다. 그런 어긋남이 늘어나면 섹스를 거부하거나 아예 회피하는 상태가 되기도 한다. 파트너 중 한쪽이 성적인 욕구 불만을 갖게 되면 성적인 관계의 종말이 관계의 종말로 연결되기 쉽다.

한편 성관계 기피에는 성 공포증에서부터 금욕이나 비인격적인 대상을 원하는 것까지 다양한 유형이 있다. 어느 것이든 현실의 이성이나 생식기가 그로테스크하고 추악하며 불결한 것이라고 느낀다는 점에서는 같다.

성 공포증은 주로 발기부전이라는 증상으로 이어진다. 성적인 문제로 파트너에게 비웃음을 당하면 공포증이 생기기도 한다. 금욕적인 생활 스타일도 회피형 인간이 매번 쓰는 방식이다. 사회적 기쁨이 결핍된 분열성 인격 장애인 사람에게서도 이런 경향이 나타나기 쉽다.

20대 후반의 남성 T 씨는 여성 공포증 때문에 고민하고 있었다. 범상치 않은 외모의 수혜자임에도 자신을 추하다고 느꼈고, 자기 능력에도 자신감이 없었다. 그래서 몇 번이나 심리치료를 받았지만 치료사에게조차 자신의 속마음을 다 털어놓을 수 없다면서 괴로워했다. 진짜 속마음을 다 털어놓지 못한 채 심리치료사의 말에 그냥 수긍해버렸지만 동시에 심리치료사조차 자신을 진심으로 이해하지 못한다는 사실에 절망하여 마음을 닫고 형식적으로만 이야기하는 자신을 느꼈던 것이다. 그는 다른 사람에게 이해받고 싶은 욕망이 절실했지만 자신을 솔직하게 드러내 보일 수가 없었다. 그것은 결국 다른 사람을 진심으로 믿을 수 없었기 때문이다.

이 남성도 애착 성향을 들여다보면 문제가 있었다. 그는 회피형에 더해 불안형도 같이 자리하고 있는, 공포회피형이라고 부르는 애착 성향이었던 것이다.

그의 아버지는 자녀 양육에는 전혀 무관심했고, 현실 생활에서도 무기력한 회피형 인간이었다. 아버지에게 뭔가 이야기하고 싶고, 소통하고 싶어도 아버지는 금방 도망쳐버리고 말았다. 한편 어머니는 늘 미리 앞질러 걱정만 하고, 자식 돌보는 일을 삶의 보람으로 여기는 불안형 인간이었다. 어머니의 불안형 애착 문제가 분명한 형태로 드러나기 시작한 것은 그가 고등학생이 되었을 무렵이었다. 어머니는 그가 '아르바이트를 하고 싶다'고 말했을 때, 허락해주지 않았던 것이다. 그 대신 용돈은 풍족하게 주었다.

그가 대학교 2학년이 되었을 때, '용돈을 반으로 줄여도 좋으니까 아르바이트를 하고 싶다'고 말했을 때도 어머니는 강경하게 반대했다. 결국 그는 자립하는 연습을 하지 못한 채 대학 생활을 마치고 취직했다. 그러나 대인 관계에 문제가 생겨 회사를 그만두고 결국 어머니에게 의존하는 상태가 지속되고 말았다. 그런 한편으로 자신을 맹목적으로 사랑했던 어머니를 증오하게 되었다. 자신의 자립을 가로막은 것이 어머니의 이기심이었음을 그는 무의식적으로 느꼈던 것이다.

그로부터 몇 년이나 지난 후, 자기 자신의 문제를 들여다보면서 그는 자신이 다른 사람들을 대할 때도 늘 어머니 눈치를 봤다는 것을 깨닫게 되었다. 여기에 아버지의 무관심도 한몫했다는 것 또한 알게 되었다. 그의 내면에 박혀 있던 여성 혐오의 뿌리는 마음속에 꾹꾹 눌러놓았던 어머니에 대한 공포와 혐오였던 것이다.

/ 예의 없는 섹스 /

회피형 인간은 늘 현실의 인물을 사랑한다기보다는 자기애적인 우상을 사랑한다. 현실에 깊이 탐닉하는 일은 현실의 존재를 잃었을 때 큰 타격을 받지만 우상을 사랑하면 상처 입을 걱정은 줄어들기 때문이다. 그래서 회피형 인간의 사랑은 비인격적인 대상에 대한 사랑이라는 형태를 띤다. 이를테면 현실의 이성보다 아이돌이나 스타 같은 우상화된 대상에 대한 동경으로 나타난다. 최근에는 애니메이션이나 캐릭터 같은 가공의 존재를 사랑하는 경우도 많다. 이처럼 추상화되고, 순화된 존재에 비하면 현실의 이성은 너무나도 불완전하고, 추잡하며, 추악하기까지 한 것처럼 느끼고 만다.

회피형 인간은 감정의 소용돌이에 휘말리지 않기 위해 일정한 거리를 두는 전략을 취한다. 적극적으로 탐색하거나 자신을 있는 그대로 표현하는가 하면 상대방을 받아들일 문을 활짝 열기보다, 관여를 제한하고 바깥 세계에 대한 창구를 작게 함으로써 자신의 몸을 지키는 것이다. 성관계에 임할 때도 상대가 바라는 것을 해주기보다는 자신이 보고 싶은 것만 보고 자기 내부에서만 완결을 이루려는 게 우선이다.

그러다 보니 성관계가 파트너와 상호 공감을 바탕으로 한 행위라기보다 상대방을 지배하거나 조종하는 행위가 되고 만다. 그래서 회피형 인간의 섹스는 파트너의 감정이나 요구를 무시한, 자기 멋대로 하는 행위가 되기 쉽다. 사디즘이나 마조히즘의 경향을 띠거나, 페티시즘 같은 특징을 보이기 쉬운 것이다.

한편 회피형 인간은 친밀함을 피하려는 경향이 있음에도 불구하고 어느 시기, 상대를 불문하고 난교적인 섹스에 빠지기도 한다. 이것은 정복욕이나 지배욕, 칭찬 같은 자기애적인 소망에 자극받은 탓인데 섹스 자체의 기쁨이나 관계를 통해 얻을 수 있는 안정감은 따라오지 않기 때문에 공복감이나 공허함이 강하다. 이럴 때 정반대로 금욕적인 생활로 노선을 급변경하는 경우도 적지 않다. 섹스 본래의 기쁨과는 관계없는, 행위를 위한 행위일 수밖에 없으므로 공허함이 한계를 넘으면 결국 그것을 지속할 의미는 없어지고 마는 것이다.

회피형 인간은 애정과 섹스를 전혀 다른 문제로 보는 경향이 있다. 애정 같은 게 없어도 성욕만 있으면 섹스할 수 있다고 생각하는 것이다. 카사노바처럼 문란한 성생활을 벌이는 것은 바로 회피형 인간이다.

한편 안정형 인간은 애정을 느낄 수 없는 상대와 섹스하는 것에 강한 저항감을 느낀다. 또한 불안형 인간은 애정이라기보다 외롭기 때문에 혹은 상대방의 기분을 해치지 않기 위해 섹스를 한다. 진짜 사랑하지 않는 상대임에도 강하게 요구하면 관계를 맺기도 하고, 상대를 불문하고 섹스하는 경우도 있다. 회피형 인간이 자신의 성적 능력이나 매력을 과시하기 위해 애정 없는 상대라도 섹스하는 것과는 의미가 다르다.

/ 애착 성향과 궁합 /

옛날부터 '궁합이 맞는다, 맞지 않는다'라는 말을 흔히 한다. 궁합이 맞는 상대라면 서로가 편안하기 때문에 의지할 수 있고 일에서도 좋은 결과를 낼 수 있다. 그런데 궁합이 맞지 않는 상대라면 관계가 어색할 뿐만 아니라 일이나 사회적인 활동이라는 면에서도 서로의 능력을 살리지 못한다.

이러한 상호작용은 성관계에서도 마찬가지이다. 궁합이 맞으면 서로 기쁨을 공유하는 사이로 발전하지만, 그렇지 않을 경우 둘 중 어느 쪽이 성관계 자체에 관심을 잃어버리거나 욕구 불만이 쌓인다.

기쁨을 공유하는 관계가 되면 몸에도 영향을 미쳐 활력이 넘치고 더 건강해진다. 이럴 경우 사귀면서 좋은 일이 많이 생기게 되니, 복덩이라는 표현은 그래서 나오는 것이다. 궁합이 맞는지, 맞지 않는지의 여부에 따라 한 사람의 성적 활력뿐만 아니라 사회적 성공마저 판가름 나는 것은 종종 있는 일이다.

그런데 이 궁합이라는 것도 애착 성향의 상호작용으로 볼 수 있다. 회피형 남성의 경우, 파트너가 불안형 여성이면 성적 교섭의 빈도가 오히려 줄어든다는 보고가 있다. 불안형 여성은 친밀함에 대한 갈망이 강해 성관계에서 애정의 증거를 찾으려 한다. 이 연구 논문의 저자에 따르면, 회피형 남성은 불안형 여성이 원하면 원할수록 성관계를 무거운 짐으로 여겨 그것을 기쁨이기보다 혐

오스럽게 생각해버린다고 한다. 회피형 여성의 경우에도 마찬가지
이다. 파트너가 불안형 남성이면 성관계의 빈도수가 줄어든다는
것이다.

/ 마음 없는 섹스를 하는 이유 /

회피형과 불안형의 성욕은 성관계의 빈도수에서도 드러나지만 질
적인 차이도 크다. 불안형 인간은 섹스를 통해 정서적인 위안과
안정감, 사랑받고 있다는 느낌을 얻고 싶어 한다. 그래서 섹스 자
체보다 포옹이나 애무를 원하는 경향이 있다.

그에 반해, 회피형 인간은 정서적인 것을 배제한 섹스를 오히려
좋아하는 경향이 있다. 포옹을 별로 좋아하지 않고, 애무 역시 진
심으로 즐기지 않는다. 특히나 섹스가 매너리즘에 빠지게 되면 포
옹이나 애무는 생략한 채 곧바로 관계부터 가지려고 한다. 상대의
반응을 살피면서 흥분을 고조시켜 가는 과정을 무시하는 것은 원
래 관심이 별로 없어서이기도 하고, 전희의 즐거움을 잘 알지 못
하기 때문이기도 하다. 하지만 상대방 입장에서 보면 무미건조하
고 애정 없는 섹스라고 느낄 뿐이다. 또한 불안형 인간에게 섹스
는 사랑에 대한 증거이지만 회피형 인간에게 섹스는 자신감을 높
이고 자존감을 충족하기 위한 도구이다. 자신의 성적 능력이나 매
력을 증명하거나, 상대방을 포로로 정복함으로써 만족감을 느끼기

도 하고, 매력적인 파트너와 관계함으로써 주위 사람들로부터 칭찬이나 선망의 시선을 받는 것 역시 성관계의 중요한 목적인 것이다. 실제로 회피형 인간의 경우 그다지 내키지는 않지만 주변 사람들에게 당당히 인정받기 위해 섹스를 하거나 결혼을 하는 경우가 적지 않다. 정서적인 유대가 전혀 없는 상대에게 동정을 쉽게 바치는 일도 회피형 남녀, 특히 남성이 자주 하는 일이다. 회피형 인간 중에서도 섹스에 적극적인 사람은 있지만 그럴 경우 마음의 소통과 성관계는 반드시 일치하지 않으며, 정말 사랑하는 사람에게는 말도 쉽게 건네지 못한 채 아무래도 좋은 상대와 섹스하는 게 특징이다. 또한 섹스나 이성의 육체 자체에 대한 관심, 성적 욕구의 만족이 섹스의 목적인 것도 특징이라 할 수 있다.

/ 습관이나 의무처럼 섹스를 요구하다 /

회피형 인간은 자신의 성적 환상을 만족시키기 위한 도구로써 파트너의 육체를 이용하려는 성향도 있다. 환상에 강하게 지배되는 섹스는 자칫하면 독선적인 것으로 이어지기 쉽다. 상대의 자연스러운 반응에 의해 기쁨이나 흥분이 고조되기보다 자신이 기대한 대로 반응이 나타나지 않으면 환멸을 느끼고 만다. 그래서 파트너의 반응 때문에 분위기를 망쳤다고 생각하는 경향이 있다.

회피형 인간은 감정 처리를 잘 못한다. 감정이나 본능적인 감각으로만 해답을 찾아내야 할 때 특히 힘들어한다. 상대방의 기분을 잘 파악하지 못하기 때문이다. 상대방은 싫어하는데 서로 사랑하고 있다고 착각하기도 하며, 상대방이 사랑하고 있는데도 전혀 깨닫지 못하는 경우도 있다. 그러니 애써 용기를 내서 연애를 해보려고 해도 번지수가 틀린 경우가 많다. 그렇게 해서 한 번 고통스러운 실패를 맛보고 나면 완전 겁쟁이가 되어서 꼼짝도 못하게 되는 것이다.

애착이 불안정한 사람의 경우, 섹스를 강요할 위험성이 큰데 그중에서도 회피형 인간은 첫 데이트와 같은 상황에서 상대방이 마음의 준비가 안 되어 있음에도 불구하고 섹스를 요구하는 실수를 저지를 수 있다. 상대의 반응이나 기분을 고려하기보다 자신의 욕구나 기대에 지배당하기 때문이다. 사귀고 있거나 함께 사는 경우에도 마찬가지이다. 감정적인 합의는 생략한 채 섹스에 돌입하려고 한다거나 상대방을 자신의 소유물처럼 여겨 마치 의무적으로 자신의 욕구에 응해야 한다고 생각하는 경향도 있다.

불안형 인간도 상대에게 섹스를 강요하는 경우가 있지만 안도감을 얻기 위해 요구하는 경우가 많다. 상대에게 무시당하거나 거부당할 수도 있다는 불안감을 섹스로 해소하고 희석시키려는 것이다. 어쨌든 회피형 인간이든 불안형 인간이든 섹스를 거부당하면 마음속에 큰 혼란을 겪는다.

회피형 인간은 섹스를 거부당하면 자존심에 상처를 입고 경악과 분노에 사로잡힌다. 지속적인 관계인 경우에는 파트너가 의무나 규칙을 위반했다고 받아들이고, 쉽게 떨쳐내지 못한다. 회피형 인간의 생활은 그때그때의 정서나 감정이 아닌, 의무나 약속, 습관을 바탕으로 성립되는 것이므로 불규칙한 사태를 잘 받아들이지 못하는 것이다. 그렇게 되면 파트너와의 생활이 안전 기지로 기능하지 못하게 되어버리고 만다. 한편 불안형 인간에게는 의무나 규칙보다 그때그때의 기분이 무엇보다 중요하므로 습관이나 당연한 일처럼 섹스를 요구당하는 일을 고통스러운 폭력으로 받아들인다. 그런 요구를 하는 파트너를 안전 기지라고 생각할 수 없는 것도 너무나 당연하다.

/ 결혼 생활은 답답해 /

회피형 인간에게 결혼 생활은 갈등을 품기 쉬운 상황을 제공한다. 공감 능력이 약한 회피형 인간에게 배우자는 무거운 짐이다. 자기 혼자만의 시간이 제일 중요하기 때문에 끊임없이 누군가와 함께 시간을 보내야 하는 것을 고문처럼 느낀다. 그런 생각이 결혼 생활을 궁지로 몰아넣는 경우도 적지 않다. 30대 초반의 M 씨는 남편의 행동이나 태도를 전혀 이해할 수 없었다. 그녀는 결혼 생활이라는 것이 두 사람이 서로 보조를 맞추고 만들어나가는 것이라고 생각했다. 하지만 남편은 그렇지 않은 듯 결혼하고 나서도 독신 시절과 똑같이 자신의 즐거움만을 우선하는 것 같아서 견딜 수가 없었다.

남편은 아이를 갖는 일에도 소극적이어서 M 씨가 그와 관련한 이야기를 꺼내면 "아직은 월급이 적으니까 조금만 더 늦게 갖자"는 말만 할 뿐, 적극적으로 반응하지 않았다. 하지만 서른을 넘기자 M 씨는 점점 마음이 초조해졌고 그러다 보니 남편을 다그치는 일이 잦아졌다. 그런데 그는 M 씨의 마음을 알아주기는커녕 이야기를 꺼낼 때마다 자꾸 피하는 것만 같았다. M 씨로서는 도무지 남편의 마음을 이해할 수가 없게 되었다. 또 결혼한 지 3년 정도까지는 남편도 M 씨에게 배려와 협력의 자세를 보여줬지만 그 시기가 지나고 나서부터는 집에 함께 있어도 주로 컴퓨터와 게임을 하며 시간을 보내는 일이 많아졌다. M 씨에 대한 태도도 마치 가정부 대하듯 해서 더 이상 견딜 수가 없었다. 참다 못한 그녀는 남편에게 '헤어지고 싶다'는 말을 꺼냈다. 그러자 남편은 무척이나 당황스러워하더니 얼마 동안은 태도를 바꾸었지만 이내 원래 상태로 돌아가고 말았다. 그럴 때 남편에게 전근 발령이 떨어졌다. 전근지가 남편의 본가 근처였으므로 일단 남편은 본가에서 회사를 다니게 되었다. 자리를 잡으면 새집을 얻어 M 씨를 부르기로 했다.

그런데 아무리 기다려도 남편에게서 새집 이야기는 나오지 않았고, 바쁘다는 핑계와 경제적인 문제를 들어 차일피일 미루기만 했다. 화가 난 M 씨가 어쩔 셈이냐고 다그치자 남편은 잠시 동안은 각자 살았으면 좋겠다고 말했다. 그 후에도 급여를 반으로 쪼

개 나누어 쓰고 마치 별거나 다름없는 상태가 계속되었다. 남편은 그 생활에 흡족해하는 듯했다. 남편으로서는 용돈을 3만 엔밖에 주지 않는 아내와 함께 사는 것보다는 급여의 반을 자유롭게 사용하며 누구의 간섭도 받지 않는 본가 생활이 훨씬 더 마음에 들었을 것이다.

아내와의 섹스도 쾌락이 목적이었던 동안에는 그럭저럭 매력적이었지만 목적이 아이를 만드는 것으로 변하자 오히려 고역이었는지도 모른다. 남편은 가족에 대한 책임에서 도망치고 싶었던 것이다. 가정이 자신을 위한 안전 기지 역할을 해주는 동안에는 아내의 존재 가치가 있었지만, 책임을 요구하는 존재로 변한 순간 낯설고 힘든 존재로 변질되고 만 것이다.

/ 회피형 인간이 결혼하는 이유 /

이렇게 보면, 회피형 인간이 왜 결혼하는지 알 수가 없다. 하지만 현실에서는 회피형 인간도 결혼을 하게 마련인데 그 유형은 크게 나누어 세 가지이다.

우선 가장 흔한 경우는 상대방이나 주변 사람의 부추김에 넘어가 어느새 이야기가 진전되고, 정신을 차려보니 함께 있게 된 경우이다.

다네다 산토카의 결혼도 그 좋은 예이다. 학업보다 하이쿠나 문학에 더 관심이 많았던 산토카는 위세 좋던 아버지가 주식으로 크게 실패하여 가업이 기울었기 때문에 대학을 그만두고, 야마구치의 본가로 돌아가 술 만들기를 시작했다. 그때 '장사를 하려면 아내가 필요하다'며 주변 사람들이 맞선을 권유했다.

하지만 산토카는 결혼할 생각이 전혀 없었으므로 예전부터 중이 되어 속세를 떠나고 싶다는 말을 해왔다. 그랬는데도 주변 사람들의 권유를 거절하는 것도 귀찮았으므로 결국 아내를 맞이하기로 한 것이다. 자신의 인생인데도, 어쩐지 남 일처럼 여기는 이런 태도는 회피형 인간의 특성 중 하나이다.

산토카는 그런 식으로 결혼한 이후 한 집안의 가장으로 노력하기는커녕 아내에게 장사를 모두 맡기고 자신은 하이쿠 삼매경에 빠져 지냈다. 당연히 사업이 잘될 리는 만무했다. 관리를 계속 허술하게 해서 저장된 술이 부패하는 바람에 거액의 손실을 입고 마침내 다네다 가문은 파산하기에 이른다. 산토카와 아내는 아내의 본가인 구마모토로 낙향하게 되었다.

구마모토에서 고서점과 액자 가게 등을 운영했지만 어느 것도 성공하지 못했다. 그래서 산토카는 홀로 직장을 찾아 상경한다.

하지만 혼자 제멋대로 사는 생활에 익숙해지자 처자식을 부르지도 않은 채 일해서 번 푼돈 역시 전부 술값과 책값으로 써버렸다. 그 4년 동안 처자식의 생활비를 대준 것은 아내의 처가였다.

마침내 아내의 처가 역시 정나미가 떨어져 이혼 이야기를 꺼내자 산토카는 거절하지 않고 이혼 서류에 도장을 찍었다. 사실 아내인 사키는 이혼을 바라지 않아서 산토카가 거절해주기를 기대하고 있었다. 그런데 산토카가 순순히 이혼에 합의했다는 말을 듣고 사키 역시 어쩔 수 없이 도장을 찍었다고 한다.

외부의 압력에도 전혀 저항하지 않는 회피형 인간의 특징이 여기서도 고스란히 드러난다. 타인과 다투면서까지 자신의 뜻을 주장할 마음이 없는 것이다. 거기에는 자신의 뜻을 주장하면서까지 지켜야만 하는 유대감이 존재하지 않는다. 이것만은 양보할 수 없다는 집착이 있기 때문에, 지켜야 할 존재가 있기 때문에 분쟁이나 갈등도 생기는 것이다.

산토카와 아내 사키의 궁합이 별로 맞지 않았다는 견해도 있다. 사키는 머리도 좋았고 외모도 출중해서 산토카 입장에서 보면 마음 편히 대할 수 있는 상대가 아니었다는 것이다. 즉 아내가 산토카에게는 '안전 기지' 역할을 수행할 수 없었다. 상경하여 4년이나 집으로 돌아가지 않았다는 사실은 뒤집어보면 가족과 거리를 두지 않고서는 마음의 균형을 제대로 유지할 수 없을 만큼 산토카는 궁지에 몰려 있었다는 의미일 것이다.

/ 마음속 환상을 좇다 /

회피형 인간의 두 번째 결혼 유형은 배우자가 자신의 규칙과 기준에 딱 맞는 경우이다. 이 경우 파트너에 대한 진정한 애정이나 애착이 있을 리는 없다. 왜냐하면 정말로 사랑하는 것은 자신의 이상이지, 상대방 그 자체가 아니기 때문이다. 따라서 결혼 이후 배우자에게 예상치 못했던 측면을 발견하면 화가 나는 것을 넘어 거부감이나 혐오감마저 품게 된다.

회피형 인간은 파트너의 어느 일면, 어느 부분만을 사랑하는 데 불과하다. 그것이 학력이나 지위일 수도 있고, 외모의 특징이나 아름다움일 수도 있다. 단지 옆얼굴이 과거 사랑했던 사람과 닮았기 때문인 경우도 있다. 이러한 특성이 지속적인 애정을 지탱하기에는 너무나 하찮고 가변적인 가치라는 것은 부인할 수가 없다. 자신을 온전히 사랑해주고 있다고 착각하는 파트너 입장에서 보면 비극이 아닐 수 없다.

/ 키르케고르의 경우 /

실존주의 철학자로 유명한 쇠렌 키르케고르(Søren Aabye Kierkegaard, 1813~1855, 덴마크의 종교사상가이자 실존주의 철학자 - 옮긴이)의 연애 또한 회피형 인간의 특징을 잘 보여준다.

키르케고르는 1813년 덴마크의 수도 코펜하겐에서 부유한 상인의 막내아들로 태어났다. 그 무렵 아버지는 쉰여섯 살, 어머니도 마흔네 살의 늦은 나이였다.

아버지는 경건하고 엄격한 인물이었지만 키르케고르가 철이 들었을 무렵에는 이미 노인이었다. 어머니는 키르케고르 가문에 가정부로 들어온 여성으로, 아버지는 전처가 병사한 지 1년이 될까 말까 한 시점에 이 여성과 재혼했다. 속되게 말하자면 아버지는 가정부를 건드려 임신시킨 것이다. 훗날 키르케고르가 청년이 됐을 때 갑자기 성생활을 문란하게 한 적이 있는데 그것은 부모의 결혼에 얽힌 비밀을 알게 되었기 때문이다. 자신의 아버지가 성욕을 이겨내지 못했고 그것이 자신을 비롯한 형제들의 출생과 연결돼 있다는 진실은 그에게 충격을 주었다. 아버지를 몹시 존경했던 그는 그 사실을 알게 된 이후 자신의 정체성에도 큰 상처를 받았다.

키르케고르는 유년시절에 허약한데다가 막내였기 때문에 과보호를 받으며 자랐다. 어릴 때부터 상대의 결점을 아무 생각 없이 지적한다거나, 교활한 행동을 해서 또래 아이들에게 호감을 얻지 못했기 때문에 홀로 지내는 일이 많았다. 자기 과시욕과 자기애가 강하고, 자신의 우월함을 자랑하는 성향은 과보호로 자란 아이들이 흔히 갖고 있는 '미숙한 자기애'라고도 할 수 있는데 발달상의 문제도 약간 있었을지도 모른다. 그래도 김나지움(대학에 진학하기 위한 중등교육기관)부터 코펜하겐 대학에 입학할 때까지 키르케고르의 인생은 화창했다. 하지만 그때 키르케고르 가문에 비극이 시작되었다. 누이와 형이 차례로 죽었고, 스물한 살 여름에는 어머니까지 죽고 말았던 것이다. 가족 중에 남은 것은 아버지와 형 한 명뿐이었다.

부모의 결혼에 대한 비밀을 안 것은 스물두 살 때였다. 아버지에게 직접 듣고 그 자신이 '대지진'이라고 표현했을 만큼 충격을 받았다. 그리고 아버지에게 반발하여 문란함과 방탕함에 몸을 맡기기 시작했다. 늦은 반항기가 시작되었다고도 표현할 수 있을 것이다.

그러나 경제적으로는 아버지에게 계속 의존했기 때문에 술집이나 사창가에서 발생한 빚도 아버지가 처리해줄 수밖에 없었다. 스물네 살에 본가를 떠나 혼자 살기 시작했지만 그때도 생활비는 아버지가 보내주었다. 그는 직장에 취직하지 못해 아버지의 도움을 받으며 무기력하게 살고 있었다.

이때 키르케고르는 우연히 찾아간 친구 집에서 운명의 여성 레기네 올센과 만난다. 레기네는 아직 열네 살의 소녀였지만 키르케고르는 곧바로 사랑에 빠졌다. 이것이 삶의 전환점이 되었다. 이후 그는 아버지와 화해하고, 방탕한 생활에서 벗어나 학업에 몰두하기 시작했다. 아버지가 이듬해 타계했지만 그에게는 평생 먹고살기에 부족함 없는 재산을 물려주었다. 2년 후 키르케고르는 신학교 졸업 시험에 통과하고, 그 기세를 몰아 레기네에게 청혼, 승낙을 얻을 수 있었다. 키르케고르가 스물일곱 살 때, 그의 인생은 정점이었다고도 할 수 있었다.

이듬해에는 학위논문을 완성하여 제출했다. 그런데 그 직후 그는 약혼 파기를 알리는 편지와 함께 약혼반지를 레기네에게 돌려보냈다. 그동안 두 사람 사이에는 사랑의 주도권을 둘러싼 쟁탈

전이 있었던 듯하다. 처음 불만을 터뜨린 것은 레기네 쪽이었다고 한다. 그런 그녀를 키르케고르는 온갖 회유와 설득으로 겨우 진정시켰다. 하지만 점차 기세가 역전되어 레기네 쪽이 키르케고르에게 정신적으로 의존하고 온갖 정성을 다하게 되었다. 키르케고르는 거기에 부담을 느껴 약혼을 후회하기 시작했다.

그가 점점 냉담해지자 레기네는 울며 매달렸지만, 그의 마음은 이미 다 식어버린 후였다. 레기네의 아버지와 코펜하겐의 사교계는 키르케고르의 부당한 행동에 격분했고, 거기에 염증을 느낀 키르케고르는 도망치듯 베를린으로 여행을 떠나버린다.

그가 베를린에 머물면서 쓴 책이 『이것이냐 저것이냐』이다. 이 책은 레기네와의 관계를 돌아봄으로써 자신의 마음속에서 무슨 일이 벌어졌는지 스스로에게 설명하고, 그와 동시에 레기네에게도 이해를 구하기 위해 쓴 것이다. 그중 '유혹자의 일기' 부분에는 레기네와 사귀는 과정에서 그가 느꼈던 심경의 변화가 고스란히 반영돼 있다. 거기에서 주인공은 서로의 자유를 지키고, 사랑을 영원한 것으로 만들기 위해 약혼 파기를 결정한다.

이 책은 익명으로 출판되었지만 키르케고르가 저자라는 사실이 누군가에 의해 폭로되자 그 즉시 코펜하겐 독서계는 이 문제적 청년의 이해하기 힘든 고백에 득달같이 덤벼들었다. 약혼을 일방적으로 파기한데다 익명이라고는 하지만 상대를 내친 심경으로 점철된 글을 공개적으로 출판한 것은 도의적으로 봤을 때 상당히 몰상식했고, 거꾸로 말하자면 상당히 현대적이었다. 현시대의 연예

인들이 폭로형 자서전을 쓰는 일과 비슷하다.

이 책을 출판하고 얼마 안 있어 키르케고르는 우연히 교회에서 레기네와 마주쳤다. 두 사람은 인사만 했지만 그는 레기네의 눈빛에서 '용서의 고갯짓'을 보았다고 한다. 참으로 축하할 만한 이야기일 텐데 그때 그의 마음속에는 레기네와의 재회에 대한 희망이 싹트기 시작했다.

키르케고르는 다시 베를린으로 여행을 떠나 사랑의 복구를 테마로 한 저작물 『반복』의 원고를 완성했다. 그리고 다시 한번 레기네와 살아볼 생각으로 코펜하겐으로 돌아왔다. 그러나 키르케고르를 기다리고 있었던 것은 레기네가 다른 사람과 약혼했다는 소식이었다. 예전부터 변함없이 자신을 사랑하던 남성을 다시 약혼자로 선택한 것이다. 키르케고르 혼자 헛된 망상에 빠져 있었던 것이다.

키르케고르가 참으로 거창한 이론을 내세워 철학적 변명을 했지만, 그것을 정신의학적으로 분석한다면 그는 그저 한 여성과의 사랑이라는 번잡한 현실에 사로잡히기 싫어서 도망친 것에 불과하다. 그가 사랑한 것은 자신의 이상형이며, 레기네라는 현실의 여성은 아니었다. 키르케고르는 이 사실을 어렴풋이 느끼고 있어서 결혼하면 레기네에 대한 애정이 무참하게 변질되어 가리라 예상하고 있었다. 그런 사태를 피하고 레기네에 대한 관념적인 사랑을 지키기 위해 그가 할 수 있는 일은 현실 속 레기네와의 사랑을 포기하는 것뿐이었다. 이것은 회피형 인간의 전형적인 심리이다. 사랑하기 때문에, 난잡하고 추악한 관계로 변해버릴까 봐 그것을 기피하고 만다. 그러나 '사랑하기 때문에'라는 말은 표면적인 것이고, 실제로는 위태로운 자신의 생활을 지키고 싶은 것이다. 번잡하고 질척거리는 현실 생활에 함몰되어 가는 것을 지나치게 섬세한 이 유형의 감성으론 견딜 수가 없는 것이다.

/ 우상화되고 고정화된 사랑 /

회피형 인간은 애정을 원하면 원할수록, 의존하면 의존할수록 우울하고 부담스럽게 느낀다. 서로 사랑하면 애정이나 배려를 원하는 게 당연하다고 생각하는 사람 입장에서 보면 이런 반응은 전혀 이해할 수가 없다. 부드럽게 대해달라고 어리광 부리는 것에 왜 화를 내는지 모르겠다고 생각할 뿐이다.

레기네가 키르케고르에게 매달리면 매달릴수록 그는 냉혹하리만치 그녀를 거절했다. 두 사람 사이에 움푹 파여 있는 감정의 골짜기는 회피형 인간과 불안형 인간 사이에 생길 수밖에 없는 피치 못할 운명의 영역이다. 그러니 레기네가 자신을 변함없이 생각해주는 다른 남성과 약혼한 것은 지극히 자연스러운 선택이었다.

키르케고르가 레기네와의 사랑을 반복하고 그것을 하나의 철학으로 정리하려 시도한 점에도 회피형 인간의 특징이 고스란히 녹아 있다. 회피형 인간은 사랑하는 대상이 비디오테이프에 고정된

한 편의 애니메이션이나 드라마처럼 몇 번이고 되돌려 감상할 수 있는 존재이길 바란다. 그것은 현실의 시간이나 공간을 초월한 영원의 기억이며, 보편적 존재여야 가능할 것이다.

그러므로 현실의 상대가 무엇을 느끼고, 무슨 생각을 하는지는 부차적인 것이 된다. 상황에 따라 마음이 변하는 것을 받아들이지 못하고, 한번 내뱉은 말은 영원히 그대로 머물러야만 한다고 생각한다. 일찌감치 정나미가 떨어진 것을 눈치채지 못하고 상대에게 여전히 똑같은 사랑을 기대하는 것이다.

/ 회피형 인간에게 행복한 결혼이란? /

회피형 인간의 세 번째 결혼 유형은 아마 가장 행복한 결혼일 것이다.

회피형 인간이 오래 지속하는 관계는 과연 어떤 것일까? 그것은 바로 일이나 취미, 예술, 스포츠 등 어느 특정 영역에서 흥미나 관심을 공유하고, 그 안에서 사귀는 관계이다. 결혼이라는 관문에서도 이 원칙은 기본적으로 다르지 않다. 부부라고 해서 전면적으로 속박하고 모든 것을 의지하면 고통이 시작된다. 회피형 인간이 정말 사랑하는 것은 자신의 흥미와 관심사지만 만약 그것을 파트너와 공유하면 그 사람에 대한 공감이나 존경심이 커진다. 또 오랫동안 함께하면서도 애착이 싹터 행복한 관계를 맺을 수 있다.

어느 연구자 부부는 동료들 사이에서 잉꼬부부로 유명하다.

하지만 늘 함께 시간을 보내지는 않는다. 두 사람 모두 연구자이므로 매일 늦게까지 연구에 몰두한다. 각자 공부하는 스타일도 달라서 집에 돌아오는 시간도 제각각이다. 함께 식사를 하는 것은 휴일뿐이고 그 휴일조차 학회나 출장이 있을 때가 많다.

남편만 유학을 떠나 2년 동안 떨어져 지낸 시기도 있었다. 하지만 그러는 것에 두 사람 모두 아무런 망설임도 없었다. 연구를 위해 당연한 일이었다.

함께 있는 시간이 적어도 두 사람의 관계가 흔들리지 않은 것은 취미나 관심사가 통했기 때문이다. 남편은 바이올린을 연주하고, 아내는 플루트를 연주한다. 둘 다 전문가 못지않은 실력이라 한 달에 한 번 정도는 함께 연주를 한다.

공통된 취미가 두 사람 사이를 지탱해준다면 그것으로 만족한다. 그 외에는 간섭하려고도 하지 않는다. 그런데다 연구에 바빠서 다른 생각을 할 겨를도 없다. 아이를 가질 예정도, 여유도 없다. 별로 필요하다고 생각하지도 않으며, 지금의 생활이 무너지는 것을 오히려 더 경계한다. 두 사람은 그 점에서도 의견이 일치하므로 아무런 마찰도 없다.

하지만 대부분의 경우 이런 방식으로 살기는 결코 쉽지 않다. 불안형 아내가 회피형 남편에게 친밀한 관계를 요구하거나, 자녀 양육을 함께 해달라고 부탁하는 패턴이 가장 많다.

남편은 아이가 생기면 아내의 관심이 아이에게로 옮겨감으로써 해방되는 한편, 양육에 참여해야 하기 때문에 부담이 늘어나는 측면도 있다. 어쨌든 아내는 남편에게 좀 더 큰 배려나 협력을 기대하지만 남편은 거기에 무감각하다. 아내가 히스테리를 일으키면 마지못해 협력하려고 하지만 지속되지는 않는다. 또한 아내가 이야기를 해도 남편은 건성으로 받아들일 뿐인데, 아내는 바로 그 점에 화가 난다. 아내의 불만이 쌓이고 쌓여 이따금 폭발하는 게 반복되는 패턴이 가장 일반적이다.

남편은 서서히 아내에게 실망과 경멸의 시선을 보내게 되고, 아무리 경제적으로 공헌한다 해도 가정에서는 크게 평가받지 못하는 입장에 처하게 된다. 아내는 기회가 있을 때마다 남편을 비난하고, 남편은 위축되어 아내의 눈치를 본다. 이래서는 회피형 애착 성향이 부부 생활에 의해 안정형으로 바뀌기는커녕 공포회피형이라는 더욱 불안정한 애착 성향으로 변하기 십상이다. 그렇게 되면 남편은 정서 불안이 되어 감정적인 반응이나 공격적인 반응을 일으키기 쉽다. 그럭저럭 균형을 맞추고 사는 것처럼 보이던 부부도 어느 시기를 기점으로 쌓여 있던 불만을 표출하면 서로 물고 뜯는 관계로 변해간다. 일단 그런 관계가 되고 나면 두 사람이 다 자각하고 개선하기 위해 노력하지 않는 한, 관계가 점점 악화되어간다.

그렇다면 그렇게 되지 않기 위해서는 어떻게 하면 좋을까. 안정된 관계가 오래 지속되는 커플의 경우는, 누군가 한쪽이 상대방을 지원하는 역할, 격려하는 역할로 돌아섬으로써 균형을 유지하는 경우가 많다. 어쨌든 지원 역할로 돌아선 쪽이 안정된 애착 성향을 갖고 더 나아가 자기희생을 강요당하는 경우가 많다.

하지만 그중에는 불안형 애착 성향을 잘 활용하는 경우도 있다. 불안형인 아내는 가족을 돌보는 일에 열중하는 경향이 있다. 이것은 강박적 보살핌이라고도 부르는데, 회피적이고 자기애가 강한 남편과 생활하면서 보살피는 역할을 자신이 혼자 다 수행함으로써 균형감을 유지한다. 반대로 불안형인 남편이 정서가 불안정한 아내를 지원하는 경우도 흔히 볼 수 있다. 이 경우 역시 남편의 강박적인 의무감이 좋은 방향으로 작용한다.

어느 경우든 자신이 주인공이 되기보다 지원하는 역할을 함으로써 보람을 느끼는 유형의 사람과, 보통 사람보다 보살핌과 관심이 훨씬 더 많이 필요한 유형의 사람이 만나는 것이 괜찮다. 이런 조합이 회피형 인간에게는 또 하나의 좋은 결혼 형태라 할 수 있을 것이다.

부정적인 애착 유형을 갖고 있어도 궁합이 잘 맞는 파트너를 만나면 서로의 요구를 충족시키며 안정된 부부 생활을 할 수 있다.

/ 5장 /
회피형 인간의 직장 생활

"왜, 만사가 귀찮은 걸까?"

나 는 　 왜 　 혼 자 가 　 편 할 까 ?

/ 직장 생활에서도 대인 관계가 과제 /

대기업이 임원을 뽑을 때는 일반적으로 사원뿐 아니라 거래처나 고객까지 폭넓은 대상을 통해 후보들의 평판을 듣는 작업을 거친다. 그 사람이 회사의 리더로 적합한지를 판단하면서, 객관적인 지표보다 우선 많은 사람들의 주관적인 의견을 들어보는 것이다. 이것은 호감도 테스트와도 비슷하다. 호감도 테스트는 서로를 잘 아는 사람들끼리 모여 각각의 멤버에 대한 호감도를 채점하고 그것을 집계하는 방식으로 이루어진다. 말하자면 인기투표 같은 것이지만 이 경우의 호감도는 단순히 인상이 좋은가 좋지 않은가를 묻는 것은 아니다. 왜냐하면 처음 보는 사람들을 대상으로 행하는 것이 아닌, 서로 관계가 있는 집단을 대상으로 하기 때문이다.

재미있게도 호감도 테스트에서 높은 점수를 얻은 사람은 그 후 업무 영역에서도 성공할 확률이 높다고 한다.

어쨌든 애착 이론을 기준으로 해석해보면 애착 성향이 안정형인 사람을 선택하는 과정이라고 할 수 있다.

애착 성향이 안정된 사람은 가까운 사람과 신뢰 관계를 잘 맺을 뿐만 아니라 주위 사람들도 좋은 인상을 품는다. 사회적으로 성공할 확률이 높은 것은 당연한 것이다. 실제 조사에서도 애착 성향이 안정된 사람은 일의 만족도나 사회적 지위가 높고, 일에 감정적인 부분을 끌어들이지 않는 경향이 있다. 안정된 애착 성향은 직업 세계에서의 성공도 담보해주는 것이다.

/ 일과 분명하게 선을 긋는 근무 방식 /

그에 비해 불안형 인간은 업무 영역에서도 끊임없이 불안정한 애착 문제가 발생한다. 일에 대한 문제가 그것 자체로 머무르지 않고, 상대방에게 인정받았는지, 마음에 들었는지 하는 인간관계의 문제로 변환되어 버리는 것이다. 그래서 과도하게 상처받거나 지치기도 하며, 사소한 질책이나 주의도 자신의 가치를 부정하는 것으로 받아들이는 경향이 있어서 일을 오래 지속하지 못하는 원인이 된다. 한편 회피형 인간은 일은 일로써 분명하게 선을 긋는 경향이 강하므로 일에 대인 관계나 정서적인 문제가 끼어드는 일이 드물다. 그래서 일은 잘하지만 인간관계가 표면적이기 때문에 인맥 형성이나 관리의 측면에서는 어려움이 있다.

다른 사람에게 도움이 된다거나 다른 사람이 기뻐한다는 것. 회피형 인간은 이런 걸로 동기부여되지 않는다. 회피형 인간이 봉사 활동이나 이타적인 활동 영역에 종사하는 일이 드물다는 연구 결과도 있다. 봉사 활동을 하는 경우에도 이름을 알리거나 사회적 평판을 얻기 위한 이기적인 목적에 의한 것이라고 한다. 이해타산에 맞게 행동하는 것이 자본주의 체제로 운영되고 있는 직장의 질서에 적합한 측면도 있다.

적절한 사교적 수완이나 마키아벨리식의 권모술수를 갖춘 사람의 경우에는 타인을 이용하여 업적을 올리면서 출세 가도를 달리기도 한다. 공감적인 애착이나 정서적인 대인 관계 능력을 익히는 대신 교활하고 타산적인 심리 조작의 기술을 발달시킨 것이다. 하지만 회피형 인간의 대부분은 이러한 경향과도 무관하게, 쓸쓸히 자신의 세계에 틀어박혀 편안함과 만족을 느낀다. 일을 하면서 팀워크나 협력, 배려 등이 필요한 상황이 되면 오히려 불쾌하게 느끼기 때문에 곧바로 의욕을 잃는다. 자신의 리듬에 맞춰 일에만 몰두할 수 있는 게 이상적인 것이다. 그래서 자신을 잊고 일에만 몰두하는 경우도 많다. 하지만 너무 일에만 열중한 나머지 주변 사람들과의 관계를 소홀히 하여 어느새 직장에서 고립되기 쉽다.

/ 감정을 배제하는 습관 /

미국의 정신분석가 로젠츠바이크가 개발한 PF스터디(Picture
Frustration Study; 회화욕구불만검사)라는 것이 있다. 임상실험에서도
자주 사용하는 검사 중 하나로, 욕구 불만을 일으킬 법한 장면을
그림으로 보여주고 상대방의 말에 어떻게 대답할지 생각해보도록
하는 것이다.

이 검사에서는 피험자의 대답을 공격적인 성향과 그 유형을 기
준으로 분석한다. 공격적인 성향이라는 것은 말 그대로 공격적으
로 반응하는 것뿐만 아니라, 자기주장 같은 요소까지 광범위하게
포함한 개념으로 봐야 한다. 공격 성향이 타인을 향하는지, 자신
을 향하는지, 누구에게도 향하지 않는지 등에 의해 벌, 자책, 무책
임으로 나누고, 또 공격하는 유형에 따라 장애 우위, 자아 방어, 요
구 고집 등의 세 반응으로 나눈다. 장애 우위 반응이란, 어떤 문제
에 대해 명확하게 대처하지 못한 채 곤혹스러워하거나 망설이면
서 시간을 끄는 반응이다. 자아 방어 반응이란, 상처받은 것이나
상처 입힌 것에 대한 감정 반응인데 그것이 타인을 향한 벌의 형
태를 띠면 비난과 분노의 반응으로 나타나고, 자책의 형태이면 사
죄나 반성의 말로, 누구에게도 향하지 않을 때는 체념이나 깨달음
의 말로 나타난다.

요구 고집 반응이란, 피해에 대한 변상이나 문제 해결에 관심을
보이는 반응인데 타인을 향하면 대책을 요구하고, 자신을 향하면

타협이나 약속을 하고, 둘 다 아닌 무책임한 반응의 경우에는 중립적으로 문제를 해결하려고 한다.

회피형 인간을 대상으로 이 검사를 한 결과 요구 고집 반응이 많았고, 그중에서도 무책임 반응이 가장 높았다. 연구자 중에서도 요구 고집 반응이 강하여 보통 사람의 두 배 정도 되는 비율에 달했다. 한편 자아 방어 반응은 그리 많지 않았다. 타인을 질책하는 반응도, 자신의 탓으로 돌리며 자책과 반성을 하는 반응도 부족했다. 감정을 배제한 채 객관적으로 문제를 해결하려는 것이다.

이런 반응은 언뜻 상당히 합리적인 듯 보이지만 반드시 효과적이지는 않다.

대부분의 사람들은 문제 자체보다 그것에 의해 상처받은 마음을 더 우선시한다. 그것을 무시하고 갑자기 냉정하게 문제 해결에 대해서만 이야기하면 자신의 기분 문제는 어떻게 해줄 거냐고 따지게 된다.

또한 원칙대로라면 화내도 될 상황에서도 그 마음을 드러내지 않은 채 담담히 문제 해결 단계로 진행해가다 보면 상대와의 협상에서 손해를 보는 경우가 있다. 대인 관계에서도 화를 내지도, 공격하지도 않다 보면 상대방이 우습게 여겨서 부당한 공격을 가하는 경우도 있다.

/ 문득 깨닫고 보면 고립 /

정서적인 부분에서 무반응으로 대응하는 특징은 종종 집단 내에서 고립되는 결과를 낳는다. 이것은 회피형 인간이 직장 생활을 하면서 가장 난감한 부분이다.

일적인 부분에서는 늘 노력하고 혁혁한 업적을 올리면서도 주변 사람들과 소통하거나 배려하는 부분이 부족하기 때문에 호감도가 낮을 수밖에 없어서 평판이 좋지 않다. 뒷말을 듣거나 실력이하의 평가를 받는 일도 흔하다. 회피형 인간의 능력을 속속들이 잘 파악하는 상사가 없다면 머지않아 직장 내에서 고립되고 일에서도 궁지에 몰리기 쉽다.

이혼하여 자유의 신분이 된 산토카는 히토쓰바시 도서관에 자리를 얻어 그의 인생에서는 예외적이라고도 할 수 있는 2년 남짓을 보낸다. 처음에는 임시직이었지만 산토카의 꼼꼼한 성격을 상사인 도서관장이 평가해주어 정식 직원으로 추천했던 것이다. 술버릇이 좋지 않은 면이 있었지만 관장이 이해해주었기 때문에 산토카는 물 만난 물고기처럼 책과 친하게 지낼 수 있었다.

그러나 그런 평온한 일상도 결국 엉망이 되기 시작했다. 그것은 도서관장이 전근을 간 이후 새로운 관장이 부임하게 된 이후부터 시작되었다. 그는 새로운 관장과 잘 맞지 않았던 것이다. 산토카는 불면증과 우울증을 앓게 되었고, 그것을 풀려고 술에 의지하다 보니 일에도 좋지 않은 영향을 미쳤다. 그리고 마침내 신경쇠약을 이유로 사직하기에 이른다.

이처럼 회피형 인간은 안전 기지 역할을 해주는 사람이 옆에 있으면 사회생활에도 그럭저럭 적응할 수 있지만 스스로 안전 기지를 찾아내고 만들어가는 융통성은 없다.

회피형 인간이 직장에서 직면하는 또 한 가지 어려움은 일 이외에 '잡일'과 관련된 부분에서 발생한다. 기술적인 능력이나 일 자체에 대한 능력은 높은데, 그것에 수반되는 뒤치다꺼리나 관리 업무에서는 좌절하고 마는 것이다. 특히 사무 처리 능력이나 관리 능력에 어려움이 있을 경우에는 이와 같은 문제가 발생하기 쉽다.

어느 40대 남성은 상당히 고도의 금속가공 전문 기술자였다. 하지만 해고에 의한 인원 감축으로 재료 조달과 관리 업무까지 해야만 했다. 기술적인 일에서는 일류 솜씨를 가지고 있어도 거래처에 전화를 걸어 주문을 하거나, 필요한 재료의 재고 관리 등의 업무에는 익숙지 않았다. 그런데 그 부분에서 잡일이 늘어나자 스트레스를 받았을 뿐만 아니라 그 일에 정신이 팔려 예전처럼 기술적인 업무에도 집중할 수 없게 되고 말았다. 그 결과 생각지 못한 실수가 늘어나 결국 기계 조작을 잘못하여 큰 상처까지 입게 되었다. 그때까지도 사내에서는 고립되어 있었지만 일을 잘해서 큰 문제가 되지는 않았다. 하지만 실수와 사고가 계속됨에 따라 업무 평가도 떨어져 마침내 힘든 입장에까지 내몰리고 말았던 것이다.

/ 냉정함과 전문성이 강점 /

회피형 인간은 인간관계에서 득점을 쌓아 자신의 평가를 올림으로써 살아남는 전략은 쓸 수 없다. 일에서 성공하기 위해 믿을 수 있는 것은 자신의 전문적인 기능이나 실력뿐이다. 그래서 회피형 인간 중에 성공한 사람은 보통의 경우보다 훨씬 더 일에 엄격하고, 높은 기술과 실력을 갖춘 사람이라 할 수 있다. 누구도 참견할 수 없을 만한 기능과 지식, 능력을 보이지 않으면 자신이 인정받을 수 없다는 것을 누구보다 잘 알고 있으므로 타협하지 않고 실력을 키우는 사람이 많다.

적당히 인간관계로 얼버무리고 대충대충 살아온 사람과는 달리 실력만큼은 진짜다. 할 수 있는지 없는지, 철저히 그 둘 중 하나만 선택하기 때문에 결과에 대해서도 엄격한 눈길을 보낸다. 모호한 태도는 납득하지 못한다. 실적을 명확히 하기 위해 수치에 얽매이는 측면도 있다. 주관적인 평가보다 답이 확실한 쪽을 더 믿는 것이다.

이러한 특성은 실적과 숫자로 움직이는 자본주의 경영 체제와는 잘 맞는다고 할 수 있다. 정서나 연고에 좌우되지 않는 회피형 인간의 냉철한 일처리는 오늘날의 비즈니스 감각과 잘 맞는다. 그런 의미에서 완전한 회피형 인간은 아니더라도 어느 정도 회피형 인간의 특징을 갖고 있는 사람 쪽이 관리직이나 경영자로서 유리한 측면이 있다.

이와 같이 회피형 인간에게 성공의 열쇠는 충분한 전문적 기능을 익혀, 그것에 관해서는 누구도 간섭할 수 없는 영역을 구축하는 것이라 할 수 있다. 그리고 또 다른 하나는 감정에 흔들리지 않고 냉정하고 객관적으로 사물을 바라보는 특성을 활용하며 일하는 것이다. 반대로 가장 불행한 업무 형태는 자신의 전문 영역과 정말 하고 싶은 일이 뭔지 확실하지 않은 상태에서 회사나 주변 사람들의 상황에 맞춰야 하는 분야나 잡다한 업무 영역에 신경을 소모하는 것이다.

/ 못하겠다고 말하기보다 조용히 사라진다 /

회피형 인간이 책임 있는 지위에 오르거나 도망칠 수 없는 부담을 떠안게 되었을 때, 시련이 찾아온다. 오늘날 기술을 앞세운 전문적인 직장 등에서는 회피형 인간의 비율이 높아지고 있지만 그러한 사람도 중견 간부가 되면 책임이 늘어나 관리직으로 승진하기도 한다.

회피형 인간은 불평이나 불만도 늘어놓지 않고 묵묵히 일에 매달려 맡은 만큼 확실한 성과를 내는 경우가 많으므로, 좀 더 부담을 늘려도 어떻게든 해내지 않을까, 관리 분야의 일도 잘 해내지 않을까 하고 윗사람들이 착각하는 경우도 있다. 실은 계속해서 한계까지 겨우겨우 버텨온 것에 불과한데 아직 여유가 있구나 하고 오해하는 것이다.

　도저히 처리할 수 없는 양의 일을 떠맡고도 못하겠다는 말도 못한 채 이를 악문다. 하지만 아무리 마음으로 극복하려 해도 한계가 있다. 몸이 먼저 비명을 지른다. 아침에 일어나기 힘들거나 두통, 위통에 시달리게 된다. 그래도 계속 무리하면 결국 실이 끊어지듯 몸을 꼼짝도 못하게 된다. 머리도 몸도 작동하지 않게 되는 것이다. 바로 우울증이다. 이런 일은 책임감이 강한 강박성 인격장애와 회피형 애착 성향이 겹친 유형에게 잘 나타난다.

　진지하지만 별로 자기주장이 강하지 않은 사람 중에는 이런 유형이 많다. 이런 유형의 사람은 아무리 궁지에 몰리더라도 '일을 줄여주십시오'라거나 '저는 못하겠습니다'라고 말하지 못한다.

　그렇게 하면 회사나 주변 사람들에게 폐를 끼치는 것이라고 생각한다. 타인의 기대에 부응하지 못한 자신이 못났다고 생각하며, 그런 자신이 사라지면 된다고 생각한다. 못한다는 말을 할 거면 차라리 도망치자고 생각한다. 부담을 줄여달라거나 휴가를 보내달라고 말할 거면 자신이 죽어 없어지는 편이 낫다고까지 생각하고 만다. 속마음을 털어놓지 않는 회피형 인간의 특성이 강한 의무감이라는 특성과 결부되었을 때 점점 막다른 골목길로 몰리게 되는 것이다.

/ 자신의 인생에 대한 무관심 /

회피형 인간을 대표하는 특징이 무기력, 무관심, 자포자기이다. 자신의 문제인데 왠지 남 일처럼, 무덤덤한 태도를 취하거나 아무래도 상관없다는 듯 자포자기의 자세를 보인다. 살려고 하는 근본적인 의지가 없으므로 눈앞의 쾌락이나 흥미에서 임시방편적인 구원을 찾으려 한다. 이러한 특징은 전형적인 회피형 인간인 에릭 호퍼의 전반기 삶을 통해 확인할 수 있다. 아버지가 사망했을 때 에릭 호퍼는 열여덟 살이었지만 오랫동안 실명 상태였기 때문에 학교 교육을 제대로 받지 못했다.

아버지의 장례식이 끝나고 에릭의 손에는 가구 장인들 조합에서 건네준 300달러만 남아 있었다. 그는 그것을 가지고 태어나고 자란 뉴욕 브롱크스를 떠나 따뜻한 캘리포니아로 갔다.

300달러를 다 쓸 때까지 그가 한 일은 방을 빌려 거기에서 매일 좋아하는 책을 읽는 것이었다. 결국 돈이 다 떨어지고 팔 수 있는 것도 남지 않게 되자 굶주림이 덮쳐왔다. 그런데도 그는 일을 찾아야겠다는 생각을 하지 않았다. 어느 날 저녁, 마침내 공복을 참지 못하고 레스토랑에 들어가 접시닦이 일을 했다. 그 대신 밥을 얻게 되었던 것이다. 이것이 바로 에릭이 대가를 받고 한 첫 일이었다.

궁지에 몰릴 때까지 자신의 배를 채우는 일에조차 무감각한 것은 회피형 인간에게 이따금 나타나는 경향이다. 스스로를 느끼지 못함으로써 자신을 지켜온 것이다. "일을 찾으려면 직업소개소에 가라"고 에릭에게 말해준 것은 그 레스토랑의 남자였다. 에릭은 그 말에 따라 빈민가에 있던 무료 직업소개소에서 잔디깎이 같은 일용직 일을 소개받게 된다. 에릭은 다시 매일 좋아하는 독서와 공부를 하며 보내게 되었다. 그에게는 자신의 미래에 대한 아무런 계획도, 목적도 없었다. 그저 그날을 편안하게 보내기만 하면 되었던 것이다.

하지만 시대의 물결은 그런 에릭의 작은 행복마저 위협했다. 대공황이 일어나 갑자기 일을 잃게 된 것이다. 궁지에 몰린 에릭은 그때까지 썩 내키지 않던 오렌지 장사를 시작했다. 그는 손님에게 공치사를 늘어놓고 꾸며낸 이야기를 하며 오렌지를 팔았다. 그런데 그의 결벽증이 훼방을 놓았다.

늦게 점심을 먹으려고 앉아서 그날 번 돈을 세고 있는 동안 나는 점점 깊은 의심에 사로잡히기 시작했다. 그것은 지금까지 느껴본 적 없었던 감정. 바로 치욕이었다. 태연스레 거짓말을 하고, 공치사를 늘어놓으며 아마 무슨 짓이든 했을 게 틀림없는 자신에게 경악했다.

_『에릭 호퍼 자서전』 중에서

결국 에릭은 오렌지 장사를 그만두고 만다. 하지만 타협하지 않았던 것이 그에게 새로운 만남을 가져다주었다. 그 이후 우연히 샴피로라는 유대인 창고업자를 만나게 되는데 에릭은 그의 회사에서 일하게 된다. 처음으로 정식 직장을 갖게 된 것이다.

교양 있는 독서가이기도 했던 샴피로는 에릭과의 대화에서 지적 자극을 받은 게 기뻤고, 에릭도 역시 유대인에 대한 관심이 커졌다.

하지만 그렇게 안정된 생활은 2년 만에 갑자기 막을 내렸다. 샴피로가 폐렴으로 사망했던 것이다. 이 사실은 행복해질 만하면 다시 불행해지고 마는 운명을 새삼 일깨워주는 듯했다. 2년 동안 정식으로 일한 덕분에 약간의 돈이 생긴 그는 다시 직장을 구하지 않고 저축한 돈이 다 떨어질 때까지 좋아하는 책을 보며 살게 된다. 하지만 돈은 서서히 줄어들었다. 그때 에릭을 사로잡은 감정은 무의미와 허무함이었다.

> 걷고, 먹고, 읽으며, 공부하고, 노트하는 일상이 몇 주일이나 계속되었다. 남은 인생을 계속 이렇게 보낼 수도 있을 것이다. 하지만 돈이 다 떨어지면 또다시 일을 해야만 하고, 그것이 죽을 때까지 계속될 것을 생각하자 나는 환멸을 느꼈다. 올해 말에 죽든 10년 후에 죽든 대체 무슨 차이란 말인가.
>
> _『에릭 호퍼 자서전』 중에서

그러던 그는 서서히 자살을 생각하게 되었다. 죽기로 결심한 그날, 에릭은 누구의 눈에도 띄지 않는 마을 외곽으로 걸어갔다. 이상하게도 마음은 평온했다. 에릭은 푸른 바다까지 이어지는 길을 떠올렸다. 그리고 '이 길이 끝나지 않는다면…… 피곤하지도 않고, 고민이나 불만도 없이 이대로 쭉 걸어가면 좋을 텐데' 하고 생각했다. 그것은 마음속 깊은 곳에서 살고 싶다는 생각이 꿈틀거리는 것이기도 했다.

하지만 에릭은 예정대로 미리 준비해둔 옥살산을 마셨다. 그런데 입안에 수백만 개의 바늘이 찌르는 듯한 통증을 느끼고는 자신도 모르게 토해내고 말았다. 자살은 실패로 끝났다.

그러고 나서 필사적으로 마을로 돌아오자 허기를 느낀 에릭은 식사를 했다. 그는 사는 길을 선택했던 것이다.

/ 모든 일이 귀찮다 /

회피형 인간의 행동 특성 중에 또 하나는 모든 일을 귀찮아하는 것이다. 흥미 있는 것 외에 시간과 에너지를 소비하는 것을 최대한 피한다. 이것은 약간 시간이나 에너지가 허비되더라도 사람과의 교류나 경험을 늘이는 '투자'를 하고, 그것을 통해 정보와 지원 같은 '이익'을 얻는 '확대재생산형 경제학'이 아니라, '투자'를 피하고 '이익'도 얻지 못하지만 동시에 위험부담도 없는 '회피형 경제학'이라 표현할 수 있을 것이다. 여기에는 '현상 유지가 제일 안전'하다는 위험부담 회피 사상이 깔려 있다. 또한 회피형 인간의 무기력한 성향도 귀찮은 일을 피하는 행동을 가속화한다.

무기력이란 바꿔 말하면 에너지가 부족하다는 뜻이다. 헛되이 에너지를 사용하면 부족한 에너지가 더욱 줄어들고 만다. 현재 상황을 변화시키려면 막대한 에너지가 필요하다. 하지만 회피형 인간은 에너지가 부족하므로 현재 상황에 문제가 약간 있더라도, 또는 자신이 진심으로 원하는 상황이 아니더라도 그것을 바꾸려고 하지 않는다. 현재 상황을 견디는 편이 더 낫다고 생각하는 것이다.

하지만 마음의 에너지는 물리적인 에너지와 달리, 사용하면 줄어드는 것이 아니다. 적당히 사용함으로써 다시 생겨나는 것이다. 회피형 인간의 경우 외부 자극이 부족해서 에너지 고갈을 초래한 측면도 있다. 마음의 에너지란 외부 자극과 내부의 심리가 상호작용하면서 만들어지는 것이기 때문이다.

회피형 인간에게 마음의 에너지가 부족한 것은 어린 시절부터 안전 기지를 갖지 못한 채, 안심하고 세상을 탐색할 수 없었기 때문이다. 어른이 되어서도 더욱 탐색 행동을 피하며 외부 자극을 줄이기만 하면 과거의 잘못을 답습할 뿐 마음의 에너지를 늘이는 일로 전혀 연결되지 않는다. 위험부담을 피하고 현재 상황을 유지만 하면 마음의 에너지는 점점 더 약해지고 만다.

/ 실패에 대한 두려움 /

회피형 인간의 마음에 에너지가 부족한 원인 중 하나로 자주 지목되는 것은 바로 실패에 대한 과도한 두려움이다. 이들은 목적을 향해 노력하는 일에 소극적이다. 목적의 실현을 일찌감치 포기하는 경향도 있다. 도중에 어려움이나 장애물이 나타나면 더욱 포기가 빠르다. 실패했을 때 받을 마음의 손상을 두려워하기 때문이다. 실패하여 상처받을 거라면 아예 도전이나 노력을 하지 말자고 생각한다. 조금이라도 실패하는 것에 두려움을 느끼면 자동적으로 도전을 피하려 한다. 그리고 실력 이하의 지루한 선택지로 만족하고 만다.

회피형 인간 중에서도 회피성 인격 장애인 사람은 '자신은 뭘 해도 어차피 실패한다'는 생각에 사로잡혀 있다. 그런 생각은 부정적인 인식의 왜곡으로 연결된다. 실제로는 성공한 일도 몇 가지 실수한 사례만 떠올리며 실패했다고 단정 짓고 만다.

어떤 남성은 장기간 히키코모리로 지낸 끝에 마흔 살이 되어서야 자리를 박차고 일어나 일하기 시작했는데 반년 정도 일했지만 대인 관계가 힘들어 결국 그만두고 말았다. 그런데 그는 '역시 실패하고 말았다. 나는 아무것도 하지 못하는 인간임을 다시 깨달았다. 기운을 내려고 해도 결국 실패하고 만다. 또 뭔가를 해도 어차피 실패할 것 같다'라고 부정적으로 서술했다.

오랫동안 히키코모리로 있다가 늦은 나이에 일을 시작해 반년 동안이나 일을 계속했다는 것은 오히려 높이 평가받을 만한 일이다. 하지만 지속하지 못한 것만 생각하며 '실패했다'고 자책하는 것이다.

이러한 부정적인 사고방식은 부모로부터 물려받는 경우가 많다. 실제로 이런 유형의 사람 대부분이 '부모로부터 그다지 칭찬을 받지 못했다'고 말한다. 이 유형의 부모는 강박적으로 자신의 높은 기준을 아이에게 들이대고, 해내지 못한 것만 찾아내 지적하면서 키우는 경우가 많다.

이런 양육법을 쓰면 아이는 주체적이고 적극적인 행동을 꺼리게 된다. 시키는 대로만 하는 게 제일 안전하기 때문이다. 쓸데없는 짓을 했다가 지적질을 당하거나 실패할 기회만 늘어나기 때문이다.

/ 성공의 기회에서 도망치기 /

회피형 인간에게는 출세나 성공의 기회조차도 책임과 부담이 늘어나는 짐으로 여긴다. 칭찬받거나 기대를 모으는 일이 중압감으로 다가와 모두가 자신의 무능함을 깨닫고 실망하기 전에 도망치고 싶다고 생각한다.

자살에 실패한 에릭은 그 후 방황하면서 농장의 계절노동자와 사금 채취 일을 하며 근근이 먹고살았다. 다만 그동안에도 에릭은 독학으로 공부를 계속했다. 그 당시, 그의 흥미를 끌었던 것은 식물학이었다. 그는 한 권의 식물학 교과서를 되풀이해 읽었다.

그런 그에게 생각지도 못한 기회가 찾아왔다. 겨울철이 되어 캠

리포니아 대학 버클리 캠퍼스에서 급사 아르바이트를 하던 때 한 교수를 알게 된 것이다. 교수는 독일어 문헌을 읽지 못해서 곤란해하고 있었다. 가정부인 마사 덕분에 독일어를 읽을 수 있었던 에릭을 교수가 번역 도우미로 고용했다.

기이하게도 그 일대 농장에서는 레몬이 하얗게 변하는 병이 유행하여 교수는 그 원인을 밝혀내려고 애쓰고 있었다. 이때 에릭은 그 해결법을 고민하여 교수에게 제안했고 실제로 그 방법은 성공했다. 교수는 에릭에게 연구소 자리를 마련해주려 했지만 에릭은 그것을 고사하고 다시 방랑의 길로 돌아갔다. 그 후에도 에릭은 눈앞에 있는 큰 기회를 잡을 생각도 하지 않고 자신이 먼저 발을 빼는 행동을 반복했다.

어느 날 에릭은 두 여성이 버클리 역에 내리는 것을 보았다. 그녀들에게 말을 건네고 싶다는 충동에 사로잡힌 에릭은 빠른 걸음으로 다가가 말을 건네고 그녀들이 짐 나르는 것을 도와주었다. 두 사람 중 키가 크고 아름다운 쪽이 헬렌이었다. 대학원에서 공부하기 위해 버클리로 온 것이었다.

헬렌은 에릭에게 흥미를 보였다. 그의 기구한 인생과 색다른 생활 방식에 푹 빠져든 것이다. 마침내 두 사람은 친밀한 관계로 발전했다. 자연과 생명을 소중히 생각한다는 점에서도 두 사람은 같은 가치관을 공유했으므로 서로를 깊이 이해할 수 있었다.

헬렌은 에릭이 독학으로 익힌 수학과 물리 지식, 재능에 깜짝 놀랐다. 그래서 함께 버클리 대학원에서 공부하자고 제안했다. 또 그 기구한 인생 이야기를 책으로 쓰라고도 권유했다. 헬렌은 에릭의 재능과 독창성을 인정해주었던 것이다. 하지만 에릭은 헬렌의 기대에 서서히 부담을 느끼게 된다. 그리고 어느 날, 에릭은 아무런 연락도 없이 버클리에서 모습을 감춰버렸다.

이 이별에 대해 에릭은 자서전 속에서 '완전히 다시 회복할 수가 없었다'고 밝히고 있다. 헬렌을 싫어하게 된 것도, 사랑하지 않은 것도 아니었다. 오히려 헬렌을 사랑하는 것은 명백했다. 하지만 에릭은 그녀와 헤어지는 것 이상으로 그녀를 실망시키고 버림받을지도 모른다는 생각에 괴로웠던 것이다.

에릭은 자신에게 재능이 있다는 것을 도저히 믿을 수 없었다. 그래서 그는 자신이 '가짜'임이 들통 나는 게 두려웠다. 자신이 과대평가되고 있다고 생각하여 그 껍질이 벗겨지면 어쩌나 하는 불안 때문에 헬렌과 함께 있을 수가 없었던 것이다.

이것 역시 회피형 인간의 전형적인 심리 중 하나이다. 인정받지 못하는 것을 불쾌해하면서도 거꾸로 칭찬받거나 기대를 한 몸에 받는 것도 부담스러워한다. 혹시라도 자신이 그 기대에 부응하지 못하면 어쩌나, 상대를 실망시키면 어쩌나 싶어서 안절부절못하는 것이다.

상대가 분명히 호의를 품고 자신에게 접근해도 자신은 그런 좋은 평가에 어울리지 않으며 상대가 뭔가 착각하고 있는 게 틀림없다고 생각한다. 이 생각의 뿌리에는 자신은 누구에게도 사랑받을 만한 가치가 없다는 가치관이 깔려 있다. 또 뭔가 의욕을 갖고 일을 했다가 훗날 그것이 잘못되기라도 하면 오히려 안 하느니만 못하기 때문에, 애초에 발을 빼는 것이다. 이처럼 자신의 능력을 활용하는 일도, 누군가에게 사랑받는 기회도 스스로를 과소평가하는 탓에 다 날려버리고 만다. 에릭이 자신을 조금씩 긍정하게 되고, 책을 쓰면서 자신의 주장을 표명할 수 있게 된 것은 40대 후반이었다. 그가 이렇게 변한 이유 가운데 하나는 부두 노동자로 일하면서 생활이 안정되었기 때문이다. 또 그동안의 독서와 사색이 조금씩 성과를 내기 시작했다. 그가 잡지사에 투고한 글을 어느 편집자가 눈여겨보고 그를 설득하여 세상 밖으로 나오도록 만들었던 것이다. 노년에는 한 여성과 사랑에 빠질 수도 있었다.

/ 백수의 운명을 타고나다 /

회피형 인간에게는 일하지 않고 사는 삶이 가장 이상적이다. 밖에서 일하는 것보다 집 안에서 좋아하는 일을 하는 것이 가장 기분 좋은 것이다.

생계 때문에 그렇게 못하고 있긴 하지만 마음속 어딘가에서는 항상 싫은 일들에서 벗어나 좀 더 자유롭고 아무런 구속도 없이 살고 싶은 것이다. 그래서 은둔 생활이나 출가하고 싶다는 마음도 갖고 있다.

회피형 인간에게 인기 있는 직업 중 하나가 바로 작가이다. 사회에 나가 일하지 않고 상상의 세계에서 놀며 작품을 쓴 후 원고료나 인세를 받아 생활한다. 속박당하지도 않고 자유롭다. 무엇보다 일하지 않고 살 수 있다는 이미지가 작가라는 직업이 주는 가장 큰 매력일 것이다. 하지만 실제로는 상당한 인기 작가가 되지 않는 한 다른 직업을 갖지 않고서는 도저히 생활 유지가 안 된다. 인기 작가가 되었다 해도 매일 상당량의 원고를 써야만 한다. 연재를 하고 있다면 마감에 쫓겨야 하고, 철야를 하면서 쓰고 싶지도 않은 원고를 쓸 때도 있다. 연재 없이 미리 써둔 작품을 몇 년에 한 번 발표하는 것은 무라카미 하루키나 『해리 포터』 시리즈의 조앤 K. 롤링 정도에게만 허용된 사치일 뿐이다.

롤링은 어린 시절부터 공상을 좋아하여 어른이 되고 나서도 현실의 일에 그다지 익숙해질 수 없었다. 결혼하고 딸이 생겼지만 이혼 후 다시 싱글로 돌아가자 생활고 때문에 우울증에 걸렸다.

겨우 우울증에서 회복한 그녀는 사회에 나가 일하는 것보다 국가로부터 생활보호를 받으며 예전부터 쓰고 있었던 『해리 포터』를 완성시키는 길을 선택했다. 그것이 마침내 어마어마한 성공으로 연결되었던 것이다.

만약 그녀가 무리하여 밖에서 일하는 길을 선택했다면, 설령 그것이 당장의 생활에는 도움이 되었더라도 집필 시간이 부족하여 작품을 완성하지 못한 채 끝나버렸을지도 모른다. 현실로 뛰쳐나가지 않고 자신의 세계로 계속 회피한 것이 그녀에게 성공을 가져다주었던 것이다.

롤링이 작가로서 성공하기 위해 원고와 계속 씨름하고 있었을 때는 그 작품이 정말 성공할지, 아니 출판될 수 있을지조차 완전히 미지수였다. 그녀의 원고가 어떤 편집자의 눈에 띄지 않았다면, 그 편집자가 자신의 딸에게 그 원고를 읽어보라고 하지 않았다면 롤링은 이름도 없이 사라져간 수많은 아마추어 작가 중 하나였을지도 모른다. 하지만 만약 그녀가 실패했다 하더라도 자신의 가능성을 시험해본 것은 무의미한 일이 아니다. 가능성을 시험한 것 자체가 회피로부터 한 발자국 걸어 나온 것이기 때문이다. 사회로 나가는 것을 회피하더라도 가능성을 시험한다는 것 자체는 회피에서 벗어나기 시작했다는 뜻이다. 그것이 사회의 기준과는 어긋난 일이라고 해도 오히려 그 자리에서 자신의 길을 발견할 수도 있다.

/ 에릭슨의 아이덴티티 찾기 /

아이덴티티 이론으로 유명한 정신분석학자 에릭 에릭슨(Erik Homburger Erikson, 1902~1994 – 옮긴이)은 스스로 아이덴티티의 위기를 경험하며 오랜 모라토리엄(Moratorium, 에릭슨은 지적, 육체적, 성적인 능력 면에서 한 사람 몫을 하지 않고 의무와 책임을 유예하는 것을 모라토리엄 상태라고 정의했다. 또 일본의 정신분석가인 오코노키는 어느 곳에도 소속되지 못한 채 모든 일에 방관자적 태도를 갖는 인간을 '모라토리엄 인간'이라고 불렀다 - 옮긴이) 기간을 거쳐 자신만의 길을 찾아낸 인물이었다.

에릭은 덴마크인 어머니와 유대계 독일인 양부 밑에서 자랐는데 친아버지에 대해서는 이름조차 몰랐다.

의사였던 양부는 에릭이 자신의 길을 물려받기를 원했지만 학교와 어울리지 못했던 에릭은 성적도 특출나지 않아서 양부의 기대에 부응할 수 없었다. 에릭은 까다롭고 반항적이라 어머니나 양부 모두와 원만하지 못한 채 야심과 열등감이 공존하는 불안정한 청년이었다. 김나지움은 어찌어찌 졸업했지만 대학에 진학하지 못하고 오랫동안 모라토리엄 시기를 보냈다. 그 과정에서 정처 없이 여행을 하기도 하고, 예술학교에서 데생과 유화를 배우기도 했다. 청년기의 에릭은 화가가 되고 싶어서 이탈리아 피렌체에서도 살기도 했지만 결국 자신의 재능에 한계를 느꼈다.

그런 상황에서 돌파구가 된 것은 바로 친구의 편지였다. 오스트리아 빈에서 가정교사 일을 하던 친구가 자신의 후임으로 에릭을 추천했다고 편지를 보낸 것이다. 에릭은 마음의 준비도 전혀 없이 막다른 생활에서 도망치기 위해 친구의 뜻대로 빈으로 찾아갔다. 그곳에서 그를 기다리고 있던 사람들이 바로 프로이트와 그의 딸 안나 프로이트였다. 당시 안나는 아버지를 도우면서 자신 역시 아동심리 분석이라는 학문 영역을 개척하려던 참이었다. 그리고 가정교사 일이라는 것은 안나 프로이트의 분석 치료를 받기 위해 미국에서 건너온 부호 일가의 아이들을 보살피는 일이었다. 에릭은 정신분석이나 프로이트에 대해 아무런 예비지식도 갖고 있지 않았다. 하지만 그에게는 아이들을 다루는 타고난 능력이 있었다. 그것을 깨달은 안나가 그를 아동심리 분석의 길로 이끌었다. 이렇듯 인생이란 결코 자신만의 힘으로 개척할 수 있는 것이 아니다.

에릭은 아이들이 놀면서 무의식적인 소망이나 두려움, 상처받은 마음을 표현하는 것에 주목했다. 그리고 그것이 개인을 초월한 사회적 요소와 결부된다는 것을 깨닫는다. 이러한 에릭의 발견은 언어적인 표현이나 개인의 내면에만 무게를 두고 있던 그 당시 정신분석학의 틀을 뛰어넘는 것이었다. 이것도 에릭이 기존 학문보다 조형예술의 세계로 한눈을 판 덕분에 가능했던 발견이었다. 아이들을 다루는 타고난 능력을 가지고 있었다 해도 그 자신이 어린 시절의 문제를 여전히 간직한 채, 아이들 같은 감성을 계속 갖고 있지 않았다면 불가능했을 것이다.

훗날 에릭이 정신분석가로 명성을 떨칠 수 있게 된 이유 중 하나가 그의 뛰어난 임상 능력이다. 그는 하나둘 어려운 환자의 치료에 성공했다. 그것이 가능했던 것 또한 그 자신이 그런 구렁텅이에 빠져 있다가 벗어난 경험이 있었기 때문이다.

/ 이노우에 야스시의 모라토리엄 기간 /

『둔황』 같은 작품으로 몇 번이나 노벨 문학상 후보가 되었던 작가 이노우에 야스시(井上靖, 1907~1991 - 옮긴이) 역시 회피형 인간이었다.

부모가 아닌, 피 한 방울 섞이지 않은 할머니 밑에서 자란 유년 시절의 체험은 『아스나로 이야기』나 『시로밤바』 같은 명작에 묘사되어 있지만, 이노우에가 당시치고는 드물게도 모라토리엄 시기를 보낸 것에 대해서는 그리 알려지지 않았다. 그는 마치 시대를 앞지르기라도 하듯 2000년대 이후 현대인의 회피형 생활 방식을 이미 그 시대에 꽤 오랫동안 보냈던 것으로 보인다.

이노우에 야스시의 집은 의사 가문으로 대대로 이즈의 유가시마에서 생활했지만, 그의 경우에는 아버지가 군의관이었으므로 가족이 다 함께 전국 각지를 전전해야 했다.

『어린 시절』, 『청춘 방랑』 등의 작품에 의하면 이노우에가 태어난 것은 아사히카와에 있을 때였는데, 한 살 즈음 아버지에게 종군 명령이 내려와 어머니와 이노우에는 이즈 본가로 가게 되었다. 아사히카와에서 이즈까지 가는 길은 이루 말할 수 없을 만큼 험난하여 갓난아기였던 이노우에는 가는 내내 울기만 했다고 한다.

그 후 아버지가 귀환하여 가족만의 오붓한 일상을 되찾았지만 그것도 그리 오래가지는 못했다. 어머니는 계속해서 두 명의 아이를 더 낳았는데 막내가 배 속에 있을 때 그만 두 손 두 발을 다 들고 말았다. 입덧이 심하여 몸 상태가 엉망이었던 것이다.

결국 그들은 맏이인 이노우에를 할머니에게 맡기기로 했다. 잠깐이라고 했는데 어머니가 출산을 하고 나서도 이노우에를 데리러 올 생각을 하지 않았다. 할머니를 잘 따른다며 데려가는 것을 하루 연장했던 것이다. 그렇게 1년이 흘렀다.

그러다가 데리러 가보니 이노우에는 할머니에게 착 달라붙어 떨어지려 하지 않았고, 할머니 역시 이노우에를 돌려보내려 하지 않았다. 어머니는 마지못해 발길을 돌렸고, 결국 이노우에는 할머니가 사망한 초등학교 6학년 때까지 시골집에서 생활하게 된다.

할머니는 사실 이노우에와는 피가 섞이지 않았다. 그녀는 원래 증조부의 첩이었는데, 이노우에의 어머니를 양녀로 삼아 분가했던 것이다.

변변한 친척 하나 없던 할머니에게는 가문의 장자인 이노우에를 데리고 있는 일 자체가 자신의 위치를 든든하게 떠받치는 대의명분과도 같았다. 그래서 한층 더 집착했을 것이다. 어머니 역시 양모에 대한 배려 때문에 강경하게 대응하지 못한 측면도 있다.

어쨌든 이노우에는 아무것도 모른 채 어른들의 사정에 의해 어머니와의 애착을 형성할 기회를 잃었고, 대신 할머니의 과도한 사랑 밑에서 자라게 되었다.

이노우에는 초등학교를 졸업한 이후에 할머니를 떠나 하마마쓰에 사는 부모에게 가기로 되어 있었다. 그런데 그날을 우울한 마음으로 기다리던 도중, 할머니가 디프테리아에 걸려 어이없이 사망하고 만다. 초등학교를 졸업하기 석 달 전의 일이었다.

이노우에는 슬픔에 빠졌다. 부모와 함께 산다는 기쁨 따위는 없었고, 그저 할머니를 잃은 슬픔만이 그의 가슴속에 오랫동안 남게 되었다.

하마마쓰로 이사했지만 그는 중학교 입학시험에 실패한 이후 부모 밑에서 1년 동안 재수생으로 살아야 했다. 그러나 부모에 대한 애착이 희박하고, 초등학교를 1년 더 다녀야만 한다는 굴욕적인 상황이었기에 결코 즐거운 날들은 아니었다. 중학교에 들어가서는 다시 하숙을 하거나 기숙사에 들어가 생활했기 때문에 가족과 애착 관계를 만든다거나 하는 기회 자체가 별로 없었다.

그 무렵 이노우에는 기계체조에 열중했는데, 결국 유도를 하게 된다. 다시 재수 생활을 하다가 가나자와의 4고(四高, 현 가나자와대학 교육학부)에 진학한 후 매일같이 유도를 하며 살았다.

청년 시절의 이노우에는 낯가림이 심하고, 말수가 적었으며, 타협하지 않고 고집스러운데다 반항적인 구석이 있었다. 이런 이노우에게 엄격하게 자신을 통제하는 생활은 오히려 딱 들어맞는 부분이 있었던 것일까. 이노우에뿐만 아니라 회피형 인간들은 원래 금욕적인 자기 단련을 통해 인생의 길을 찾아내곤 한다. 그런데 그 길에서도 이노우에는 생각지도 못했던 좌절을 맛본다.

유도부 부장이었던 이노우에는 지나치게 혹독한 훈련 때문에 신입부원이 한 명도 없게 된 상황을 타개하기 위해 규율을 약간 완화시켜 주는 방법을 썼다. 그러나 그것이 전통을 중시하는 선배 졸업생들의 비위를 거스르고 말았다. 유도부의 존속을 위해 한 일이 오해를 사고 만 것이다. 이노우에는 책임을 지고 유도부를 떠났다. 이에 관해서는 『나의 자기형성사』에서만 언급하고 있을 뿐,

당시를 돌아보는 다른 글에는 나오지 않는다. 고교 생활도 얼마 남지 않은 때 벌어진 이 사건은 이노우에의 마음에 깊은 상처를 남겼음에 틀림없다.

의사 집안 출신이라는 것 때문에라도 주변 사람들은 당연히 그가 의사가 될 거라고 기대했다. 그래서 4고에서는 이과를 선택했다. 하지만 이노우에의 재능이 이과 계통이 아니었음은 명백했다. 성적으로 보아도 의학부에 진학하는 것은 어려웠다. 이노우에는 고등학교 시절부터 문학과 시에 눈을 떠 직접 창작을 시작했다.

이노우에는 교토 제대에서 철학 공부를 하고 싶었지만 이과였기 때문에 문과 공부에는 핸디캡이 있었던 만큼, 결국 진학할 수 있었던 것은 정원이 미달된 규슈 제대 영문과였다.

하지만 이노우에는 규슈에는 가지도 않고 도쿄의 하숙집에서 좋아하는 책에 푹 빠져 지냈다. 그런 생활이 가능했던 것도 부모가 당시 타이베이로 부임하여 자유가 허용되었기 때문이었다. 마침내 대학 3학년에 막 올라가려는 때 교토 제대에 정원이 빈다는 사실을 알고 서둘러 그곳 철학과로 옮기게 되었다. 그리고 그곳에서 1학년부터 다시 시작한다. 다만 이 무렵에도 강의는 전혀 듣지 않고, 몇 안 되는 친구들과 어울려 다니기만 했다. 특별히 장래에 무엇을 하고 싶다는 희망도 목적도 없이, 그저 시간만 보내는 생활이었다. 이노우에의 이러한 생활 태도는 고도 경제 성장이 끝난 무렵부터 학생들을 중심으로 대거 나타나게 되어 '모라토리엄 인간'이니 '모라토리엄 세대'니 하는 말이 나돌기 시작했다. 그렇게 생각하면 이노우에는 시대를 앞질러 트렌드를 주도했다고도 말할 수 있을 것이다.

모라토리엄이란 '유예기간'이라는 의미이며, 본격적인 인생이 시작되기 전까지 중요한 것은 결정하지 않은 채 공중에 붕 떠 있는 듯 보내는 기간을 가리킨다. 중요한 결단이나 행동을 회피한다는 의미로써, 그것은 회피 행동의 한 형태이며 기간이 한정된 회피라고도 할 수 있다. 인생에서 모라토리엄 기간이 확실히 필요한 시기도 있다. 문제는 그것이 한없이 계속되어 버리면 아무것도 시작하지 못한 채 인생이 끝나버린다는 것이다.

/ 모라토리엄이 과연
씨앗을 뿌리는 시기가 될 수 있을까? /

모라토리엄이 그냥 계속될지, 아니면 거기에서 벗어나는 방향으로 움직일지. 그 분기점은 어디에 있을까. 모라토리엄이 새로운 비약을 위한 잠복 기간이 되기 위해서는 무엇이 필요할까.

대학을 졸업한 이노우에는 신문사에 들어간다. 하지만 취직을 한 이후에도 이노우에의 모라토리엄 시기는 계속되었다. 그의 회피형 생활 습관도 마찬가지였다. 신문기자는 두 종류의 인간형으로 나눌 수 있다. 하나는 출세와 특종을 목표로 맹렬히 뛰는 기자이며, 다른 하나는 그러한 경쟁과는 관계없이 자기만의 길을 느긋하게 걸어가는, 출세 경쟁에서 벗어나 있는 기자이다. 이노우에가 후자에 속한 것은 말할 것도 없다. 자는 시간도 아끼며 일하는 기자들을 옆에서 보며 이노우에는 점심때쯤 출근했다가 일찍 퇴근했다. 때로는 며칠이나 출근하지 않은 적도 있었다. 회사 측이 이런 근무 태도를 허용해준 것은 이노우에에게는 참으로 다행스러운 일이었다 할 수 있을 것이다.

이노우에는 종교나 예술 같은, 상대적으로 소수의 사람만 보는 지면을 담당하게 되었지만 이것이 이노우에에게 새로운 세계를 열어준 계기가 되었다. 신문사에는 각 분야에 조예가 깊은 일류 선배들이 있었고, 그들의 가르침을 받으면서 불교나 미술에 대해 공부할 수 있었던 것이다. 또한 취재를 통해 실물을 직접 보기도 하고, 작가와 접촉함으로써 이노우에는 자신만의 안목을 길렀다. 기사나 에세이를 꾸준히 쓴 것도 적절한 작가 수업이 되었다.

당시는 전쟁에 모든 것을 쏟아붓는 암흑기였다. 하지만 이노우에의 경우, 정치나 경제적 문제들로부터 거리를 두고 정신적인 세계에 침잠하여 현실 세계를 회피했던 것이 오히려 훗날의 창작을 위한 풍부한 토양이 되어주었던 것이다. 모라토리엄 기간은 결코 헛된 시간이라고만 할 수는 없으며 그것이 필요한 시기도 있다. 중요한 점은 그 기간을 어떻게 쓰느냐이다.

현실의 자잘한 일들을 회피하고 자신을 지키는 것 또한 중요하지만 그것이 자신의 가능성을 축소시키면 훗날의 열매는 기대할 수 없다. 내면을 풍요롭게 만들어줄 만한 작업을 시험하거나, 어느 면에서는 계속 회피하면서도 다른 면에서는 새로운 도전을 시도한다면 그 시간은 파종을 위한 것으로 중요한 의미를 가질 것이다.

/ 산토카를 위기에서 구원해준 것 /

다만 모라토리엄이 성립하려면 경제적 지원이 필요하다. 이노우에 야스시는 군의관인 아버지에게 기댈 수 있었다. 롤링처럼 생활 보호 대상자가 되는 방법도 있다.

어쨌든 자신의 길을 가기 위해 자유로운 시간을 확보한다는 회피형 인간의 이상을 실현하기 위해서는 경제적 기반이 필수이다.

에도가와 란포(江戶川亂步, 1894~1965, 일본의 추리소설가 – 옮긴이)는 하숙집을 경영하며 불안정한 작가 생활을 이어나갔다. 아인슈타인은 이론 물리의 세계에 집중할 수 있도록 특허청에서 근무했다. 그리고 산토카는 걸식의 길을 선택했다. 도서관 직원으로 일하기도 했던 산토카가 왜 이렇듯 극단적인 선택을 했던 걸까? 또 그가 그런 생활을 선택한 것은 어떤 의미가 있는 걸까?

도서관 일을 그만두고 다시 하루 벌어먹고 사는 생활로 돌아온 산토카는 관동대지진(關東大地震)을 겪게 된다. 산토카는 살고 있던 집을 잃었을 뿐만 아니라, 사회주의자라는 오해를 받으며 헌병대에 끌려간 후 유치장에 갇히게 되었다. 옆방에서 고문이 자행되는 소리를 들으며 하룻밤을 보낸 산토카는 완전히 녹초가 되어

'인생무상'을 강하게 느낀다. 간신히 도쿄를 탈출하던 도중 동행하던 청년 한 명이 장티푸스에 걸려 도착한 교토에서 어이없이 사망하는 것도 목격한다. 파김치가 되어 구마모토까지 겨우 돌아온 산토카가 의지할 만한 곳이라고는 헤어진 아내밖에 없었다. 하지만 갑자기 현관 앞에 나타난 그를 전처인 사키노는 가차 없이 내쫓았다.

할 수 없이 산토카는 잠시 동료 문인의 집에 몸을 맡긴 후, 잿더미로 변한 도쿄로 돌아갔다. 하지만 그런 상태에서 생활이 가능할 리 없었다. 전남편의 궁상맞은 모습을 보고 사키노도 태도를 바꿔 함께 살게 해주었다. 두 사람은 이혼했다고는 하지만 서로 미워해서 헤어진 것은 아니었다. 자식에 대해서도 산토카는 나름대로 책임감을 느꼈던 모양이다. 아내도 새삼스레 궁상맞은 전남편과 다시 살 마음은 없었지만 자식을 생각하면 아버지가 옆에 있어주는 편이 좋을 것이라고 생각했던 듯하다.

마침 장남 겐은 중학교에 올라갈 나이였다. 사키노는 초등학교만 마치고 일하는 것도 생각했지만 반드시 중학교에 진학해야 한다고 말한 것은 산토카였다. 이렇게 말한 이상 본인도 책임을 질 수밖에 없어서 산토카는 사키노가 운영하던 문방구 '가라쿠타' 일을 돕게 되었다.

그가 남들처럼 출근과 퇴근을 하며 살 기회가 아들의 진학이라는 외부 요청에 의해 만들어진 것이다. 그런데 성실히 가게에 나간 것은 처음 한두 달뿐이었다. 산토카는 다시 우울한 마음에 사로잡혀 그것을 술로 풀려고 했다.

사건은 그해에 일어났다. 며칠이나 남편 모습이 보이지 않자 사키노는 바쁜 연말에 어디를 갔는지 의심쩍어했다. 그때 산토카는 만취하여 전차 노선 위에 우뚝 서서 전차를 세우려는 소동을 부린 것이다. 격분한 승객들에 의해 두들겨 맞을 뻔한 것을 지인이 구해 곧바로 데려간 곳은 호온지라는 절이었다. 술이 깬 산토카는 호온지에 잠시 머물렀다. 소문을 듣고 며칠 후 사키노가 절을 찾아가 보니 산토카는 복도에서 열심히 걸레질을 하고 있었다.

자신의 이부자리조차 한 번도 갠 적 없을 정도로 게을렀던 전 남편에게 그에 대해 잔소리 한 번 하지 않았던 사키노는 이때 무척이나 놀랐다고 한다. 그녀는 그가 열심히 수행하고 있다는 말을 듣고 스님에게 맡긴 채 집으로 돌아간다. 산토카는 그 이후 독경과 잡무를 계속 했고 석 달 후에는 다네다 고호라는 법명을 얻고 출가하게 된다. 승려가 된 산토카에게 주어진 일은 미도리 관음이라는 사당의 당지기였다.

미도리 관음은 단가(檀家, 일정한 절에 속하여 시주를 하며 절의 재정을 돕는 집 - 옮긴이)가 50채 정도밖에 되지 않는 작은 절이라 보시만으로는 유지할 수 없어서, 부족한 부분은 탁발(托鉢)로 보충해야만 했다. 이것이 산토카의 향후 인생을 지탱하는 걸식이라는 삶의 형태이다. 그가 각지를 방랑하면서 살아갈 수 있었던 것도 탁발이라는 생활 수단이 있었기 때문이다. 쇼와(昭和, 20세기 일본 연호의 하나로, 쇼와 천황의 통치에 해당하는 1926년 12월 25일부터 1989년 1월 7일까지를 가리킨다 - 옮긴이) 불황이 찾아오고 나서는 그것도 힘들어졌지만 그때까지는 10여 채만 돌면 발우(鉢盂)가 가득해져서 하루 먹고살 양식을 충분히 얻을 수 있었다고 한다.

/ 걸식하는 삶 /

걸식은 그 자체가 수행의 방법이지만 원래 고대 인도 등에서는 수행승을 지원하는 사회 시스템으로 정착되어 있었다. 보시를 행하는 측에도 공덕이 쌓이므로 양쪽 모두 이익을 얻을 수 있는 호혜적 구조였던 것이다. 일본에서도 신앙심이 돈독한 지방에서는 탁발에 대한 이해가 있어서 협조적이었지만 또 어떤 지방에서는 멸시하거나 무시하기도 했다.

회피형 인간에게 '걸식하는 삶'은 매우 익숙하고 잘 어울린다. 이를테면 집에 틀어박혀 사는 사람을 생각해보자. 그런 상황에 처해 있는 사람은 보통 친근한 누군가의 자비에 의지해 산다. 그것은 부모이기도 하고, 형제이기도 하며, 파트너일 수도 있다. 그들이 얻은 매일의 양식을 나누어 받아 생활을 영위하는 것이다. 그럼으로써 자신은 세상에 나가 노동을 하거나 이익을 추구하지 않아도 된다. 수행이란 평생 생산 활동을 하지 않고 자신만을 위해 시간을 사용한다는 측면이 있지만 그것만 놓고 보면, 취직하지 않고 누군가의 신세를 지며 사회의 온갖 잡다함을 피해 사는 것도 마찬가지이다. 그리고 걸식 역시 수행이다. 그런데 일반인의 가치관으로 보면 누군가의 신세를 지며 사회 활동도 하지 않는 사람은 처치 곤란한 사람이거나 기생충과 같은 존재일 뿐이다. 하지만 불교 수행자에게는 일하지 않고 타인에게 식량을 구걸하면서 사는 것이 기본 태도이다. 일하려고 하면 거기에서 욕심과 집착이 생기기 때문이며, 몸을 정화하여 부처의 마음을 향해 가는 길과는 반대되기 때문이다.

회피형 인간은 산토카처럼 출가하거나 운둔 생활을 동경하는 경우가 많다. 마음 어딘가에 지금 존재하는 이 모습은 가짜라는 의식이 있다. 그러니 지금 눈앞에 있는 현실에 집착해봐야 아무 소용이 없다. 현실은 일시적인 것일 뿐이기에 믿어서는 안 된다. 어머니의 자살로 애착 관계가 무참히 깨져버린 것을 경험한 산토카는 타인에게 애착을 갖는다는 것 자체를 꺼리게 되었다. 어머니라는 절대적인 유대 관계에 있는 존재조차 어이없이 자살해버렸는데, 이 세상에 누구를 믿을 수 있었겠는가. 그런 생각에 사로잡힌 산토카가 삶에 적극적으로 임하면서 한곳에 뿌리내리고 사는 일에 욕심을 내지 않았다는 것은 자연스러운 귀결인지도 모른다.

세상이 옳든 그르든 삶의 의욕이 샘솟고, 이 세상이 기쁨과 즐거움으로 충만한 곳이라고 느꼈다면 더 욕심을 내어 타인을 밀쳐내더라도 자신이 있을 곳을 구축했을 테지만 산토카에게는 그런 의욕이 부족했다. 걸식하는 태도는 그가 정식으로 직업을 갖거나 정착하려고 노력했을 때도 쉽게 사라지지 않았다. 산토카가 정착한 기간 동안 했던 일은 도서관원, 전처 가게의 점원, 당지기, 문예지 편집자 등이었는데, 이것들은 모두 적극적으로 이익을 원해서였다기보다 수동적인 자기 자리 찾기의 성격이 강했다. 게다가 모두 중도에 포기했다.

문예지 편집자 생활을 예로 든다면, 그가 한때 구마모토에서 초막을 짓고 정착하고 싶은 생각에 사로잡혔을 때 생활비를 확보하기 위해 얇은 잡지를 발간했다. 그것을 그를 아는 후원자들에게 구독하도록 했는데, 이것은 사업의 체제를 띠고는 있었지만 실상은 후원자들로부터 기부를 받아서 운영하는 것으로서 걸식의 변형된 형태였다고 할 수 있다. 이때 구독자가 예상보다 훨씬 많아 생활 기반을 충분히 다질 수 있었던 듯하다.

그런데 생각지도 못한 거금을 손에 쥐게 된 산토카는 술독에 빠져 하이쿠 창작도 하지 않은 채 지냈고 잡지 발간도 일정대로 지킬 수 없게 되었다. 결국 3호만 내고 유야무야 끝났지만 1년치 구독료를 이미 지불한 사람도 있어서 자칫 산토카에 대한 악소문이 나지 않을까 주변 사람들이 걱정했을 정도였다. 하지만 본인은 사태가 곤란한 지경에 처하자 아무런 처리도 하지 않고 떠나, 다시 걸식과 유랑의 생활로 돌아가버렸다.

/ 욕심 때문에 일하지 않는다 /

생산하고, 이익을 적극적으로 추구하고, 부를 늘여가는 삶의 방식에 비해, 걸식은 타인의 여유에 기대 살아가는 삶의 방식이다. 그것은 과분한 부를 소유하지 않는다는 것이며, 필요한 최소한의 것만으로 사는 청빈 사상과도 연결된다.

직접 생산하지 않고 다른 사람들로부터 모은 보시로 생활을 꾸려가는 삶의 방식은 이를테면 공무원의 생활 패턴과 비슷하다.

그들은 세금이라는 형태의 보시를 먹고 산다. 승려나 공무원들은 과거에는 존경의 대상이었는데, 그 이유는 사적인 이익을 추구하지 않는 공공의 기능을 했기 때문이다. 바꿔 말하면 특정한 누군가를 이롭게 하지 않는다는 의미에서, 특정한 누군가에게 집착하지도 않았던 것이다. 봉급도 뭔가를 생산했기 때문에 혹은 누군가를 도와줘서 받는 것이 아니라 일과 관계없이 결정된 금액을 받는다. 공공성을 유지하기 위해서는 집착하지 않는 정신력이 필요했다. 만인의 행복을 위해 봉사하는 자는 개인의 욕심을 버려야 한다. 그것은 보시나 걸식으로 얻은 깨끗한 재물만으로 먹고사는 것과 같은 의미이다.

걸식하는 수행자들은 어떤 집 처마 밑에서 경을 외며 그 집안의 액운을 물리치고 슬픔을 치유하면서 보시에 대한 사례를 한다. 즉 직접적인 물건이나 서비스를 제공하는 것이 아니라, 그 집안사람을 대신하여 세속적 욕망을 버리고, 깨끗한 생활을 함으로써 간접적인 도움을 주는 것이다. 이것이 회피형 인간에게는 딱 어울린다.

직접적인 물건이나 서비스에는 명확한 책임이 따른다. 하지만 간접적인 도움은 책임의 소재가 모호하다. 양심에 대한 책임 같은 매우 추상적인 개념이기 때문에 상대방에게 직접 책임 소재를 따지는 경우는 별로 없다.

염불을 하고 기도를 해주며 걸식 행각을 하는 것도, 하이쿠를 잡지에 게재하여 타인에게 즐거움을 제공하는 일도 직접적인 도움이 아닌 간접적인 도움으로 회피형 인간에게는 매우 바람직한 형태의 일인 것이다.

/ 6장 /
모든 것은 인간관계에서 시작되었다
"왜, 인간은 혼자 살 수 없는 걸까?"

나는 왜 혼자가 편할까 ?

/ 극복을 위한 과제 /

회피형 인간이 회피하는 삶의 태도를 극복하기 위해서는 두 가지 과제를 구별해서 생각해봐야 한다. 우선 어린 시절부터 굳어진 회피형 애착 성향에서 어떻게 벗어날 것인가가 그 첫 번째이고 두 번째는 말 그대로 현실적인 문제에서 회피하려는 성향에서 자유로워져야 한다는 것이다.

회피형 애착 성향을 갖고 있는 사람일지라도 현실에 적응해서 성공한 사람에게는 회피형 성향이 아무런 문제도 되지 않는다. 하지만 앞뒤가 꽉 막힌 사람일수록 이 두 가지 문제를 동시에 안고 있다. 회피형 애착 성향은 완전히 바꿔야만 하는 성질의 것은 아니다. 이것은 그 사람의 특성 같은 것이며, 심리학적이라기보다 생물학적인 성격을 띤다. 그 특성을 잘 유지하면서 좀 더 안정도를 높여가면 된다. 이때 주변에서 그 사람을 질타하며 변화하기를 강요하는 것보다는 있는 그대로의 특성을 인정하면서 그것을 활용하는 방향으로 나아가야 안정적인 변화를 유도할 수 있다. 이에 비해 후자는 본인 스스로가 바꿀 수 있고, 또 바꿔야만 하는 것이다. 현실적인 문제를 직시하지 못하고 도망만 치다 보면, 자신의 인생을 살아갈 수 없다. 인생을 자신의 것으로 다시 되돌리고 싶다면 회피하는 습관을 버려야만 한다. 다만 그렇게 되기 위해서는 회피형 애착 성향도 좀 더 안정적인 형태로 바꿔갈 필요가 있다. 그래서 이번 장에서는 심각한 회피형 인간과 그 사람을 도우려는 사람을 상정하여 회피하는 습관에서 벗어나는 마음 자세와 기술에 대해 이야기할까 한다. 이어서 마지막 7장에서는 회피형 인간이 어떻게 하면 좀 더 내실 있는 삶을 살 수 있는지, 회피형 애착 성향을 조금이라도 안정형으로 바꾸기 위해서는 어떻게 해야 하는지를 이야기할까 한다.

/ 회피를 합리화하는 사고방식 /

문제를 직시하지 못하고 회피하려는 사람에게는 공통된 사고 패턴이 있다. 그중 하나는 '노력해봤자, 도전해봤자 어차피 나는 실패할 테니까 다 헛수고'라는 사고방식이다. 몇 번이나 실패하고,

노력해도 성공하지 못한 경험을 근거로 그렇게 생각하는 것이다. 실제 성공한 게 아무것도 없다, 해봤자 상처만 받는다고 말이다. 그러니 하지 않는 편이 더 낫다는 결론에 이르고 만다.

하지만 정말 그렇게 말할 수 있을까. 아기가 서서 걸으려면 놀라울 정도의 노력과 도전을 반복해야 한다. 몇 번이고 몇 번이고 실패하고 아파한 끝에 겨우 자신의 다리로 첫걸음을 떼게 되는 것이다. 옷을 입고, 자전거를 타고, 책을 읽고 글을 쓰는 일도 혼자 저절로 되는 것은 아니다. 끈질긴 시행착오 끝에 겨우 획득하게 되는 능력이다. '뭘 하든 안 된다'고 말하는 사람은 이러한 사실을 잊고 있다. 잘 생각해보면 이 밖에도 여러 가지 예를 들 수 있다. 실제로는 과감히 도전하여 한 가지 한 가지 행위를 가능하게 만들어온 것이다.

방에 틀어박힌 지 6년쯤 되는 스물네 살의 남성은 '나는 뭘 해도 다 실패해서 또 우스운 꼴을 당하느니 도중에 그냥 포기해버린다'고 늘 말해왔다. 초등학교 때부터 해왔던 운동도 고등학교 때는 그만두었고, 공부에 열심히 매달린 적도 한 번도 없었다. 배우는 것은 모두 도중에 그만두었고, 뭔가 목표를 향해 노력해본 적도 없다고 했다.

하지만 그 남성은 중학교 때, 동아리에서 주장을 맡았었다. 나름 대로 노력하여 성과를 인정받았기 때문에 주장으로 선출된 게 아니냐고 물어보자, 그는 초등학교 때부터 해온 것이라서 다른 사람보다 약간 더 나았을 뿐이라고 말한 후 그 운동을 포기하게 된 원인, 그 굴욕적인 체험에 대해 이야기했다.

중학교 3학년이 끝나갈 무렵 그의 팀은 후배 팀과 시합을 했고 완패를 당하고 말았다. 그 사건으로 그는 선수로서, 주장으로서 갖고 있던 자존심에 상처를 입었던 것이다. 그 이후 그는 운동 자체에 흥미를 잃은 듯 팀을 떠났고, 그렇다고 다른 뭔가에 적극적인 의욕을 품지도 못한 채 무기력한 생활에 빠져버렸다.

/ 회피에서 벗어나는 첫걸음 /

회피에서 벗어난다는 것은 삶의 주체성을 되찾는다는 말과 거의 동의어이다. 그를 위한 첫걸음은 지금까지 피하기만 했던 문제와 마주하고, 그것에 대해 이야기하는 일이다. 그것은 완전한 회복을 위해 피해서는 안 되는 꼭 필요한 단계이다. 회피에서 벗어날 때는 반드시 이 단계를 거쳐야 한다. 그것이 불만이나 분노, 절망 같은 것이라 해도 먼저 그것을 말하고, 자신이 상처받은 지점과 마주하는 것이 거꾸로 답답한 상황을 타개하는 계기가 되는 것이다.

그런데 일반적인 심리치료는 생겨난 '증상'만을 문제 삼고, 그것을 줄여가는 것으로 대처하려 한다. 회피의 근저에 있는 원인에는 손도 대지 않은 채 거기에서 이차적으로 파생된 불안이나 분노, 신경과민 같은 것을 안정제 등을 통해 억제시켜 버리는 것이다. 그 결과 일상의 고통은 완화되지만 근본적인 회복에서는 오히려 멀어진다. 회피하고 있는 상황 그대로 고정되어 버릴 뿐, 회피 자체를 벗어나는 방향으로는 가지 않는다.

물론 상처받은 체험을 이야기하는 것만으로 끝나는 것은 아니다. 그저 한탄하고 절망과 슬픔을 이야기하는 것만으로는 진정한 회복이 이루어질 수 없다. 이 작업을 반복하는 과정에서 중요한 것은 그동안 실패했다고 생각했던 일에도 긍정적인 측면이 많다는 것을 발견하는 것이다. 여기에 회복의 열쇠가 있다.

앞서 예로 든 남성의 경우에도 그가 주장을 맡고 있던 동아리에서 굴욕적인 체험을 했다는 이야기가 사건의 전부는 아니었다. 몇 번인가 그 사실에 대해 털어놓는 동안 또 다른 사실도 이야기하기 시작했던 것이다. 그는 같은 중고등학교를 다녔는데 그 후 고등학교 3학년 때 감독과 직접 담판을 지은 후 다시 한 번 그 운동 동아리로 복귀했던 것이다. 이것은 매우 이례적인 것이었다.

고3이라고 하면 슬슬 다음 진로에 대해 고민하며 진학이나 취직으로 바쁠 때이다. 하지만 그는 고교 시절도 다 끝나갈 시점이 되어 과감히 동아리 활동을 다시 시작했던 건데 그 결과가 좋지 못했던 것이다. 공백기가 있었기 때문에 실력이 뒤떨어진 것이다. 그동안 열심히 해서 실력이 늘어난 다른 부원들 틈에서 그는 분한 기분을 맛보았다. 결국 실패했다는 생각을 품은 채 고교 생활이 끝났다. 그 후 그는 진학도, 취직도 하지 못하고 히키코모리 생활에 빠져버렸다. 결국 모든 것은 실패로 끝난 것이다.

그런데 과연 그는 실패했던 것일까. 주장으로서, 선수로서 자존심에 상처받은 일을 그는 결코 잊을 수 없었을 것이다. 그래서 그대로 동아리 활동을 지속할 수도 없었다. 운동을 그만두는 것 말고는 자신을 보호할 수 있는 방법을 찾을 수 없었다.

하지만 고교 생활도 얼마 남지 않았을 때 그는 이대로 끝나버린다는 사실을 납득할 수 없었던 게 틀림없다. 그리고 어느 날, 감독에게 머리를 숙이면서까지 복귀 허용을 요청했다. 그것은 체면이나 자존심을 다 내팽개친, 정말 용기 있는 결단이었다. 생각한 성과를 거둘 수는 없었다 해도 다시 한 번 도전한 것에 더 큰 의미가 있었다.

하지만 이 남성은 다른 사람보다 훨씬 더 자존심이 셌고 이상에 매달리는 유형이어서, 자신의 도전을 실패로 받아들이고 말았다. '내가 제일 자신 있었던 운동에서도 이 꼴인데 대체 나한테 어떤 장점이 있을까'라고만 생각하면서 어떤 새로운 행동도 하지 않았다. 그가 방에서 나와 사회에 적응하려면 과거에 대한 부정적인 해석을 긍정적인 것으로 수정할 필요가 있다.

/ 융의 경우 /

회피에서 벗어나기 위한 핵심 과제는 자신이 근본적인 문제로부터 도망치고 있다는 걸 깨닫고 더 이상 그러지 않겠다고 결심하는 일이다. 바로 앞에 있는 문제와 맞서야 한다.

정신의학의 세계적 대가인 카를 구스타프 융(Carl Gustav Jung, 1875~1961 – 옮긴이)은 소년 시절, 요즘 시대에 태어났다면 발달 장애나 자폐증이라는 진단을 받았을 법한 아이였다. 다른 아이들과 잘 어울려 놀지도 못하고 공상 세계에 빠져 혼자 노는 것을 좋아했다. 공상과 현실을 혼동하여 상식에서 벗어난 장난을 치다가 자주 혼났다. 운동도 잘하지 못했고 신경질적인데다 불안감이 강하기도 했다.

그의 이런 성향은 유전적 요인뿐만 아니라 양육 환경의 영향도 있었을 것이다. 융의 어머니는 불안정한 사람이라 아이에 대한 관심이 희박했다. 융도 그런 어머니에게 가까이 가기 어렵다는 것을 알아서 밤이면 늘 아버지의 곁에서 잠들었다.

하지만 아버지 역시 세상과는 동떨어진 회피형 인간으로, 융은 아버지나 어머니 양쪽 모두와 안정적인 애착 관계를 형성할 수 없었다. 아버지는 작은 마을의 목사였는데 고대어 연구를 인생의 목표로 삼고 있어서 집에는 오래된 책들이 가득했기 때문에 융은 문자나 책에 일찍부터 관심을 가졌다. 지방 초등학교에서는 성적도 좋았고 목사의 아들로 특별 대우를 받았으므로 과민한 소년 융도 큰 탈 없이 지낼 수 있었다.

상황이 변한 것은 열 살이 되어 바젤의 김나지움에 다니기 시작했을 때부터였다.

거기에 모인 학생들은 주변 마을에서 특별히 선발된, 부유하고 사회적 지위도 높은 가문의 자제들뿐이었다. 가난했던 융은 구멍

뚫린 구두를 신고 남루한 복장으로 학교를 다녀야 했던 자기 자신에게 부끄러움과 열등감을 느꼈다. 그런데다 그나마 자신 있었던 학업 성적 면에서도 좌절을 맛보았다. 자신의 마을에서는 우등생이었지만 수재들만 모인 김나지움에서는 평범한 학생일 뿐이었던 것이다. 게다가 사교적이지 못했던 융은 공작이나 체육도 못했고 수학 성적도 나빴다. 수학의 추상적인 개념을 이해할 수가 없었다. 그러다 보니 교사들도 융을 열등생 취급하여 그의 자존감은 엉망이 되었다. 이렇게 융에게 학교란 정말 가기 싫은 곳이 되고 말았다.

그가 열두 살 때 다른 학생이 밀치는 바람에 인도에 머리를 부딪쳐 의식을 잃은 적이 있었는데, 그 순간 소년 융의 뇌리에는 더 이상 학교에 가지 않아도 된다는 생각이 스쳤다고 한다. 그 이후 융은 의식을 잃고 쓰러지는 발작을 반복하게 되었다. 힘든 과제를 수행해야 할 때마다 그는 곧잘 발작을 일으켰다. 이것은 과거에는 히스테리라고 불렸고, 오늘날에는 전환증상이라고 부르는 증세이다. 전환증상은 신체적 증상을 일으킴에 따라 심적 스트레스로부터 도망치려는 행위다. 즉 '질병 이득'을 얻는 것이다.

소년 융이 남몰래 기대했듯 부모는 김나지움을 쉬게 했다. 그는 누구에게도 방해받지 않고 좋아하는 놀이와 독서를 하며 만화를 그리고, 공상에 빠져 시간을 보내는 신분이 되었다. 그럼에도 불구하고 마음은 개운치 못했다. 이에 대해 융은 '내 자신에게서 도망치고 있다는 걸 어쩔 수 없이 깨달았다'고 자서전에서 말한다. 융의 증상을 진찰한 의사들은 간질 발작일지도 모른다고 했는데, 그렇다면 당시 의학으로는 완치할 수 있는 병이 아니었다. 부모는 슬퍼하며 아들의 미래를 걱정했다. 반년쯤 계속 결석을 하던 어느 날 융은 아버지가 손님에게 속마음을 털어놓는 말을 듣게 됐다.

"만약 의사가 말한 것 같은 병이라면 이 아이는 더 이상 혼자 살 수 없을 거야."

비탄에 찬 아버지의 이 말을 들었을 때 소년 융은 자신의 미래가 이대로 닫혀버릴지도 모른다는 위기감을 느꼈다. 그 순간 마음속에서 뭔가가 일어났다. 그 자신이 자서전에 기록한 말을 인용해보자.

나는 벼락에라도 맞은 것 같았다. 이것이야말로 현실과의 충돌이었다. '아아, 그런가. 열심히 노력해야만 하겠다'라는 생각이 머릿속을 휘저었다.

그 이후 나는 진지한 아이가 되었다. 조용히 그 자리에서 떠나 아버지의 서재로 들어가 라틴어 교과서를 꺼낸 후 열심히 공부를 시작했다. 그런데 10분 후 발작이 나와 실신해버렸다. 의자에서 살짝 떨어질 뻔했던 나는 몇 분이 지나지 않아 다시 기분이 좋아져서 공부를 계속했다. '이런 빌어먹을! 실신 같은 걸 하다니' 하고 나 자신을 타이르며 그대로 계속했다. 거의 15분 정도가 지나자 두 번째 발작이 찾아왔지만 처음의 발작과 똑같이 그냥 무시했다. '이제는 정말 공부해야 해!' 하며 나를 채찍질했다. 그리고 다시 반 시간 후 세 번째 발작이 덮쳐왔다.

더 이상 나는 굴복하지 않고 반시간을 더 공부했다. 마침내 발작을 극복했다는 사실을 실감했다. 갑자기 지난 몇 개월보다 더 기분이 좋은 것을 느꼈다. 발작은 두 번 다시 반복되지 않았다. 그날 이후 나는 매일 문법과 연습장으로 공부했다. 몇 주 후, 다시 학교에 가게 되었다. 학교에서도 발작을 일으키는 일은 없었다. 마법은 완전히 풀렸다.

_『융 자서전』 중에서

이렇게 융이 '이대로 괜찮은 걸까' 하고 자신의 마음에 물음을 던지고 자신의 인생에서 도망치지 않겠다고 결심했을 때 회복의 순간은 찾아온 것이다. 그리고 자신의 경험을 통해 융은 정신적인 증상이 고통에서 도망침으로써 생긴다는 것, 그러므로 그 고통과 마주하는 것 외에 진정한 극복은 없다는 것을 체득했던 것이다.

/ 심리적 반전을 경험하다 /

회피형 인간의 심리 구조는 이중의 회피 반응에 의해 강화된다.

하나는 마음이 다친 상황에서 또다시 상처를 받을 수 있는 상황을 최대한 피하려고 하는 방어 반응이다. 불쾌한 경험을 했을 때 누구나 이러한 회피 반응을 보인다. 다른 하나는 그다음 단계인데 회피를 하려고 해도 할 수 없을 때 나타나는 정신적 동요와 거부 반응이다.

이것은 몸의 증상으로 나타나기도 하는데 그럴 경우 다시 그 상황으로 뛰어드는 것은 참으로 무서운 일이다.

융의 경우를 보면, 그는 반 아이들로부터 따돌림과 조롱을 받았던 상처를 갖고 있었고, 동시에 성적이 좋지 않은 것에서 비롯된 열등감도 있었다. 그 때문에 또다시 상처받을 위험이 도사리는 학교에 가는 일은 되도록 피하고 싶었다. 그리고 그 생각이 발작 증상으로 나타나자 학교에 가지 않는 일이 정당화되었고, 결과적으로 회피 행위에 근거를 부여해준다. 몸은 힘들어졌을지는 몰라도 바꿔 생각하면 상처받는 것을 피하는 데는 성공한 셈이다. 그러므로 실신 발작 증상은 자기 자신뿐 아니라 주변 사람들로부터 정당성을 확보하기 위해 필수적인 요소이다. 이런 상황에서 만약 주변 사람들이 억지로 학교에 보내려고 하면 발작 증세가 더욱 악화될 뿐, 아무런 성과도 없다.

그렇다면 소년 융은 어떻게 이 이중의 회피 장애에서 빠져나올 수 있었을까. 그것은 눈앞에 있는 쾌락과 불쾌가 아닌, 인생이라는 좀 더 넓은 시야에서 자신의 상황을 바라볼 수 있었기 때문이다.

어느 순간 자신이 지금 하고 있는 짓이 오히려 자신의 가능성을 좁히고, 마주하고 싶지 않은 장면으로부터 도망치는 행동일 뿐이라는 것을 깨닫고 스스로에게 이렇게 살면 안 된다고 외치며, 자신을 바꾸기 위해 결심했기 때문이다. 회피를 극복하기 위해서는 이 과정이 필요하다. 힘든 현실이나 불안과 마주하는 공포보다, 인생의 가능성을 잃어버리는 것에 대한 공포가 더 커지다 보니 마음의 양상이 백팔십도 뒤바뀌는 것이다.

이런 마음의 전환은 소년 융의 경우처럼 어느 순간 갑자기 일어나기도 하고, 오랜 시간 동안 서서히 일어나는 경우도 있다. 급격히 마음의 변화가 생긴 경우에도 실제로는 마음속에 조금씩 조금씩 그런 에너지가 쌓이다가, 어떤 사건을 계기로 확실히 자각하게 되는 것이 보통이다. 소년 융의 경우도 마찬가지이다. 반년 동안 하릴없이 지내는 사이에 자신이 현재 도망만 치고 있다는 것에 자책감을 맛보는 가운데 결정적인 깨달음의 순간이 찾아왔던 것이다. 시간의 길고 짧음은 있지만 회피의 함정을 극복한 사람은 반드시 이러한 심리적 반전을 경험한다. '도망쳐봤자 별 수 없다', '아무리 불안해도 뛰어들 수밖에 없다'라고 마음먹는 것이다. 그러면 신기하게도 그동안 불안하고 무섭고 도저히 접근할 수 없을 것 같던 상황도 별거 아닌 걸로 느낄 수 있다. 그리고 실제로 그 상황에 뛰어들어 보면 본인이 느꼈던 불안은 스스로 만들어낸 환상에 불과하다는 것을 알게 된다.

/ 실체 없는 공포 /

회피하고 있는 상황은 성안에 갇혀 있는 것과 비슷하다. 주위에 높은 벽을 쌓고, 그 안에 들어가 있으면 자신을 보호할 수 있다고 생각하지만, 실제로는 그곳에서 나올 수가 없게 되어버린다. 상처받은 마음이 만들어낸 공포 때문에 그 벽이 뛰어넘기 힘든 것으로 변하는 것이다. 좀 더 구체적으로 말하면 사람들이 자신을 무시하면 어떡하나, 혹시나 차가운 시선으로 보지나 않을까, 또 실패해서 혼나지나 않을까 하는 불안에 사로잡혀 마주할 용기를 잃어버리는 것이다. 하지만 그 상황에서 눈을 돌리면 돌릴수록 공포는 더욱 심해진다. 환상은 눈을 감으면 더욱 부풀어 오르기 마련이다.

이런 경우에 효과적인 방법은 가장 두려운 상황을 용기 내어 머릿속에 그려보는 일이다. 누구도 말을 걸지 않고 그저 냉담한 시선으로 바라보는 게 두렵다면, 그 상황을 상상해본다. 실패하여 모두의 웃음거리가 되는 상황이 두렵다면 그 상황을 적극적으로 머릿속에 떠올려본다. 그리고 그 상황에 처했을 때 얼마나 힘든 기분이 되는지, 얼마나 슬픈 기분이 되는지를 상상하고, 그것을 음미해본다. 괴로움, 비참함 때문에 마음이 너덜너덜한 상태가 되는 것을 그대로 느껴보는 것이다. 이렇게 바닥까지 떨어졌을 때, 최악의 상황이 되었을 때, 본인이 얼마나 힘들어지는지를 음미해보는 것이 필요하다.

실제로 이런 연습을 하면 처음에는 괴로움과 슬픔에 압도당할 것 같은 기분이 들어 "너무 슬프고 괴로워요"라고 말한다. 하지만 계속 상상하다 보면 '그리 무섭지 않을지도 모른다', '너무 무서울 것 같았는데 실제로는 별것 아닐지도 모른다'는 생각이 들기 시작한다.

이러한 심리요법은 익스포저 즉, 폭로 요법이라고 하는데 불안이나 공포에 사로잡힌 마음을 극복하는 기법 중 하나이다. 회피하는 습관에 빠져버린 사람의 뇌는 불안한 상상으로 가득 차 있다. 이것은 예기불안(豫期不安)이라고도 하는데, 현실에서는 아직 일어나지도 않은 일을 걱정하는 게 특징이다. 폭로 요법은 예기불안에 빠진 사람이 현실에서 도망치지 않고, 오히려 그 문제의 상황 속으로 뛰어들어 가 스스로 만들어낸 공포를 극복하도록 해준다.

이 요법을 행할 때는 우선 최악의 상황을 상상하여 이야기하는 것부터 시작하면 된다. 상처가 깊은 회피형 인간의 경우에는 그저 그걸 이야기하는 것만으로도 괴로워서 견딜 수 없다고 생각하거나 평정심을 잃기도 하지만, 그럴 경우에도 자신을 격려하면서 그 마음에서 도망치지 않고 계속 그 상황을 느껴봐야 한다. 본인이 도망치지 않고 맞설 수 있다면 공포와 불안은 점차 희미해지면서 상황을 극복하는 힘을 얻게 된다.

/ 너무 높은 기대치 /

회피형 인간의 마음에는 실체가 없는 공포와 함께 또 하나의 중요한 요소가 있다. 그것은 자신에 대해 너무나 높은 기대치를 품고 있다는 것이다. 그 기대치가 실패에 대한 공포를 강화하여 더욱더 회피형으로 견고해지는 것이다.

학교나 직장에 나가지 못하게 된 사람들의 특징 중 하나가 바로 그것이다. 가끔 학교나 직장에 나가면서도 마치 매일 나가는 사람처럼 사교적인 척 행동하면서 공부나 일에 너무나 열정적으로 매달리는 것이다. 그러다 보니 금방 다시 피로해져서 그다음 날부터 다시 집에서 꼼짝 못하게 된다. 이렇게 되는 이유는 스스로가 정한 목표가 너무 높기 때문이다. 뭔가를 해야 한다면 아주 높은 수준에서 해야 하고, 만약 그것이 불가능하다면 아예 안 하는 편이 낫다고 생각하는 것이다. 모든 생활 기준이 이렇듯 모 아니면 도이다. 자신의 성격이 사교적이지 않음에도 사교적인 척 행동하는 식이다. 그러다 보니 한계에 부딪혀 전부 포기해버리는 결과로 이어진다.

대학생 K 씨는 연휴가 끝날 무렵부터 학교에 나가지 않게 되었는데, 지금까지도 그 상태라며 나에게 상담하러 왔다. 그는 영어를 좋아해서 장차 유학을 떠나고 싶다는 꿈을 안고 외국어를 전문으로 하는 대학에 진학했다. 적은 수의 학생들, 외국인 강사, 영어로 하는 프레젠테이션 등등 매력적인 요소가 많은 학교였기에 K 씨는 의욕에 불타올랐다.

그런데 점차 두통이 심해져 아침에 일어나지 못하게 되었고, 결국 쉬게 되었다. 며칠인가 쉬다가 가끔 나갈 때면 K 씨는 반 친구들과 수다를 떨기도 하고, 수업 중에도 적극적으로 발언하려 했다. 출석한 이상 제대로 해야 한다는 마음이 무척 강했던 것이다. 하지만 하루 출석하고 나면 그다음 날 몸 상태가 급격히 안 좋아졌고 또 며칠을 쉬고 말았다. 이런 일이 반복되다가 결국 전혀 못 나

가게 되었다.

K 씨는 '이상적인 나', '이렇게 해야 하는 나'의 기준을 정해놓고 몹시 괴로워하는 사람이었다.

등교를 거부하는 우등생이나 히키코모리 청년 중에서는 이런 유형이 많다. 이상적인 자아에 대한 집착이 강해서 거기에 도달하지 못하는 자신을 인정하지 못한다. 아무 발언도 하지 않고 가만히 앉아 있는 자신이나, 친구들로부터 덩그러니 홀로 떨어져 있는 자신은 꼴사납다고 생각한다.

'수업에 참석한 이상 선생님이나 다른 학생들에게 인정받고 싶다. 아무 대답도 못해서 창피를 당할 바에야 아예 학교에 안 나가는 편이 낫다.'

이렇게 생각하는 것이다. 자존심에 상처받을 만한 상황을 피하기 위해서 회피를 선택하는 이들은 그것을 정당화하기 위해 두통이 생기거나 아침에 일어나지 못하는 식으로 자신의 몸을 괴롭힌다. 그렇게 해야만 스스로를 지킬 수 있기 때문이다.

여기서 벗어나는 첫 번째 단계는 본인의 괴로움을 인정하고 스스로가 그 상황을 피하고 있다는 사실을 자각하는 것이다. 싸워야 할 대상이 바로 상황을 피하고 있는 자기 자신이라는 것을 아는 것에서 변화는 시작된다. 그러고 나서 가장 최악의 상황을 설정하여 그것을 자기 생각의 도마 위에 올려놓는다.

K 씨의 경우에는 '오랜만에 나갔는데 모두가 나의 존재를 잊어버리고 있으면 어떡하지', '아무도 나를 상대해주지 않고 무시해

버리면 어떡하지', '그동안 왜 안 나왔는지 물어보면 뭐라고 대답하지', '수업 진도도 꽤 많이 나갔을 텐데 이제 내가 못 따라가는 거 아니야', '선생님 질문에 대답도 못하면 어떡하지'와 같은 불안한 마음을 털어놓았다. 이런 속마음을 보면 K 씨가 지나치게 비관적인 걱정을 하고 있다는 걸 알 수 있다. 그래서 나는 그의 불안을 점검해보았다.

"사람들이 정말 당신을 잊고 있을까요? 정말 무시할까요?"라고 질문하면서 조금 더 객관적으로 사태를 다시 예측해보라고 했다. 그러자 "아마 친구들은 저한테 다시 다가와서 자연스럽게 말을 건넬 것 같아요"라고 말했다. 수업에 대해서도, '유학'이라는 목표는 잠시 접어두고, 만약 유학을 갔다면 지금보다 훨씬 더 모르는 것들이 많은 상황이 생기지 않을지, 예를 들어 누군가 말을 걸어도 대답조차 못하는 상황이 있지 않을지를 이야기하며 그렇다면 그런 상황에 미리 익숙해지는 게 낫지 않느냐고 설득했다. 이러한 심리요법을 리프레이밍(reframing)이라고 한다. '대답하지 못하면 안 된다'는 시각에서 '대답하지 못하는 것도 쓸모가 있다'는 시각으로 바꾸는 것이다. K 씨는 납득하는 표정을 지었지만 "머리로는 알겠는데 마음은 여전히 두려워요. 실제로 그런 일이 생기면 역시 싫어질 것 같아요"라고 말했다.

당연하다. 불안이나 공포는 심리적이자 생리적인 현상이다. 머리보다 몸이 먼저 반응해버리는 것이다. 그래서 불안이나 공포를 제거하지 못하면 좀처럼 움직이지 못한다. 그래서 효과적인 것이 바로 앞서 언급한 폭로 요법이다.

K 씨에게 제일 무섭고 두려운 상황을 떠올려보라고 했다. 상상해봄으로써 간접적으로 체험하게 만드는 것이다. 처음에는 고통이 강하게 몰려들었지만 그래도 그 상황을 계속 떠올리라고 재촉했다. 그리고 얼마나 괴로웠는지 물었다. "죽을 만큼 괴로웠나요?", "견딜 수 없을 만큼 괴로웠나요?" 하고 물었다. 그러자 점점 표정이 편안해지며 "괴로웠지만 죽을 정도는 아니었고 견딜 수 없을 정도는 아닐지도 모르겠어요", "제가 너무 심각하게 생각했나 봐요", "별일 아닌 것 같아요" 등등 훨씬 완화된 반응이 나왔다. 이 요법을 쓴 이후 K 씨는 '이제 학교에 잘 나가봐야겠다'는 마음이 들었다고 했다. 이대로 쉬고 싶다고 생각한 적도 있지만 또 도망치면 어떻게 될지를 객관적으로 생각하는 눈이 생겼다. 도망쳐도 상황은 나아지지 않을뿐더러 나중에 더 큰 대가를 지불하게 된다. 더 나가기 어려워져서 옴짝달싹할 수 없게 되었을 때는 훨씬 더 괴로워진다고 생각하자 행동의 스위치가 켜졌다. 이렇게 해서 K 씨는 오랫동안 쉬고 있던 대학에 다시 나가게 되었다. 그 후에도 이따금 쉬는 경우는 있었지만, 꾸준히 등교는 하고 있는 듯했다.

만약 회피하고 싶은 상황에 대한 공포가 지나치게 강하다면 이러한 폭로 요법은 시기상조이다. 하지만 일단 본인이 극복하고 싶어 하고, 그를 위해 괴로운 상황과도 마주해보려는 마음을 갖게 되면 폭로 요법은 강력한 해독제로 작용한다.

/ 모리타 마사타케의 경우 /

회피가 증상에 의해 강화되고 완성되면, 회피의 고리로부터 빠져 나올 수 없게 된다. 하지만 스스로 증상과 정면으로 마주하면 증상의 속박에서 풀려날 뿐만 아니라 불안으로부터 회피하는 악순환을 타파할 기회도 생긴다. 이러한 사실을 훌륭하게 꿰뚫어본 것은 모리타 마사타케였다. 모리타는 신경질이라는 개념을 만든 사람이며, 또한 모리타 요법의 창시자로서 유명하지만 그 자신이 불안신경증을 앓으며 그것을 극복한 경험의 소유자였다. 그런 점에서 융과 비슷하다고 할 수 있다. 모리타가 신경증을 앓게 된 것은 1고(一高, 현 도쿄대학 교양학부)의 학생이었을 무렵이다. 그는 두근거림이나 두통 같은 증상 때문에 공부를 할 수가 없었다. 여기저기에서 치료를 받아보았지만 좋아지기는커녕 더욱 심해졌다. 게다가 엎친 데 덮친 격으로 시험을 앞두고 부모의 경제 원조까지 중단되고 말았다. 모리타는 비탄과 무력감에 사로잡혀 이대로 가면 죽을 수밖에 없다고까지 생각했다. 하지만 그때 다시 생각했다. 어차피 죽을 거면, 죽었다 생각하고 해볼 만큼 해보자고 결심한 것이다.

그래서 모리타는 두근거림이 찾아와도 '어차피 죽을 텐데' 하며 그냥 방치한 채, 아무튼 자신이 하려고 한 일에만 정신을 집중했다. 늦어진 학업에 그야말로 미친 듯이 몰두했다.

그때까지 증상을 이유로 손에 잡히지 않던 공부도 다시 시작하니 꽤 재미있었다. 늦은 것을 만회하기 위해 정신없이 학업에 몰두한 결과 시험에서 좋은 성적을 거둘 수 있었고, 부모의 송금도 다시 시작되었다. 그리고 정신을 차리고 보니 그토록 자신을 괴롭혔던 증상이 사라져버린 것이었다. 기를 쓰고 치료하려 했을 때는 계속 나빠지기만 했는데 죽을 각오로 중요한 일에 정신을 집중하는 동안 증상 따위는 잊어버린 듯 완전히 나아버린 것이다. 이 사실로부터 모리타는 한 가지 중요한 진리를 터득했다. 신경증은 증상을 치료하고 싶어도 낫지 않지만 중요한 일에 집중하면 자연스럽게 없어진다는 것을.

모리타에게 어떤 학생이 두근거림과 강한 불안을 호소하며 치료를 받으러 온 적이 있었다. 학생은 "증상이 심해서 휴학한 후 치료에 전념하고 싶어요"라고 말했는데 그는 이에 대해 "병 때문에 휴학한다면 치료는 맡을 수 없습니다"라고 대답하고, 증상을 치료하려고 하면 안 된다고 설명했다. 학생은 그의 조언을 받아들여 계속 학교에 다니면서 '증상에는 신경 쓰지 말고 그냥 방치하라'는 지시에 따랐다. 그 결과 학생은 낙제하는 일도 없었고, 증상도 자연스럽게 좋아졌다. 이러한 경험을 통해 '있는 그대로'라는 모리타 요법의 기본적인 개념이 만들어지게 된다. 이 개념은 나중에 다시 말하겠지만 최신 치료 이론을 한참 앞선 치료법으로 새삼 높은 평가를 받고 있다.

/ 필요는 행동의 어머니 /

폭로 요법이나 모리타 요법이나 치료를 목적으로 행하는 것이지만 자연스럽게 생활 속에서 이 요법이 이루어지는 경우도 있다. 말하자면 필요에 의해 충격적인 체험을 하는 일이다.

　도토루커피(일본의 커피 전문점 - 옮긴이)의 창업자 도리바 히로미치 씨도 대인공포증과 적면공포증(赤面恐怖症, 사람들 앞에서 얼굴이 붉어지는 것을 겁내는 신경증으로 공포증의 하나 - 옮긴이)에 시달린 사람이다. 도리바의 아버지는 도쿄미술학교(현 도쿄예술대학) 출신의 일본 화가였지만 그것만으로는 먹고살 수 없어서 무사 인형의 눈알을 만들면서 겨우 생계를 꾸렸다. 노름을 좋아했고, 폭력을 휘두른 적도 있었다고 한다. 도리바가 아홉 살 때 어머니가 어린 동생만 남기고 죽어버려서 고생이 이만저만이 아니었다. 대인 관계를 힘들어하는 사람에게는 유전적 요인과 더불어 양육 환경이 큰 영향을 미치는데, 이 중에는 부모가 너무 엄격하거나 폭력적이어서 억압당하며 자란 사람이 많다. 도리바의 경우도 어머니가 없는 환경에서 하나뿐인 아버지의 눈치를 보며 살 수밖에 없었던 것이 대인 관계를 힘들게 만든 가장 큰 요인이었을 것이다.

　도리바는 고등학생이 되었을 무렵부터 생활비를 벌기 위해 아버지가 만든 인형 눈을 팔러 나갔다. 내성적인데다 적면공포증도 있는 도리바에게는 처음 보는 사람들에게 물건을 파는 일 자체가 괴로운 일이었을 것이다. 그런데 아버지는 그런 데 신경 써주기는

커녕 한번은 돈 계산이 맞지 않는다고 도리바를 심하게 나무랐다. 도리바가 억울함을 견디지 못하고 반항하자, 아버지는 죽여버리겠다며 칼을 빼어 들었다. 도리바는 친척 집으로 도망쳐 그대로 고등학교를 중퇴하고 상경했다. 아버지에게 인내심의 한계를 느낀 시점에, 아버지의 부당한 행동이 결정적인 계기를 만들어준 셈이다.

숙식을 제공하는 곳에서 일하게 된 도리바는 양식 레스토랑의 견습생과 프랑스 요리점의 바텐더를 거쳐 카페에서 근무하게 되었다. 그 무렵부터 커피에 본격적인 흥미를 갖기 시작하여, 점주가 브라질로 건너간 것을 계기로 가게에 커피를 납품하던 커피 제조 회사로 직장을 옮겼다.

도리바가 맡았던 일은 커피 영업이었다. 하지만 대인공포증과 적면공포증이 있었던 그에게 무작정 모르는 가게에 들어가 처음 보는 사람에게 상품을 판매하는 일은 참으로 고통스러웠다. 그는 이때 몇 번인가 그만두려고 생각했다고 한다. 고민하던 끝에 도리바는 솜씨 좋게 영업용 말솜씨를 자랑하는 것보다는 손님에게 직접적인 도움을 줄 수 있는 일을 하자고 생각했다.

"말을 잘하는 것보다 상대방이 해주었으면 하는 일을 하려고 노력했습니다. 이를테면 잠깐 가게가 바쁠 때 일을 돕는다거나, 카운터 정리가 안 되어 있을 때는 백화점의 집화 매장을 자세히 보고 와서 일하기 편한 배치를 제안하는 식입니다. 또 어떤 레스토랑이 출장 요리를 나갈 때는 지저분한 접시를 닦거나 남은 음식을 갖다 버린다거나 하는 식으로 일손을 도왔죠. 그리고 적절한 틈을 봐서 우리 회사 커피를 내놓습니다. 그랬더니 사람들이 좋게 봐주더군요."

_오쓰카 히데키, 『성공론-카리스마의 좌절과 도전』 중에서

이렇게 노력해서 도리바는 영업 실적 1위로 올라섰다. 카페를 하나 맡아 손님에게 편안함과 활력을 주는 가게 만들기에 집중하여 그 가게 역시 번창했다. 그럴 때 브라질로 건너간 옛 고용주로부터 초청 제안을 받는다. 도리바는 안정된 지위를 박차고 혼자 브라질로 건너갔다. 커피 농장과 커피 매매 일에 매달리면서 현지인을 다루는 요령을 배웠던 것이다. 귀국한 도리바는 도토루 커피를 만들어 성공시켰다. 도리바 씨의 생활 태도는 증상과 증상이 만들어낸 회피라는 악순환을 극복하는 과정에서 무엇이 중요한지를 가르쳐주고 있다. 도리바 씨는 아버지의 품에서 뛰쳐나와 혼자 살아남아야만 하는 처지였기 때문에 대인공포증이나 적면공포증 같은 증상에 신경 쓸 겨를도 없었다. 당장 발등에 떨어진 생계 문제를 해결해야만 했기 때문이다. 모리타 마사타케가 발견한 것처럼 증상을 치료하려고 노력할 게 아니라, 반드시 해야만 하는 일, 하고 있으면 집중할 수 있는 일, 그것이 이 악순환을 극복하는 방법이다.

이 경우 중요한 것은 수동적인 자세가 아니라 '내가 먼저 공격한다'는 자세를 취하는 것이다. 언제 불안이 덮쳐올지 모른다거나 언제 얼굴이 빨개질지, 사람들이 이상한 눈으로 쳐다보지나 않

을지, 이런 것들에 정신을 쏟기보다 먼저 적극적으로 행동하여 자기 스타일대로 상황을 만들면 조절하기가 편해진다. 그렇게 해서 성공 체험이 쌓여가면 극복의 계기가 된다. 공격은 최대의 방어인 것이다.

/ 기계의 노예 생활에서 벗어난다 /

오늘날 회피형 인간에게 나타나는 공통점 중 가장 심각한 것은 컴퓨터나 TV, 인터넷 게임 의존이다. 이것을 통칭하여 미디어 의존이라고 부르도록 하자. 과거 사람들은 현실에서 벗어나 자신의 내부로 침잠하려 할 때 독서나 명상에 기대는 경우가 많았다. 명상을 하면 바깥 세계의 정보를 최소한으로 줄일 수 있고 독서도 정보량의 면에서는 영상이나 음성 정보에 비해 용량이 매우 적다. 그만큼 상상력이 풍부해지는 능동적인 정신 작업이 될 가능성이 크다. 너무 많이 읽거나 너무 오랜 시간 계속하지 않는 한 들어오는 정보량을 적당히 줄여 머리를 정리하고 스스로 생각할 여지를 만드는 것이다. 또 글을 쓰는 행위는 독서보다 다루는 정보량이 더 적다. 아무리 빨리 쓰는 사람도 그 속도에는 한계가 있다. 한 시간에 원고지 열 장을 쓴다 해도 정보량은 50킬로바이트도 채 되지 않는다. 우리의 정보 처리 능력 한계는 450킬로바이트이므로, 아직 400킬로바이트의 여지가 있다. 그 여지만큼 온갖 상상을 할 수 있다.

이야기한다는 행위도 마찬가지다. 다른 사람과 대화를 하거나 시간을 공유하는 것도 회피형 인간에게는 큰 돌파구를 마련해준다. 취미나 관심 사항이 같은 사람들과 관계를 맺는 것 자체가 활력소가 되는 경우도 많다. 다만 거기에도 역시 함정이 있다는 것을 잊어서는 안 된다. 현재는 온라인상에서 쉽게 그런 친구를 사귈 수 있다. 현실의 친구와 전혀 교류가 없는 사람도 마음에 맞는 사람과 채팅을 하거나 게임을 하는 게 극히 당연한 일처럼 되었다. 하지만 이런 관계는 여차하면 바로 끊어질 수 있다. 익명성이 보장되어 아무나 쉽게 접근할 수 있기 때문이다.

하지만 회피형 인간에게 온라인의 세계가 현실로 연결되는 경우는 극히 드물다. 반대로 일단 그 세계 속으로 안주해버리면 그다음 단계로 넘어가기 힘든 경우가 훨씬 더 많다.

현실에서 만나는 관계와 온라인상에서 만나는 관계는 비슷해 보여도 결정적인 차이가 있다. 온라인상에서는 내측전두전야(內側前頭前野) 같은 사회적 뇌(얼굴을 보고, 기분을 추측하는 사회적 행동 시에 사용하는 뇌의 영역)의 기능이 작동하기 힘들다.

어떤 사람이 행동하는 것을 보면 그 행동에 관여하는 뇌의 영역이 활성화된다. 이것이 미러 시스템이며, 이 시스템에 의해 공감이나 공명도 발생한다. 그런데 상대의 행동을 볼 수 없는 상황에서는 이 미러 시스템이 활성화되지 않기 때문에 공감이 작동하기 어렵다. 대인 관계도 물건이나 숫자처럼 인식하고 처리하는 것이다.

메일이나 인터넷을 보조 수단으로 쓰면 괜찮지만, 오로지 그것만으로 대인 관계를 맺는다면 사회적 기능을 하는 뇌의 부위는 '운동 부족'에 빠져 기능이 저하되기 쉽다. 또한 공감 시스템과 함께 애착 시스템도 활성화되기 어렵다. 이런 생활을 계속하면 회피 성향이 더욱 강화될 뿐이다. 이러한 폐해를 막기 위해서는 역시 뇌가 사회적 기능을 할 수 있도록 노력해야 한다. 타인과 이야기를 할 때 상대방의 눈이나 표정을 보면서 생각을 추측한다거나, 비언어적인 대화나 스킨십을 늘임으로써 뇌의 사회적 기능과 애착 시스템은 활성화된다.

그를 위해 우선 해야 할 일은 컴퓨터나 휴대전화 화면을 보는 시간을 단축시키는 것이다. 이를테면 휴대폰으로 게임을 하는 시간을 하루 한 시간 이내로 한다든가 메일 체크도 하루에 한두 번 시간을 정하고 그 시간에만 답장을 쓴다거나 하는 식의 규칙을 정한다. 온라인상에서 만난 지인에게도 이런 방침을 미리 알려주는 게 좋다. 문자나 메일 등 기계의 노예 생활에서 벗어나야 한다.

하릴없이 컴퓨터 화면을 보고 있거나 휴대전화를 만지작거리는 대신 몸을 움직이고 독서를 하며 글을 쓰고, 현실에서 사람들과 만나는 일에 좀 더 시간을 써야 한다. 이렇게 생활의 리듬을 정비하고 과도한 정보를 차단하면서 약간은 지루할 수도 있는 상태에 자신을 놓아둬야 한다. 이것이 회피형 인간에서 벗어나는 첫걸음이다.

/ 동호인 모임을 활용한다 /

회피형 인간은 수다를 떨거나 신상에 대한 이야기를 하거나 사교를 위한 활동을 잘 못한다. 하지만 취미나 관심사를 공유할 수 있는 친구를 만난다면 쉽게 사귈 수 있고 잘 지낼 수도 있다. 회피형 인간이 풍요로운 인생을 만들 수 있는지 없는지는 이런 친구들을 만날 수 있는지 없는지에 크게 좌우된다.

30대인 남성 F 씨는 전문가 자격증을 가지고 있지만 직장 내 대인 관계로 힘들어하다가 결국 나가지 못하게 되었다. 그를 특히 힘들게 한 것은 여성 동료들의 비난과 험담으로, 그는 완전히 자신감을 잃고 직장에 발을 들여놓기만 해도 몸이 안 좋아지는 상황에까지 이르렀다. 그 결과 거의 히키코모리처럼 생활하게 되었고, 미래에 대해서도 비관적이 되고 말았다.

원래 F 씨는 두뇌가 우수하고 지식도 풍부하지만 사람과 쉽게 친해지지 못하는 유형으로, 전화 응대나 접대를 잘 못해 쩔쩔맬 때가 많았다. 특히 상대방이 비난을 퍼붓기라도 하면 어떻게 대답해야 할지 몰라 안절부절못했던 것이다. 그의 이런 기질은 유전으로 물려받은 자폐증 기질에 대인 관계에서 실패했던 경험들이 쌓이면서 악화되었을 것이다.

F 씨의 취미는 장기였다. 그래서 나는 동호회에 나가보면 어떻겠느냐고 권해보았다. 머지않아 그는 집 근처에서 매주 장기 동호회 모임이 있다는 것을 알게 되었고 그곳에 참가하기 시작했다.

나이 든 회원이 많았던 터라 젊은이가 왔다며 그는 크게 환영받았다. F 씨도 상대방이 여성이거나 동년배인 사람 앞에서는 긴장했지만 나이 든 사람들과는 훨씬 편안하게 만날 수 있었다. 그렇게 2, 3년 동안 거의 어머니하고만 대화했던 F 씨가 매주 장기 모임에 다니며 멤버들과 서서히 농담을 주고받기도 하고 즐거운 대화를 나누는 사람으로 변해갔다. 그러면서 곧 대인 관계에 대한 자신감도 생기면서 다시 일을 해볼까 한다고 말했다.

그러고 나서 동년배나 여성 비율이 낮은 직장을 대상으로 취직 활동을 했는데 곧 한 회사의 입사시험에 합격했고 면접도 통과할 수 있었다. 그는 새로 취업한 이후 예전과는 달리 자연스럽게 직장의 분위기에 녹아들었다. 장기 동호회에서 환영받았던 경험은 그에게 사회성을 길러주었을 뿐 아니라 상처 입은 자존심을 치유해주었고, 자신감도 회복시켜 주었다. 회피하는 행동 패턴에서 벗어나고 싶다면 자신이 어울릴 만한 모임이면서도 자신을 환영해 줄 만한 모임이 없는지 먼저 생각해봐야 한다.

/ 사람과의 관계가 인생을 움직인다 /

이번 장의 마지막에서 나 자신의 체험에 대해 이야기하려 한다.

사실 여기서 고백하자면 나도 학생 시절, 심각한 회피형 인간이었다. 도쿄대학에 들어갔지만 1학년 중반부터 수업에도 들어가지 않고 낮과 밤이 뒤바뀐 생활을 하며 히키코모리가 되어버린 것이다. 돌이켜보면 강의 자체가 전혀 재미없었던 것은 아니다. 듣다 보면 그럭저럭 얻는 것도 있었을 것이다. 그러나 서서히 나가지 않게 되었던 것은 수업을 통해 얻는 것 이상으로 고통이 컸던 것 같다. 그 고통 중 하나는 많은 사람들과 얼굴을 마주해야 하는 것도 있을 것이고 한 시간 반 동안 앉아서 수동적으로 이야기를 들어야만 한다는 것도 포함된다. 강의 시간에 소외될까 봐 두려워하거나 진도를 따라가지 못할까 봐 걱정한 것도 있었다. 또 쉬는 시간이면 동급생과 얼굴을 마주하는 것도 계면쩍었다. 어학 시간에는 지명당하면 제대로 대답을 못할까 봐 불안하기도 했다. 이렇게 타인과 접촉함으로써 생기는 긴장, 피로, 실패에 대한 공포, 소외감 같은 것이 고통의 정체였던 것 같다.

단, 체육 수업만은 출석하지 않으면 다음 학년으로 올라갈 수 없어서 마지못해 출석했다. 숙취 상태에서 소프트볼을 해서 무척 안 좋았던 적도 있었다. 체육은 일주일에 한 번이었지만, 그때나마 동급생들과 얼굴을 익힐 수 있었다. 또 강의에는 안 들어가는데 체육 수업에는 나가는 게 유급을 면하기 위한 배수진으로 작용하기도 했을 테고, 그와 동시에 강의 때처럼 지루하지 않았던 측면 또한 있었을지 모른다. 나의 경우에는 잠자코 가만히 앉아 다른 사람 이야기를 듣는 것이 사람과 만나는 것 이상으로 고통스러웠다.

그런 상황이 반년, 일 년간 계속되었다. 걱정하던 친구가 이따금 상태를 보러 와주기도 하고, 시험 때 노트를 빌려주기도 했지만 그렇다고 해서 새삼스레 강의를 들을 마음은 생기지 않았다.

함께 술을 마시러 가도 강의는 들으려 하지 않았다. 그런 상태가 고정화되었던 것이다.

하지만 유급할 생각은 원래 없었다. 시험만은 꼬박꼬박 보며 학점이 낮더라도 진급은 할 생각이었다. 그런데 그런 나의 계획이 어긋난 것은 아주 사소한 사고 때문이었다. 프랑스어 시험이 있는 날 아침에 일어나지 못했던 것이다.

시험공부도 잘해놓아서 충분히 통과할 자신이 있었는데, 늦잠을 자버린 것이다. 분명 알람은 울렸을 테지만 나는 그것을 무의식적으로 끄고 계속 자버렸다. 몸에 밴 게으름 때문이었는지, 아니면 내 무의식이 진급을 바라지 않아서 그런 건지는 아직도 잘 모르겠다. 다만, 그때는 정말 충격을 받았다. 필수과목인 프랑스어에서 낙제하면 유급이 자동적으로 결정돼버렸기 때문이다. 하지만 단순히 유급이 결정돼버렸다는 이유 때문이라기보다 그것이 전혀 생각지도 못한 형태로 결정되었다는 사실에 나는 경악했다. 시험을 보고 점수가 부족했다면 어쩔 수 없다고 생각했을 것이다. 하지만 잘 준비해둔 시험을 못 치러서 유급됐다는 것은 뭔가 근본적인 것이 잘못된 것 같은 느낌을 받았다.

내가 나의 인생을 조절할 수 없다는 느낌은 정말 기분 나쁘다. 뭔가 중요한 부분이 잘못된 것 같은 기분. 나는 내가 인생의 궤도에서 벗어나, 생각지도 못한 미궁 속으로 빠져드는 것 같은 기분이 들어 매우 불안해졌다. 그 이후 나의 본격적인 방황이 시작되었다.

더욱 안 좋았던 것은 프랑스어 이외 과목의 학점은 모두 땄다는 점이다. 도쿄대의 기묘한 제도이긴 한데, 나는 그대로 일단 진급하여 2학년 전반기가 끝날 때까지 계속 지내다가, 그 시점에서 다시한 번 1학년 후반기로 학년이 내려가는 '강년(降年)'이라는 제도의 대상이 되었다. 그러다 보니 그해 가을까지 반년 동안 아무런 할일이 없었고 가을부터 프랑스어 학점을 다시 따면 되었다. 체육시간에 나갈 필요도 없어진 것이다.

나는 이 시간을 효과적으로 사용함으로써 기분을 풀어볼까 했는데 주로 책을 읽거나 소설을 썼다. 하지만 자유로운 시간을 얻었다기보다 바깥 세계와의 연결 고리가 사라졌다는 부정적 측면이 결과적으로는 더 컸던 것 같다. 낮과 밤이 역전되어 알코올로 도피, 무기력한 생활과 우스갯소리에 가까운 공상 속에서 살게 된것이다. 그런 속에서 반년이 헛되이 지나고 가을이 되었다. 이번에야말로 수업을 들으며 프랑스어 학점을 따야만 했다. 그것은 별로 내세울 만한 일은 아니었다. 덧붙여 한 학년 아래의 프랑스어 수업에는 심리학연구회라는 동아리에서 알게 된 후배 여학생도 있었다. 그녀는 이따금 프랑스에도 간다며 프랑스어에는 상당히 자신이 있다고 피력했다. 그녀와 같은 반에서 들을지는 알 수 없었지만 만일 같은 반이면 어쩌나 싶었다. 선배로서의 자존심도 있었다. 후배인 여성 앞에서 나의 무능함을 드러내는 것만큼은 진심으로 피하고 싶었다. 그런 마음을 품은 채 꼼짝 않고 있던 어느 날, 나는 가까스로 나의 심리치료사에게 그런 사정을 털어놓았다. 그러자 그 사람은 소리 내어 웃고 나서 이렇게 말했다.

"그런 일이라면 신경 쓸 것 없어요. 오카다 씨가 생각하는 것만큼 주변 사람들은 오카다 씨에게 크게 신경 안 써요. 그리고 당신 말고도 그렇게 유급당한 사람은 아마 또 있을 거예요."

너무나 간단하고 쉽게 말하는 것 같아서 별로 공감이 가진 않았지만, 그 사람의 다음 말이 내 운명을 바꾸었다.

"작가 ○○○라고 있잖아요. 그 사람도 유급한 적이 있어요. 그 사람이 오랜만에 수업에 나갔는데 그때 옆에 앉아 있던 후배 여학생이 부인이 됐대요. 오카다 씨한테도 의외의 만남이 기다리고 있을지도 몰라요."

그 말을 들었을 때 나는 깜짝 놀랐다. 그 사람이 나의 정곡을 찔렀다고나 할까, 계시라도 받은 느낌이었다. 나는 내가 그 후배 여학생에게 호감을 갖고 있었다는 사실을 자각함과 동시에 앞으로 무슨 일이 생길 것 같은 예감이 들었다. 마치 운명의 기로에 서 있는 것 같았다. 상처받는 것을 피해 나를 받아주는 사람하고만 만나는 좁은 세계에서 계속 히키코모리로 살 것인지, 실패와 상처를 두려워하지 않고 낯선 가능성을 향해 열린 세계로 나아갈 용기를 낼 것인지, 그것을 결정하는 데 상징적인 인물이 바로 그 후배 여학생이었다. 그러나 그것은 바보 같은 망상일 수도 있었다. 내가 용기를 내어 수업에 들어간다고 해도 반이 달라 그녀를 만날 수 없을 수도 있다. 또 그녀가 같은 반이라 해도 수업 중에 창피를 당하는 사건이 벌어질지도 모른다. 어느 쪽이든 과거의 나였다면 모든 상황에서 회피하고 싶어 했을 것이다. 그냥 수업에 들어가지 않으면 그 어느 쪽 고통도 맛보지 않고 끝날 수 있기 때문이었다. 대신 독학으로 공부하여 시험에만 합격하면 된다고 생각했을지도 모른다.

하지만 나는 그때 처음으로 이제는 도망치지 말아야 한다는 기분이 들었다. 결과를 두려워하지 않고 과감히 행동해야 한다고 생각했던 것이다. 호감을 품고 있는 그녀가 원동력이 되기도 했다. 또 그와 동시에 창피를 두려워하는 게 더 부끄럽기도 했다.

그래서 나는 각오를 다지고 가을부터 프랑스어 수업에 나가보았다. 그런데 웬걸, 역시나 그녀가 같은 반에 있는 것이 아닌가. 나는 그 후 빠트리지 않고 수업에 참석했고, 조금 모르는 부분이 있어도 개의치 않고 적극적으로 손을 들어 텍스트를 읽고, 또 해석하는 데 도전했다. 겁 많고 소심한 사람으로 비치고 싶지 않았기 때문이다. 물론 내 나름대로 예습도 했다.

그 결과 아무도 해석하는 사람이 없을 때 강사는 나를 지명하게 되었다. 내가 착실하게 예습해 온다는 것을 알았기 때문이다. 그때만큼 착실하게 예습한 후 수업에 들어갔던 적은 없었다. 반년이 지났을 무렵 나는 내 능력에 대해 약간 자신감을 회복했고, 내가 두려워하던 것이 도망 다니는 데서 오는 환상임을 알았다.

다시 2학년이 되었을 무렵, 나는 그녀를 독서회로 끌어들여 함께 철학서를 읽게 되었다. 그때 읽었던 것이 쇼펜하우어의 『의지와 표상으로서의 세계』였다. 놀랍게도 그녀 역시 그 책에 흥미가 있었다. 우리는 의기투합했고, 마치 미래가 활짝 열린 듯 보였다.

하지만 결과적으로 연애는 실패, 반년 후 마지막 독서회 때 기묘한 형태의 '데이트'는 종말을 맞이하게 되었다. 나는 철학과로 진급했고, 성적이 우수했던 그녀는 국제관계론으로 진학했다. 다시 1년 후, 나는 철학과를 중퇴하고 의학의 길로 들어서게 되어 두 번 다시 우리가 마주치는 일은 없었다.

하지만 나를 회피의 함정으로부터 구원해주고, 잃었던 나 자신에 대한 믿음을 되찾아주었다는 점에서 그녀는 은인이 아닐 수 없다. 인생을 움직이는 최대의 힘은 역시 사람과의 관계가 아닐까 싶다.

7장

상처받지 않는 힘은 어디서 나올까?

"당신의 안전 기지를 찾아라"

나 는 왜 혼 자 가 편 할 까 ?

/ 사람을 치유하는 것은 무엇인가? /

심리 상담, 인지행동 요법, 대인 관계 요법 등 여러 심리 기법과 치료법이 있다. 같은 기법을 사용해도 그것을 행하는 사람이나 받아들이는 사람에 따라 좋아지는 경우도 있고, 별 효과가 없거나 오히려 악화되는 경우도 있다.

그렇기 때문에 정말로 개선이나 회복에 도움이 되는 것은 치료기법 자체라기보다 그 과정에서 발생하는 뭔가 다른 요소가 아닐까 하는 논의가 오랫동안 계속되어 왔다. 어느 연구(Zuroff & Blatt, 2006)에서는 중증의 우울증 환자에게 대인 관계 요법, 인지행동 요법, 항우울제 이미프라민(정신과 질환의 여러 가지 우울증 치료에 쓰는 약제. 중추 신경 흥분 작용, 항히스타민 작용이 있다)+임상적 관리, 플라

세보(가짜 약)+임상적 관리, 이 네 가지 치료법을 무작위로 나누어 16주 동안 치료한 후, 그 효과를 조사했다. 그러자 효과를 좌우한 것은 어떤 치료법을 선택했느냐 하는 문제가 아닌, 전혀 다른 요소라는 것을 알게 되었다.

그것은 바로 치료자와 환자 사이가 얼마나 돈독한가 하는 문제였다. 즉 환자의 마음을 정확하게 헤아리고, 어느 때든 환자를 긍정적으로 보며, 기분 좋은 관계를 유지했을 때 우울증이 개선되었던 것이다. 이러한 효과는 치료법과 관계없이, 환자의 특성이나 병의 경중과도 상관없이 나타났다.

이 결과를 보고한 연구자들은 치료자와의 관계 속에서 환자 자신의 이미지나 타인의 이미지가 긍정적으로 변화함에 따라 개선 효과를 불러일으킨 것으로 추측하고 있다. 이 말의 의미는 애착이라는 관점에서 보면 더욱 명백해진다. 충분한 공감을 바탕으로 긍정적으로 응답해주는 사람과의 애착 관계는 안전 기지로서의 역할을 담당해준다. 즉 치료법이 무엇이든, 치료자가 환자와 애착 관계를 형성하고 안전 기지가 되어주면, 환자가 갖고 있던 부정적인 감정은 긍정적으로 변화한다는 말이다.

그러니 앞서 말한 치료 기법이나 약물은 그리 큰 의미가 없으며, 그 사람의 안전 기지를 만들어주는 것이 무엇보다 가장 큰 해결책이라는 것을 이 연구 결과가 보여주고 있는 것이다. 실제로 우울증 치료가 잘 이루어져 증상이 개선되었을 때 그 사람의 애착 성향이 안정형으로 바뀐 것은 여러 연구에 의해 확인된 바 있다.

이것은 우울증뿐만 아니라, 여러 인격 장애나 식이 장애, 불안 장애 등 거의 대부분의 정신 질환도 마찬가지이다.

/ 안전 기지가 만드는 마법 /

안정된 애착 관계를 만드는 일은 삶의 고단함이나 사회 부적응 같은 문제를 개선하는 열쇠이다. 바꿔 말하면 문제 자체를 개선하려는 것이 중요한 게 아니라 먼저 안정된 애착 관계를 만들어야 자연스럽게 문제가 해결된다는 말이다. 하지만 대부분의 사람들이 문제 자체를 해결하려고만 혈안이 된 나머지, 애착 관계는 더욱더 나빠지고 부자연스러워져 결과적으로 문제도 더욱 악화되고 만다.

그러니 문제에 너무 사로잡히지 말고 안정적인 애착 관계를 만들려고 노력해야 한다. 그러기 위해서는 안전 기지를 확보하는 일이 핵심이다. 안전 기지를 확보하면 애착도 안정화되기 시작한다. 그러면 가만있어도 문제가 되었던 증상이나 행동이 점점 줄어든다.

힘껏 움직이려 해도 꼼짝 않던 것이 자연스럽게 움직이기 시작하고, 중요한 방향으로 나아간다. 주변 사람들이 그 사람에게 '뭔가 하라'고 전혀 명령하지 않아도 스스로 행동하기 시작한다. 그것이 안전 기지의 마법 같은 효과이다. 그 사람에게 뭔가를 해주는 것보다 계속 그 사람의 안전 기지가 되어주는 것이 치료에도 훨씬 더 쓸모가 있다.

그런데 대부분의 사람들이 직접적인 치료 행위가 더 중요하다고 생각하는 경향이 있다. 하지만 지나치게 문제의 개선에만 집착하면서 관계가 악화되면 역효과가 난다. 안전 기지가 사라지면 다른 치료 행위는 아무런 의미가 없다.

본인이 현재 원하고 있는 것에 충실히 집중하면서 안정된 애착 관계를 유지하는 것이 문제를 해결하는 데 가장 큰 도움이 된다.

그렇지만 문제점을 지적해서 개선을 촉구하는 경우도 있다. 안전 기지란 결코 도망치기 좋은 장소만은 아니다. 어디까지나 자립을 전제로 지원해주는 역할을 담당하면서 노력과 자제를 요구하기도 해야 한다. 친한 사이라도 예의를 갖춰야 하듯이 안전 기지가 되어주는 사람도 부담이나 고통이 너무 크면 계속 지원해줄 수가 없다. 그렇게 되면 결국 관계가 끊어져 안전 기지를 잃어버리는 사태를 맞이하고 만다. 그러니 서로의 신뢰 관계에 위협이 될 만한 요소는 미리 봉쇄할 필요가 있다.

하지만 그러면서도 안전 기지 역할을 하려면 너무 엄격하게 규칙을 강요하지 않는 것이 좋다. 그것은 안전 기지의 역할과는 정반대이기 때문이다. 상처가 깊고 애착이 불안정한 사람일수록 포용해줄 필요가 있다. 사소한 것에 일일이 촉각을 곤두세워서 반응하는 것은 안전 기지의 역할과는 거리가 멀다. 나쁜 점에 대해서는 관용을 베풀고, 좋은 점에는 주의를 기울여 그 사람의 마음에 다가가는 포용력이 필요하다.

/ 회피형 인간에게 좋은 안전 기지란 /

안전 기지란 안정감을 회복시켜 주는 존재이다. 한 마디로 말하자면 어느 때든 '괜찮다'고 말해주는 존재이다.

그 기본적인 태도는 공감을 바탕으로 한 응답이다. 상대가 원할 때 그 사람의 입장에서 응답해주는 것이다. 원하는 것을 무시하거나 거부하면 안정감에 상처를 입힌다. 또 요구하지도 않았는데 일방적으로 밀어붙이거나 쓸데없는 참견을 하면 안정감이나 자존감에 상처를 주고 만다. 어디까지나 그 사람의 의사와 페이스를 존중해주는 게 중요하다.

부모 자식 관계나 부부나 연인 관계에서 안전 기지 역할을 해주는 쪽이 정상적으로 행동하지 못하는 이유는 상대방을 자신의 생각대로 움직이려고 하기 때문이다. 설령 자식이나 배우자라 해도 독립된 인격을 가진 존재로서 존중하고, 주체성을 침해하지 않도록 세심한 주의를 기울일 필요가 있다. 스스럼없는 관계라는 말과 안전 기지는 동일어가 아니다. 상대방이 어쩔 수 없이 맞춰주고 있을 뿐, 속으로는 싫어하거나 성가셔하는 경우도 있다. '종기를 만지듯 하다'는 표현은 부정적인 의미로 사용되는 경우가 많지만 그런 정도의 신중함이 필요하다. 실제로 애착 관계에 상처를 입은 사람은 그 상처가 곪은 것이나 마찬가지라서 아무렇게나 만지면 좋을 리가 없다.

회피형 인간을 대할 때도 이런 태도가 필요하다. 상대방은 친하다고 생각해서 가벼운 농담을 건넨 것이지만 그것에 심하게 상처받고 모욕받았다고 생각할지도 모른다. 선의로 조언을 했는데도 설교로 받아들여 반발이나 적의를 품게 될 수도 있다. 자신의 안전이 위협받으면 누구에게도 마음을 열 수가 없다. 힘껏 마음을 열어보려고 해도 헛수고다. 자신의 안전을 확보하고 나서야 비로소 상대에게 마음을 열 수 있다. 그리고 거기서부터 회복의 과정을 시작할 수 있다. 그리고 어느 정도 회복이 되어야 자신뿐만 아니라 상대방이나 주변 사람도 역시 위로나 지원이 필요한 똑같은 인간이라는 사실을 받아들이게 된다. 그러기 전까지는 자신의 고통밖에 보지 못하고, 상대의 잘못에만 에너지를 집중하면서 화를 낸다. 즉 어떤 사람이 누군가에게 공감 능력을 발휘하기 위해서는 우선 그 사람도 타인으로부터 공감이나 지원을 듬뿍 받고 안정감을 느껴야 한다는 말이다. 자신의 심리 상태가 우선 안정적이어야 비로소 타인에 대한 심리적 배려도 가능해진다. 회피형 인간과 안정된 관계를 구축하려면 이것을 잘 알아야 한다.

회피형 인간은 타인에 대한 공감 능력이나 배려심이 애당초 부족하다. 그래서 주변 사람들의 원성을 사기 쉽다. 선의를 갖고 지원하려는 사람도 배려가 결핍된 태도를 보고는 쉽게 스트레스를 받게 된다. 특히 인정 욕구가 강한 불안형 인간은 회피형 인간의 차가운 태도를 보고 쉽게 불만을 느끼게 된다. 꾹 참으며 잘 지내다가도 어느 순간 분노가 폭발하게 되어 있다. '자기 멋대로다', '아무런 배려심도 없다'는 비난의 말을 퍼붓는 식이다. 일단 댐이

터지기 시작하면 사소한 일에도 금방 따지고 든다.

하지만 회피형 인간의 입장에서 보면 그 비난이 전혀 이해가 안 된다. 본인은 나름대로 노력했는데 별것 아닌 일로 너무 혼나는 것처럼 느낀다. 왜냐하면 회피형 인간은 공감이나 배려 같은 것을 그리 중요하게 생각하지 않기 때문이다. 반성하는 말투로 '신경 쓰겠다'고 해도 잘 개선되지 않는다. 진심으로 공감과 배려가 중요하다는 것을 깨달은 것이 아니기 때문이다. 그러니 본인이 노력을 한다고 해도 금방 무관심하고 배려 없는 태도로 돌아가고 만다. 그러면 불안형 파트너나 가족은 즉시 신경과민 상태가 되어 기분 나쁜 태도나 심한 말로 대응하게 된다. 이렇게 회피형과 불안형(이 커플이 전형적인 예이지만 그 이외의 관계에도 많다)의 만남에서 불행한 관계가 발생한다.

불안형 인간이 애정의 증거를 요구하거나 돌아오지 않는 사랑에 대해 질책하면 할수록 회피형 인간은 자신의 안전이 위협받았다고 생각해 더욱 마음을 닫아버리고 거리를 둔다. 그렇게 하는 것이 자신을 보호하는 유일한 길이라고 생각하기 때문이다. 그러다 보면 두 사람의 관계는 친밀함과는 정반대 방향으로 치닫는다. 회피형 인간에게 더 이상 안전 기지가 아닌 존재로 변해버린 불안형 인간은 고통의 씨앗일 수밖에 없다. 최악의 경우에는 관계 자체가 완전히 끝나고 만다.

/ 침묵을 무시라고 생각해서는 안 된다 /

이러한 불행의 악순환을 피해 회피형 인간과 좋은 관계를 구축해 나가기 위해서는 우선 회피형 인간의 특성을 염두에 둘 필요가 있다. 회피형 인간은 괴로울 때일수록 관계를 피하려 한다. 솔직하게 괴로움을 표현하거나 응석 부리는 방법을 모르기 때문이다.

그래서 반대로 마음을 닫아버린다. 침묵하거나 무뚝뚝한 태도를 보여도 나쁜 의도를 갖고 그러는 것이 아니다.

"또 입 다물었어?"라거나 "도대체 왜 아무 말도 안 하는 거야?"라고 질책하면 더욱더 멀어질 뿐이다. 이럴 때는 "아무 말 안 해도 돼"라고 말하거나, 그 사람이 느끼고 있을 만한 것을 헤아려 "혹시 이러이러하게 생각하고 있어?" 하고 물어보는 것도 방법 중 하나이다. 그리고 반응을 본다. 하지만 대답에 너무 구애받으면 안 된다. "아니야. 그렇게 생각하는 거 아니야"라고 부정하면 "그럼 어떻게 생각하고 있어?"라고 그냥 물어보면 된다. 다만, 다그쳐서는 안 된다. 대답하지 않을 자유를 보장하는 게 대화하는 것 이상으로 중요하다. 이 대원칙은 상대방의 영역을 침범하지 않으면서 공감하고 긍정하는 응답을 유도하기 위해 애쓰는 것이 핵심이다. 그러기 위해서는 상대방을 질책하지 않는 것이 중요하다.

상대방의 기호나 페이스에 맞춰야만 한다. 그러면 서서히 그쪽에서 먼저 마음을 열게 된다. 침묵도 충분히 괜찮은 것이라고 받아들여 느긋하게 기다린다. 정말 안심하게 됐을 때는 무엇이든 다 말하게 된다. 말하지 않으면 아직 그 준비가 덜 된 것이다. 시간이 걸리더라도 이런 방법으로 그 사람에게 안전 기지가 되도록 노력하고 관계가 양호해지기를 기다려줘야만 회피형 인간은 기운을 차린다. 이런 과정 이후에, 대인 관계가 개선되고 일이나 학업에도 성과를 보일 뿐만 아니라 지원해준 존재에게 배려와 감사의 마음이 싹트게 된다.

/ 눈앞에 보이지 않아도
   마음속에 계속 존재한다 /

서예가인 다케다 소운 씨가 자신의 어린 시절에 대해 이야기했다. 소운 씨는 좀 이상한 아이였다. 보통 아이들과는 다른 것에 푹 빠져 있기도 하고 선생님에게 이상한 질문을 해서 수업을 진행할 수 없게 만든 적도 있었다. 중학생 때에는 따돌림을 당해 힘든 시기를 보내기도 했다.

흔한 말로 '분위기 파악을 못하는' 아이였을지도 모르겠다고 스스로 말했지만 그런 소운 씨에게 부모는 늘 "너는 천재야"라는 말로 긍정해주었다고 한다. 소운 씨가 길에서 서예 퍼포먼스를 시작했을 때 대중의 차가운 시선을 버틸 수 있었던 것도 부모로부터 계속 들었던 긍정의 말이 그를 늘 지켜주었기 때문이다. 그에게는 부모라는 탄탄한 안전 기지가 존재했던 것이다. 안전 기지가 되는 존재는 그 사람에게 직접적인 도움을 줄 뿐만 아니라 마음속에 계속 존재하면서 보이지 않는 안전망을 만들어줘 그 사람을 보호해 준다.

『호비트의 모험』, 『반지의 제왕』 등 아동문학의 틀을 뛰어넘은 장대한 신화 이야기로 유명한 영국의 작가 존 로널드 로웰 톨킨 (John Ronald Reuel Tolkien, 1892~1973 – 옮긴이)은 일찍이 부모를 여의고, 고아라는 처지에서 옥스퍼드 대학의 언어학 교수가 된 인물이기도 하다.

부모를 잃고 고아가 된 톨킨의 경우 그런 쓸쓸하고 가혹한 환경이 그의 성격에 아무런 영향을 끼치지 않았을 리가 없다. 그래도 톨킨은 실생활 면에서도, 창조적인 활동 면에서도 참으로 내실 있는 인생을 보냈다. 그는 의지할 곳 없는 처지였지만 결코 소극적이거나 주눅 드는 일 없이 여유 있는 인생을 보냈다. 그것을 가능케 했던 것은 그가 생전의 어머니로부터 큰 사랑을 받으며 자랐기 때문이다.

은행원이었던 톨킨의 아버지는 활로를 개척한 은행 측의 요구로 남아프리카에 있는 근무지로 부임했지만 톨킨이 세 살 때 병으로 사망하고 만다. 어머니인 메벨은 톨킨과 한 살 더 어린 둘째 아들을 안고, 변변치 못한 수입으로 생활해야만 했다.

게다가 사태를 더욱 힘들게 만든 것은 어머니가 주변 사람들의 반대를 물리치고 죽은 남편과 같은 가톨릭으로 개종한 것이었다. 영국의 주류파는 영국 국교회인 성공회였고, 당시 그들의 주변 사람들도 모두 성공회 교도였다. 하지만 어머니는 신념이 강했던 사람으로 자신의 신앙을 일관되게 지켰다. 그 결과 모든 원조가 끊기고 말았다. 어머니인 메벨은 경제적으로도, 사회적으로도 힘든 상황에 놓였지만 늘 아들을 사랑하며 소중히 키웠다. 교육 역시 자신이 할 수 있는 최선을 다했다. 그녀는 어린 톨킨이 어학에 재능이 있다는 걸 눈치채고 그 능력을 더욱 키워주려고 노력했다. 학교의 수업 내용이 뭔가 부족하다는 생각이 들 때는 스스로 라틴어나 프랑스어를 가르쳤고, 아들의 어학 실력을 키우는 데 적합한 학교에 보내려고 이사도 했다. 그런 어머니의 보호 아래 톨킨은 장학금 혜택도 받으며 킹 에드워드 학교라는 명문 학교에 들어갔다.

어머니는 톨킨이 열두 살 때 병으로 사망했지만 신부가 후견인으로 톨킨의 아버지 역할을 해준 것도 어느 의미에서는 그녀의 자식에 대한 깊은 사랑 덕분이었다. 이렇게 어린 시절에 탄탄한 안전 기지 안에서 빈틈없는 보호를 받고 자란 사람은 훗날 어떤 일이 닥쳐도 마음속에서 안정감을 유지할 수 있다. 그 안정감의 원천인 어머니가 설령 사망했다 해도 정신적인 안전 기지가 계속 존재할 수 있는 것이다.

/ 안정감과 관심의 공유가 마음의 문을 연다 /

회피형 인간은 타인과의 접점이 적고 극히 제한되어 있다. 하지만 전혀 접점이 없는 것은 아니다. 회피형 인간의 경우 바깥 세계와의 창구 역할을 수행하는 것이 흥미의 영역이다. 그래서 흥미를 공유하는 것이 회피형 인간과의 관계에서는 한층 더 중요하다. 회피형 인간이 흥미를 갖고 있는 영역에 관심을 가져주는 것, 그것이 친밀함의 원점이다. 돕는 사람 입장에서는 회피형 인간과 관심을 공유할 수 없는 것에도 경의를 표해주고, 그가 하는 이야기에 귀를 기울여주면서 공감해줘야 신뢰가 쌓이기 시작한다.

연출가 미야모토 아몬 씨는 어린 시절 학교 수업에도, 친구들에게도 쉽게 적응하지 못하고 등교 거부를 한 적이 있었다. 초등학교에 입학하기 전부터 일본 무용을 배웠고, 초등학교 5, 6학년 때부터 불상에 흥미를 가졌다는 아몬 씨의 취미를 이해할 수 있는 또래 친구가 있을 리 없었던 것이다.

1년씩이나 방에 틀어박혀 살았던 아몬 씨는 어머니의 권유로 정신과 상담을 받게 되었다. 불안한 마음을 품고 상담 의자에 앉은 아몬 씨에게 담당 의사는 친밀한 자세로 그의 일상생활이나 관심사에 대해 흥미진진한 듯이 말을 걸었다고 한다.

몹시 기분 나쁜 질문을 하지 않을까 싶어 방어를 단단히 하고 있던 아몬 씨는 완전히 긴장이 풀렸고 일본 무용과 불상에 대해 이야기했다. 그러자 의사는 "아, 그래요? 그 이야기 정말 재미있는데요" 하며 몸을 앞으로 내밀고는 사실 자신도 불상을 정말 좋아한다고 털어놓았던 것이다.

그러고 나서 그는 서서히 어린 시절의 일들이나 부모와의 문제,

자신이 안고 있는 괴로움 등을 이야기하게 되었다. 그런 가운데 잃어버렸던 자기 긍정감이나 안정감을 회복했던 것이다. 이후 아몬 씨는 히키코모리 상태에서 벗어나, 다시 등교하게 되었다.

/ 무기력에서 벗어나는 길 /

무기력하게 도중에 포기해버린 상태. 그것은 주체성을 빼앗긴 결과 자신에 대한 책임감을 내팽개친 상태이다. 회피형 인간이 자신의 인생으로부터 도망칠 때도 같은 일이 벌어진다. 그럴 경우, 주체성과 책임감을 회복하는 것만이 무기력에서 벗어나는 방법이다. 그리고 주체성과 책임감을 회복하기 위한 가장 효과적인 방법은 그 사람에게 안전 기지를 만들어주는 것이다. 어떤 사람이 안전 기지의 역할을 맡아주면 그는 상대방의 진짜 속마음이나 현재 기분에 대한 이야기를 들을 수 있게 된다. 일단 그런 이야기를 꺼낼 수 있게 되면 그때부터 변화를 향한 큰 힘이 생겨난다. 안전 기지 역할을 맡은 사람이 어떻게 변화의 에너지를 이끌어낼 수 있다는 것일까? 그 이유는 안전 기지라는 역할의 특성이 주체적인 에너지를 활성화하는 데 기여하기 때문이다. 안전 기지인 사람은 주체성을 침범하지 않는다. 뭐가 됐던 상대방의 자유의사에 맡김으로써 애당초 책임감이라는 것 자체를 상대방의 것으로 되돌린다. 쓸데없는 간섭이나 방해 없이 그 사람의 있는 그대로를 긍정해줌으로써 그 사람 본연의 빛을 되찾을 수 있도록 도와주는 것이다.

다만 이런 방법을 쓴다고 해서 단숨에 회피형 인간에서 벗어나지는 못한다. 특히 히키코모리 같은 심각한 회피 증세에 빠진 사람의 경우에는 그 사람 나름대로의 오랜 과정을 통해 그 상태에 이른 것이므로 단기간에 원래대로 되돌릴 수는 없다.

회피형 인간이 스스로 회피 행동에서 벗어나고 싶다고 생각한다고 해도 그와 동시에 그대로 회피하고 싶은 마음을 강하게 품고 있기 때문이다.

'이제 와서 해봤자 이미 늦었다', '어차피 잘 안 될 게 뻔하다', '해서 실패할 거라면 안 하는 게 낫다'와 같은 변명도 자주 한다. 이것은 앞 장에서 다룬 회피를 합리화하는 사고이다. 그 사고를 지워내고 새롭게 도전해보려는 용기를 주는 것도 안전 기지가 되는 존재가 지켜봐주고 있다는 안정감이 있어야 가능하다.

/ 회피하는 습관의 뿌리 /

상처받았던 경험이 많아서 그 경험을 다시 하지 않기 위해서 회피하는 습관이 오래 지속되는 것만은 아니다. 회피형 인간 중에 회복이 힘든 경우의 대부분은 원래 애착 성향이 회피형인데다가 후천적으로 상처받은 경험까지 있어서 증세가 강화된 경우이다.

이럴 경우 회피하는 습관을 고치는 데에만 신경을 써봤자 좀처럼 개선되는 기미는 보이지 않는다. 애착 관계가 형성된 어린 시절의 문제를 치료함과 동시에 현재 회피하는 습관을 고치기 위해 노력해야 한다.

오랫동안 히키코모리로 살다가 나에게 상담을 요청했던 K 씨의 사례를 들어보자. 그는 능력이나 체력적인 면에서도 사회생활하는 데 문제가 없어 보였다. 그런데 그는 사회로 나가는 데 완전히 자신감을 잃은 상태였고, 가정에서도 부모와의 관계가 원만하지 못했다. 한때 그는 사회생활을 하면서 리더로 활약하던 시기도 있었는데 그러던 그가 히키코모리가 된 데는 뭔가 큰 사건을 겪었음에 틀림없어 보였다.

실제로 그와 상담하는 과정에서 그 결정적 계기가 되었던 사건에 대한 이야기가 나왔는데, 그중 하나는 자신은 나름대로 리더로 생활하면서 열심히 하고 있다고 생각했는데, 어느 날엔가 자신이 주변 사람들로부터 고립되었다는 것을 깨달았을 때였다. 자신이 '벌거벗은 임금님'이 된 것 같아 치욕을 느꼈던 그는 결국 사태를 수습하지 못한 채 리더 자리를 팽개쳐버렸던 것이다.

또 다른 하나는 학교에 다닐 무렵 사소한 말 한 마디를 계기로 친했던 친구와 크게 다투었던 사건인데, 그 후 그는 그 반에서 계속 있기가 힘들어졌다고 한다. 그의 말로는 그때 처음으로 친구라고 믿었던 사람의 마음속에도 자신에 대한 거부감이 존재할 수 있구나 하는 생각이 들어 경악했다고 한다. 살면서 처음으로 진심으로 도움이 되어줄 만한 존재가 아무도 없다는 기분을 맛봤던 것이다.

이 두 사건 모두 인간에 대한 신뢰감을 뒤흔들어놓을 만한 경험을 안겨주었고, 이후 K 씨의 행동에 깊은 영향을 주었을 것이다. 이런 사건을 겪고 나면 대인 관계에 적극적으로 나서기보다는 거리를 두는 관계에 머무는 편이 더 안전하다고 느끼는 것이 당연하다.

하지만 조금 더 사건의 내막을 들여다보면, 두 경우 모두 주변 사람들과의 생각 차이에서 발생한 오해라는 것을 알 수 있다. 즉 두 사건 때문에 K 씨의 대인 관계가 나빠졌다기보다는 두 사건이 발생하기 훨씬 전부터 K 씨 자체가 이미 생각의 차이를 만들어내는 성향을 갖고 있었다는 말이다.

/ 타인이 지옥이라 느끼는 사람 /

그래서 조금 더 깊숙이 들어가 K 씨의 대인 관계 방식을 살펴보자 더 뿌리 깊은 문제가 보였다. K 씨는 집단 속에 있을 때는 다른 사람들과도 즐겁게 지낼 수 있는데 둘만 있게 되면 어색했다고 말했다. 그것은 초등학교 고학년 때부터 시작되었다. 그 무렵부터 그는 부모나 교사에게 반항적이었는데, 특히 어머니와는 얼굴을 마주할 때마다 싸웠다고 한다.

둘만 있을 때 거북함을 느끼는 마음의 유래를 더듬어가는 동안 K 씨는 아버지와 단둘이 있을 때 느끼는 거북함이 가장 강한 것 같다고 털어놓았다. 아버지는 집에서는 무뚝뚝하고, 거의 이야기를 하지 않는 사람이었다. 말을 걸어도 아무런 대답도 하지 않았다. 마치 자신과는 다른 세계에 살고 있는 느낌이 들어 그는 점점 아버지에게 말을 건네지 않게 되었다.

다만 아버지를 원하는 마음이 전혀 없는 것은 아니었다. 사실은 뭔가 말을 해줬으면 싶었던 것이다. 하지만 반응을 원하는 마음이 아무런 반응이 없는 것에 대한 분노로 바뀌어 인간에 대한 거부감을 더 강하게 만들었던 것 같다.

친구나 다른 어른과의 관계도 그랬다. 친밀한 관계를 원하는 마음과, '그래봤자 어차피 받아주지도 않고 알아주지도 않잖아'와 같은 포기 비슷한 마음을 왔다 갔다 하다 보니 누군가와 단둘이 있게 되면 왠지 거북하고 안 좋은 느낌에 사로잡혔던 것이다. 한편 어머니와는 좀 더 편한 사이였지만 어머니도 K 씨의 마음을 고스란히 받아주는 유형은 아니었다.

교사였던 어머니는 항상 뭔가를 가르치거나 지적하거나 지도하려고 했다. K 씨가 어떤 말과 행동을 하건 틀린 점이나 교정해야 하는 점에 주목했고, 그것을 바로잡아주려고 노력했던 것이다. 그냥 들어주기만 하면 좋겠다고 생각할 때도 쓸데없는 평가나 지도가 덧붙여졌다.

초등학교 저학년일 때는 그래도 시키는 대로 했다. 하지만 사춘기가 되고 나서 "그런 말은 듣지 않을래", "가르쳐달라고 부탁한 적 없잖아" 하고 반발하게 되었다. K 씨는 말대꾸와 반발을 되풀

이했고 그러다 보니 점차 어머니와 대화할 때마다 말싸움을 하게 되었다. 매일같이 말싸움이 반복되었다. 말 그대로 입만 열면 싸웠다.

그런 상황에서 어머니가 '안전 기지'로 기능했을 리도 없었다. 상담할 상대라고는 어머니밖에 없었는데, 그런 어머니마저 그냥 말을 들어주고 마음을 이해해주는 대응과는 정반대로 대했던 것이다.

K 씨도, 어머니도 왜 그렇게 부딪치고 싸우기만 하며 지내야만 했는지 알 수 없었다. 다만 어머니 입장에서는 자신이 옳다고 생각한 것을 말했을 뿐이고, K 씨의 입장에서도 어머니의 그런 대응 방식이 싫다고 반응할 수밖에 없었을 것이다. 서로가 자동적으로 같은 반응을 반복하며, 그 상태가 질리지도 않았는지 10년 이상이나 계속되었던 것이다. 자동적이고 즉각적으로 튀어나오는 이와 같은 행동 패턴은 그것을 자각하고 고치려고 노력하지 않는 이상 계속된다. 그 결과 성장기였던 K 씨의 마음에는 '타인은 아무것도 몰라준다. 그저 꾸짖기만 할 뿐'이라는 생각이 각인되었다. 타인이 지옥이 되어버린 것이다. 그러다 보니 K 씨는 그 이후 그 누구에 대해서도 필요 이상으로 공격적인 태도를 취했다.

이것은 회피형 인간이 자주 보이는 방어 반응의 하나인데 친밀함을 원해 접근하는 상대를 깔보거나, 의심하는 태도를 취한다. 속마음을 내보이는 일도, 털어놓고 의논하는 일도 없으며, 누구도 신뢰하지 않는다. 상황에 따라 곧바로 외면해버리거나 주변 사람이 곤란에 처해도 자신은 아무 상관없다는 듯 냉랭한 태도를 취한다.

이러면 누가 됐든 떨어져 나간다. 그런 태도에는 사람 간에 유대 관계를 맺기 위해 필요한 공감 반응이나 자기표현 같은 요소가 결여되어 있기 때문이다.

정서적 연결인 애착 관계나 신뢰 관계는 그런 요소들을 통해서 생겨나는 것이다. K 씨의 이야기를 들으면서 그의 회피형 성격이 어디에서 유래됐고, 어떻게 그동안의 인생에 영향을 끼쳤는지를 서서히 알게 되었다. 히키코모리가 된 상황도 이 모든 과정에서 비롯된 결과였던 것이다.

/ 나를 속박하는 것은 무엇인가? /

그는 긴 상담 기간 동안 자신의 과거를 되짚어보면서 외상과도 같았던 기억을 되새겼고, 그와 동시에 그 뿌리에 박혀 있던 부모와의 애착 문제에 대해 자각하게 되었다.

사실 이러한 작업은 이따금 고통을 동반하기 때문에 그 과정에서 잠이 부족하거나 침울해질 수도 있다. 자신이 피해왔던 문제와 맞서도록 요구하는 일이므로 그것은 자연스러운 반응이다. 하지만 막상 본질적인 문제와 마주하고 나면 마음의 에너지는 더욱 활성화된다. 억눌러왔던 것이 방출됨에 따라 교착상태가 부서지는 것이다. 변화를 위해서는 이러한 과정이 반드시 필요하다. 무엇이 자신을 속박했는지를 자각하게 되면 조금씩 변화가 생긴다. 이때 생긴 변화의 에너지를 주체성을 회복하는 방향으로 이끌어갈 필요가 있다.

왜 그런가 하면 처음 얼마 동안은 변화의 방향을 정하지 못해서, 그저 현재 자신의 상태에 대해 화를 내거나 옛날 일에만 사로잡혀 부모에게 따지고 들거나 하는데, 자기감정을 통제하지 못하면 우울해지거나 공격적으로 변하기도 해서 마치 악화된 것처럼 보이는 경우가 많기 때문이다. 활성화된 변화의 에너지를 어디로 분출해야 하는지를 본인도 모르기 때문에 이렇게 된다.

하지만 이런 반응은 회피에서 벗어나려면 반드시 필요하다. 자신을 속박하던 것들에서 벗어나기 위해서는 약간은 공격적이 될 필요가 있고, 특히 어릴 때부터 부모에게 지배당한 경우에는 반항할 필요도 있다. 다만 에너지를 주변 사람과의 마찰로만 사용하면 헛수고가 되어버린다. 그 에너지를 자기 내부의 변화로 연결해야 한다. 그렇게 하기 위해서는 어느 시기부터 현실적인 행동을 촉구해야 한다. '이젠 움직일 시기가 됐다. 움직여도 괜찮다. 준비는 다 끝났다'라는 메시지를 전하고, 본인의 안정감을 위협하지 않는 범위에서 등을 떠밀어준다. 한 걸음 앞으로 내딛도록 슬쩍, 경우에 따라서는 힘껏 떠밀어야 한다. 일정 정도의 시기가 되면 가볍게 떠밀어주는 것만으로도 움직일 수 있게 된다.

과거를 돌아보는 과정을 통해 현재 자신을 변화시킬 에너지를 얻게 되는 것이다. 그렇게 하면 서서히 자신을 속박하고 있던 문제들이 해결되기 시작한다.

K 씨의 경우 '슬슬 행동으로 옮겨보면 어떨까' 하는 생각으로 직장을 찾기 시작하더니, 보름 후에는 일을 시작했다. 초조한 나머지 너무 열심히 일하다가 금방 피로해져서 불안정해지는 경우도 있지만, 그것만 극복하면 곧 안정된다.

/ 내 상처를 똑바로 바라보다 /

회피형 인간을 포함한 모든 불안정한 인간 유형들의 근본적 문제는 어린 시절의 애착 관계에서 받은 상처에서 시작한다. 그런데 그 기원을 찾기 힘든 사람도 많다. 만약 일정 시기까지는 안정된 애착 관계를 유지했던 사람이라면 어떤 사건 때문에 애착 관계에 상처를 입었는지를 쉽게 자각할 수 있다. 그리고 이런 경우일수록 회복할 확률이 높다.

애착 관계의 여러 단계에서 계속 상처를 받는 경우도 있다. 자각하지 못하는 상처가 있는 상태에서 자각하는 상처가 추가되는 경우도 많다. 그럴 때는 상처받았던 기억을 자각하는 것만으로도 회복에 도움이 된다. 기억이 나지 않는 상처는 자각할 수 없느냐하면 반드시 그렇지도 않다. 상처를 받게 된 직접적인 사건 자체는 자각할 수 없다 해도 그 흔적은 여러 형태로 남아 있기 때문이다.

부모에게 서먹서먹한 느낌만 있다거나 공포나 혐오감, 반발심이 느껴지는데, 스스로 그런 감정을 조절할 수 없다면, 그런 것이 바로 '흔적'이다. 그런 사람의 기억을 쫓아가보면 뭔가 스스로 납득할 수 없었던 상황이나 위화감을 느꼈던 사건을 경험한 경우가 많다.

어떤 사람이 누군가에 대해 갖고 있는 생리적인 반응을 보고 나서 부모나 주변 사람들로부터 상황을 들어보면 그 사람이 인생을 살아오면서 가족을 비롯한 사람들에게 어떻게 취급받았는지를 대충 추측할 수 있다.

나이가 어느 정도 차면 어린 시절에 자신의 신변에 무슨 일이 벌어졌는지는 마음만 제대로 먹으면 파악할 수 있다. 다만, 상처가 너무 깊을 경우에 마주할 용기가 생기지 않아서 자신의 과거를 봉인한 채 살아가는 경우도 많지만 말이다.

인생의 벽에 부딪히거나 궁지에 몰렸을 때에 잘 돌아보라. 현재 발등에 떨어진 문제뿐만이 아니라 자신이 줄곧 방치하던 문제가 새삼스레 욱신거리는 경우도 많을 것이다. 자기 존재가 흔들릴 정도로 큰 사건을 당했을 때, 사람은 자신을 밑바닥에서부터 다시 바라보며 일어서야 하는 상황에 몰리게 된다. 그것은 위기이지만 동시에 기회이기도 하다.

대지진이 나서 집이 거의 부서진 이후, 지금까지 방치했던 집의 결함을 파악하고 좀 더 견고한 집으로 고칠 기회로 삼듯, 인생에서도 지진과 같은 사건을 겪으면서 애착 관계에서 비롯된 상처와 마주하고 그것을 복구할 기회를 만들 수 있는 것이다.

물론 복구를 꾀하다가 문제가 생기는 경우도 있다. 그런 경우에는 애착의 상처에 확실히 도움이 되는 대응을 하지 않는 한, 사태는 전혀 개선되지 않으며 문제만 지속된다.

회피하는 방어 자세가 정말 강한 경우에는 자신의 모습을 제대로 바라볼 수가 없기 때문에 복구에 오랜 시간이 걸린다. 수십 년이 걸리는 경우도 많다. 그런 경우에는 복구의 과정이 무의식적으로 진행되어, 이미 상처를 극복한 이후에 자신의 상태를 자각하는 경우도 있다. 호퍼나 산토카의 경우를 보면 자신의 상태를 자각하지 못한 상태에서 긴 시간 동안 복구를 위해 방황한 경우라고 할 수 있을 것이다.

해부학자인 요로 다케시 씨는, 그 자신의 회상에 따르면 어린 시절, 말수가 적고 얌전하며 인사하는 것조차 힘들어하는 아이였다고 한다.

걷고 말하는 것도 보통 아이들보다 늦어서, 그가 곤충 채집이나 자연 관찰에 몰두했을 때, 요즘 같으면 곧바로 발달 장애나 자폐증이 아닐까 생각했을지도 모른다.

하지만 이것은 생물학적인 특성에만 주목한 단편적인 견해일 뿐이다. 그가 자란 배경을 이해하면 다른 면도 있다는 것을 알게 된다. 그는 어린 시절에 아버지와의 사별이라는 슬픈 사건을 겪었다. 그가 네 살 때, 1년 반 동안의 투병 끝에 결핵으로 사망했던 것이다.

그는 아버지와 관련한 두 가지 장면을 선명히 기억하고 있다고 했다. 하나는 아버지의 머리맡에 놓여 있던 빨간 딸랑이인데, 왜 이런 게 여기 있느냐고 묻자 아버지는 목소리가 나오지 않아서 이걸로 사람을 부른다고 대답했다고 한다. 그때 그는 어린 마음에도 물어서는 안 될 것을 물어봤다는 생각에 사로잡혔고 그 이후 다른 사람에게 뭔가를 묻는 게 조심스러웠다고 한다.

또 다른 기억은 아버지가 기르고 있던 문조(文鳥, 참새목 납부리 새과의 조류 - 옮긴이)를 날려 보내는 광경이었는데, 쉰 살이 넘어서 그 사건이 실은 아버지가 죽은 당일 아침에 일어난 사실이라는 것을 알게 되었다. 아버지는 자신이 죽기 직전에 문조를 자유롭게 풀어준 것이었는데 그 광경이 아버지의 죽음과는 별개로 요로 씨의 마음에 깊이 새겨졌다. 아버지가 죽었을 때도 그의 마음 어딘 가에는 문조를 풀어주는 장면이 계속 남아 있었다고 한다.

임종을 앞둔 아버지가 숨을 헐떡일 때, 소년 요로는 아버지에게 "안녕히 가세요"라고 말하라는 재촉을 받았지만 도저히 그 말을 할 수 없었다. 쉰 살 가까이 된 어느 날 전차에 탄 요로 씨는 갑자기 깨달았다고 한다. 자신이 인사를 잘 하지 못하는 것은 그때 "안녕히 가세요"라고 말하지 못했기 때문이 아닐까 하고 말이다. 하지만 어린 마음에 그 인사를 하면 아버지가 멀리 가버릴 것 같아서 말하지 않음으로써 애써 저항했던 게 아닐까, 하고 생각한 순간 눈물이 왈칵 쏟아졌다고 한다.

화장터에서도 한 방울의 눈물조차 흘리지 않았던 요로 씨였지만 이때야 비로소 아버지의 죽음에 눈물을 흘렸던 것이다. 아버지를 잃었다는 슬픔을 받아들이고, 줄곧 남아 있던 애착의 상처를 치유하기까지 무려 반세기 이상의 세월이 필요했던 것이다.

/ 과거를 느끼고 이해하다 /

당연한 이야기일지도 모르지만 마음에 입은 상처나 부모의 지배가 강하면 강할수록, 그것을 맛본 기간이 길면 길수록 그 영향에서 벗어나는 데는 끈질긴 작업이 필요하다. 사람은 자신이 받은 상처에서 회복하려는 본능적인 욕구를 가지고 있다. 안정감이 보장되고, 그것을 이야기해도 혼나는 일 없이 있는 그대로 받아주리라는 것을 알면 서서히 그 체험에 대해 이야기하게 된다. 문득 떠오른 것을 이야기하는 동안 연관된 여러 기억들이 우후죽순처럼 되살아난다.

그렇게 과거의 기억을 다시 한 번 느끼고, 그때의 감정을 표현하며, 그것을 이해해주고 공감해줌으로써 해독은 진행된다. 이처럼 그 사람 깊은 곳에 뿌리내리고 있는 상처나 속박을 끈기 있게 제거해나가는 작업을 시행해가는 것이다. 이러한 작업은 일반적인 진찰만으로는 다 할 수가 없다. 그래서 우리 병원에서는 일반적인 진찰과 더불어 업무 제휴를 하고 있는 심리 상담 센터에서 심리 상담을 병용하고 있다. 50분 내지는 90분 동안 심리 상담을 받으면서 충분히 이해받는 경험을 하도록 배려하는 것이다.

일주일에 한 번꼴로 기본 진찰과 심리 상담을 병행하면 무거운 짐을 지고 있던 사람도 제법 개운해지는 경우가 많다. 마인드풀니스(mindfulness, 불교에서는 마음챙김, 혹은 알아차림으로 번역하는 경우도 있다 – 옮긴이) 심리 상담을 하면 그 효과가 훨씬 더 커지는 듯하다.

마인드풀니스 심리 상담이란 있는 그대로를 받아들인다는 체험을 말만이 아닌 몸으로도 맛볼 수 있게 하는 것이다. 이를테면 어머니의 품에 안겨 있는 듯한 체험 같은 것이다. 한편 기본적인 진찰에서는 환자의 상태를 모니터링하는 역할을 한다. 본인의 마음을 이해해줄 뿐만 아니라 전체적인 시점에서 진단하고 문제점도 밝혀내 변화를 촉구하는 경우도 있다.

회피하는 태도에서 벗어나기 위해서는 상처를 치유하고 안정감을 회복할 필요와 동시에 다시 한 번 위험과 불안으로 가득한 현실로 뛰어들 용기도 필요하다.

/ 치료가 고통을 수반할 때 /

인지요법과 인지행동 요법 같은 치료법의 존재는 일반인에게도 잘 알려져 있다. 우울증이나 불안장애의 개선뿐만 아니라 여러 다른 인격 장애나 대인 관계 문제, 기괴한 행동 교정 등에도 이 치료법이 널리 사용되고 있다. 인지요법이나 인지행동 요법이라는 것은 인지, 즉 사물의 수용 방식이 한쪽으로 편중되어 있는 상태를 수정함으로써 사회생활이나 조직 생활에 적응할 수 있도록 해주는 치료법이다.

이를테면 어떤 사람이 회사의 상사나 지인을 길에서 만났는데 먼저 인사를 해도 상대방 측에서 아무런 반응이 없었다고 치자. 대인 관계에서 불안감이 강한 사람이나 인정 욕구가 강한 사람은 무시당했다거나 미움받고 있다고 생각하여 금세 침울해질지도 모른다. 하지만 같은 상황이라도 '뭔가 다른 생각을 깊이 하느라 나를 못 봤겠지 뭐' 하며 편안하게 생각하는 사람도 있다. 두 사람의 차이는 어떤 것을 더 깊이 생각하느냐 하는 편중에 따라 달라진다.

인지요법이나 인지행동 요법은 이 경우 민감하게 반응하는 사람이 좀 더 낙관적이고 합리적으로 상황을 받아들일 수 있도록 유도한다. 그런데 이 방법은 어떤 사람에게는 상당히 효과적이지만 또 어떤 사람에게는 효과가 없을 뿐만 아니라 상태를 더 악화시키기도 한다.

특히 애착이 불안정하고 인간에 대한 불신감이나 자기부정이 강한 경우에는 그다지 효과가 없다. 아무래도 인지요법이나 인지행동 요법의 맥락 자체가 '당신의 사고방식은 편중되어 있다'거나 '당신은 현상을 객관적으로 받아들이지 못하고 있다'라는 부정적인 견해를 전제로 한 것이기 때문이다.

원래 자기부정이나 인간에 대한 불신이 강한 사람에게 '당신의 사고방식은 틀렸다'고 말하는 것은 그것이 아무리 옳은 지적이라 해도 반발과 실망을 불러일으키고 만다. 오랜 세월 우울증과 불안

증상을 반복해온 사람일수록 불안정한 애착 관계와 자기부정, 사람에 대한 불신감을 갖고 있다. 이런 사람에게 일반적인 인지요법을 시행하면 '내 사고방식은 역시 편중되어 있었어', '나는 아무 짝에도 쓸모없는 인간인 것 같아', '내 인식은 이상해'라는 생각에 더욱더 부정적인 생각에 휩싸이고, 치료를 받는 것 자체가 고통이되어 중도에 포기해버리는 경우도 많다.

/ 옳고 그름을 따지지 않는 심리요법 /

이런 문제점 때문에 대안으로 제시된 방안 중 가장 효과적인 것이바로 마인드풀니스라는 심리 상담법이다. 이것은 모든 것을 가치로 판단하는 게 아니라 있는 그대로 받아들여, 풍요로운 깨달음을얻는 것이다. 풍요롭게 느끼는 것이라고 해도 좋다. 원래는 산스크리트어 sati(알아차림, 깨달음)를 영어로 번역한 말인데, 깨달음이란집착에서 벗어나 자유로운 경지에 도달하는 것이다. 마인드풀니스는 집착으로부터 자유로워지는 것을 목표로 하는 심리적 접근이며 그 기원은 명상에 있다.

이렇게 말하면 왠지 비과학적인 것처럼 느낄지도 모르지만 명상 요법과 함께 마인드풀니스는 과학적으로도 그 효과가 입증되어 실제 치료법으로도 쓰고 있다. 단순히 인식뿐만 아니라 신체적인 반응에도 작용함으로써 더욱 안정적인 효과를 낸다. 마인드풀니스 치료법이 확산되고 있는 것도 우울증이나 불안, 분노에 상당히 효과적이라는 사실이 알려지고 나서부터다. 마인드풀니스 인지요법이나 ACT(Acceptance and Commitment Therapy, 수용전념치료 - 옮긴이)는 그 일례이다.

현대인의 대다수는 진지한 사람일수록 뭔가 목적을 가지고 그것을 향해 나아가며, 그것을 달성하는 일에 무의식적으로 가치를 두고 살아간다.

목표나 이상이 분명하고, 거기에 가까이 가기 위해 노력하는 것이다. 이상적인 자신과 현실의 자신이 일치한다고 느끼면 완벽하게 해냈다는 만족감을 느끼고, 목적을 달성하면 완수했다는 성취감을 맛본다. 이런 방식은 모든 일이 잘 흘러가고 있을 때는 좋지만 그렇지 못한 일이 겹칠 경우 매우 힘들어질 수 있다. '내 이상과는 너무 다르잖아', '역시 나는 쓸모없는 인간인가 봐', '이젠 절망이야' 하며 부정적인 기분에 사로잡히기가 너무 쉽다. 현재 상태가 60점 정도라고 해도 90점이나 100점의 상태와 비교하면서 '역시 나는 구제불능이야'라고 생각하며 자책하기 쉽다. 이런 마음의 상태가 우울증이나 불안, 초조의 큰 요인이 되기도 한다.

마인드풀니스 요법은 인지요법처럼 어떤 사안을 받아들이는 방식이 '편중되어 있다'거나 '옳다'라는 것은 문제가 되지 않는다. 편중된 수용 방식은 잘못된 것이므로, 그것을 올바른 수용 방식으로 바꾸려는 일도 없다. 왜냐하면 그런 것이 이상적인 상태를 향해 노력해야만 한다거나, 이상적인 상태여야만 한다는 사고방식으로 연결되기 때문이다. 이것은 그야말로 치료해야 하는 상태를 다시 또 만들어내는 것이나 다름없다.

마인드풀니스 요법은 옳고 그름을 판단하지 않는다. 그저 있는 그대로를 받아들이고, 그것을 느끼는 것이 목표이다. 부연하자면 좋거나 나쁘다는 가치 판단으로부터 자유로워지는 것이 목표이다. 왜냐하면 가치 판단이란 어떤 의미에서 보면 집착이기 때문이다. 뭔가에 사로잡혀 있기 때문에 '~해야만 한다', '이상적인 상태여야 만 한다'고 생각하고 만다. 그렇게 하는 것이 우울증이나 불안 같은 증상을 만들어낸다. 집착으로부터 자유로워짐으로써 증상을 치료하지 않아도 자연스럽게 사라져간다.

그것은 과거의 방법처럼 증상을 제거하거나 조절하는 것이 목표가 아니라 그와는 정반대로 증상을 있는 그대로 받아들이고 그것을 조절하려고 하지 않는 것을 목표로 하는 것이다. 기묘하게도 그것이 진정한 의미에서 회복하는 것과 연결된다.

증상으로부터 도망치려 하면 할수록 증상은 뒤쫓아온다. 증상을 있는 그대로 받아들이면 증상 자체는 그리 중요하지 않고, 마침내는 그리 신경 쓰지 않을 정도로 편안해진다. 이 정도면 마인드풀니스 요법이 어떤 것인지 대충 알았을 것이다. 하지만 동시에 어떻게 하면 그렇게 있는 그대로를 받아들일 수 있는지 의문일 것이다.

마인드풀니스 요법의 큰 특징은 머리로는 알아봤자 쓸모없다는 것이다. 마음과 몸을 통해 그것을 체험하고, 몸에 익힐 필요가 있다.

아무리 떠들어봤자 전할 수가 없다. 실제로 체험하지 않으면 얻을 수가 없다. 하지만 일단 체험하면 모든 것을 느끼는 방식이 백팔십도 변한다.

하루하루가 좀 더 생생하고 풍요로울 뿐 아니라 지금까지는 지루하고 평범했던 일상이나, 힘들고 상처투성이였던 일상도 온갖 환희와 풍요로운 느낌으로 가득 찬 보물로 재탄생하게 된다. 우울증이나 불안, 초조에 사로잡혀도 그것이 생활이나 인생을 부패시키는 것이 아닌, 열심히 살아온 증거로써 소중하게 느껴진다. 뭔가를 한다기보다 여기에 있다는 것, 존재한다는 것 자체를 맛보고 느낄 수 있게 된다.

우리는 힘들게 지금 이렇게 살아 있고, 여기에 존재하고 있는데 그 가장 소중한 것을 무심코 잊어버리고 앞으로 완수해야 할 목적이나 지금 상태와는 다른, 뭔가 이상적인 나의 모습에만 집착하는 경향이 있다.

하지만 지금이라는 순간을 소중하게 음미할 수 없다면 아무리 이상적인 상태를 손에 넣는다 해도 그 순간 바로 색이 바래 그것조차 시시한 것으로 변하고 만다. 평생 눈앞에 없는 것을 뒤쫓으며 시간을 헛되이 쓸 뿐이다. 지금 이 순간, 여기에 이렇게 존재하는 것, 그것을 있는 그대로 음미하자. 그것이 가능해지면 생명이라는 것이 본래 가지고 있는 빛을 되찾게 된다.

마인드풀니스 요법은 살아 있다는 것의 원점이라고도 할 수 있는 호흡과 몸의 감각에 주의를 기울여, 그것을 있는 그대로 음미하는 일부터 시작한다. 그것을 기본으로 하면서 힘든 체험이나 괴로운 느낌도 있는 그대로 받아들이고, 음미함으로써 거기에서 흔들림 없는 마음과 풍요로운 깨달음을 얻어간다.

그런 의미에서 마인드풀니스 체험은 가장 고차원적인 체험임과 동시에 가장 원초적인 체험이기도 하다. 그것은 어머니의 자궁 안에서 양수 속에 떠 있을 때와 같은, 혹은 어머니에게 안겨 있을 때와 같은 안정감과도 통한다. 이것이 단순히 심리 요법이라기보다는 몸의 체험을 동반하기 때문에 기존의 심리치료를 초월하는 면이 있다. 그리고 이 점이 효과의 비밀이지 않을까 생각한다.

/ 보살핌과 애착 시스템 /

애착은 생물학적인 구조이기도 하다. 머리로는 아무리 문제를 이해해도 그것만으로는 개선되기 힘들다. 그보다 생물로서, 포유류로서의 생물학적인 체험이 중요하다. 특히 회피형 인간은 기능이 저하된 애착 시스템을 활성화할 필요가 있다. 그러려면 안전 기지가 되는 존재가 이야기를 들어주고 이해해주어, 안심하고 그 사람에게 있는 그대로를 이야기할 수 있는 것도 중요하지만 그와 동시에 그 사람 자신이 누군가를 지탱해주거나 보살펴주는 체험을 하는 것도 중요하다. 왜냐하면 애착이란 상호작용이며 보살핌을 받거나 보살핌을 주는 행위로 활성화되기 때문이다.

중증 애착 장애여서 자포자기 상태에까지 빠졌던 젊은이가 생물을 돌보면서 처음으로 눈물을 흘리고, 마음을 회복한 경우를 본 적이 있다. 또 우울증에 걸려 절망적인 기분에 빠졌던 사람이 길 잃은 고양이를 보살피면서 건강을 회복한 경우도 있다. 동물과 교감을 나누는 것은 애착을 활성화시키고, 살아가는 기쁨을 되찾기 위한 힘을 갖고 있다. 심리치료견과 접촉하는 것도 좋지만 오갈 데 없는 작은 생물의 생명에 책임감을 갖고 필사적으로 보살피면, 똑같은 생물인 사람의 몸에도 애착이라는 본능적인 구조가 활성화된다. 그것이 만약 자신의 아이라면, 너무나 막중한 책임감 때문에 주춤거릴지도 모르겠지만 아무리 회피형 인간이라고 해도 자기 아이를 품에 안고 보살펴주다 보면 거기에서 애착이 생기고, 이 작은 존재를 위해 어떤 힘든 일이라도 참아내려는 마음이 샘솟는다.

단, 부모가 되는 것만으로는 부족하다. 아이와 접촉하고 보살피는 행위는 물론 중요하다. 그렇게 함으로써 애착 시스템이 활성화된다. 그것은 단순히 아이와의 유대가 강화되는 것만은 아니다. 불안이 억제되고, 긍정적인 활력이나 스트레스에 대한 저항력이 높아져, 타인에 대한 배려나 사회생활의 활력소가 되는 것이다.

아버지일 경우에는 부성(父性)의 원천인 아르기닌 바소프레신이라는 호르몬이 활성화되어, 적으로부터 처자식을 지키려는 전투적 본능에 불이 들어온다. 자녀를 양육 중인 부모는 전혀 다른 사람처럼 강해질 수 있는 구조를 갖추고 있는 것이다. 그를 위해서도 아이와 접촉하고 보살피는 일이 필요하다. 잠든 얼굴을 보는 것만으로는 자신도 모르는 사이 짝사랑만 하는 관계가 되고 만다.

보살핌에 따른 효과는 동물이나 아이를 상대로 하는 경우뿐만이 아니다. 누군가를 소중히 여기고 보호하려 할 때, 애착 시스템이 활성화된다. 그러한 관계를 일이나 학교생활 속에서 찾아내도 좋고, 봉사 활동 같은 과외 활동에서 발견하는 것도 좋다. 장애가 있는 사람이나 노인을 돌보는 일도 역시 애착 시스템을 활성화시키는 일이다.

다만, 회피형 인간은 기본적으로 보살핌이나 타인과의 관계가 서툴기 때문에 고통을 느낄 수도 있다. 허용 범위를 초과해서 부담이 되어버리면 애착 시스템이 활성화되기는커녕 회피하는 행동이 더욱 강화될 뿐이다. 그럴 경우 키우는 동물을 방치하기도 한다. 그런 일이 자녀를 상대로 벌어지는 비극도 적지 않다. 관계가 시작된 이상 나름대로 책임지려는 각오를 해야 한다.

/ 운명의 목소리에 따라라 /

회피하는 습관에서 벗어나는 일은 자신의 인생에 주체성을 되찾는 일이다. 그러나 모든 일이 자기 맘대로 될 만큼 인생은 단순하지 않다. 우리에게 일어나는 일의 대부분은 우리 스스로의 의지와는 관계없는, 무수한 인과의 사슬과 우연의 결과에 불과하다. 아무리 당신이 자신의 인생을 완벽하게 관리하려 해도 온갖 우발적인 요소와 타인의 행동에 의해 영향받지 않을 수 없는 것이다. 소망하는 것, 기대하는 것과는 전혀 다른 상황에 처해버리는 경우도 왕왕 있다.

우리는 인생의 아주 적은 부분만을 우리의 의지대로 살고 있는 것이다. 그러나 이것이 꼭 나쁜 것만은 아니다. 생각지도 못한 위기가 자신과 전혀 상관없는 곳에서 찾아오는 경우도 있지만, 생각지도 못한 기회가 자신의 노력과는 관계없이 찾아오는 경우도 있다. 그리고 기회의 대부분은 그렇게 우연히 나타난다. 중요한 점은 기회가 왔을 때 깜짝 놀라 엉덩방아를 찧을 것인가, 아니면 적극적으로 활용할 것인가 하는 점이다.

라듐 발견으로 유명해졌으며 노벨 물리학상을 두 번이나 수상한 마리 퀴리(Marie Curie, 1867~1934 - 옮긴이)는 알려진 바와 같이 힘들게 물리학을 배운 사람이다. 그러나 그녀가 평생을 바친 학문에 이르는 과정은 한없이 아득한 것이었다. 마리는 당시 러시아의 점령지였던 폴란드의 바르샤바에서 태어났는데, 그때만 해도 여성이 고등교육을 받는 일은 매우 드물었다. 고등교육을 받기 위해서는 파리로 나가야 했다. 그러나 그것은 경제적으로도 엄청난 부담이어서 결코 쉬운 일이 아니었다. 언니와 동생들의 교육비도 고려해야만 했으므로 아버지의 경제력만으로는 그녀가 고등교육을 받을 수 없었다.

결국 마리는 더부살이 가정교사를 하며 언니와 동생들의 학비를 송금하는 길을 선택했다. 언젠가는 자신도 공부하겠다는 생각은 했지만 송금을 하고 나면 자신을 위해 남는 돈은 얼마 되지 않았다. 마리는 총명한 여성이었지만 소극적인 성격에다 자신을 드러내는 유형이 아니었다. 오히려 언니 쪽이 더 사교적이고 적극적이었다. 마리는 뒤에 숨어서 가족을 지원하는 쪽을 선택했다.

더부살이 가정교사로 일하는 동안 청초한 아름다움과 총명함을 겸비한 마리를 그 집 장남이자 바르샤바 대학의 학생이었던 카지미에시 조라프스키가 보고 첫눈에 반했고, 마침내 두 사람은 사랑에 빠지게 된다. 그리고 결혼까지 약속했지만 어머니의 맹렬한 반대에 부딪히고 만다. 가난한 하급 귀족 출신인 마리가 며느리로 적합하지 않다는 것이었다. 열렬히 사랑을 속삭였던 카지미에시도 처음 열정은 어딘가 사라지고 마리를 지켜주지도 못한 채 결혼 이야기는 흐지부지되었다. 가정교사는 예전처럼 계속 하라고는 했지만 그런 상황에서 일한다는 것은 가시방석에 앉아 있는 것이나 다름없었다.

만약 그 상황이 계속되었더라면 천하의 마리 퀴리라 해도 절망했을지 모른다. 아무리 독학으로 수학과 물리학을 공부했다고 해도 그것을 활용할 기회조차 없었을 것이다. 가정교사인 채 결혼도 하지 못하고 늙어갈 수밖에 없었으리라.

하지만 그때 구원의 손길이 나타났다. 파리에서 의사와 결혼한 언니로부터 편지가 온 것이다. 거기에는 '이번에는 마리 네 차례야. 파리로 오거라'라는 말이 씌어 있었다. 그런데 배려심이 깊었던 마리는 처음에 그것을 거절하고 만다. 사실 마리는 아직도 카지미에시를 단념하지 못하고 몰래 편지를 주고받았고 여행지에서 몰래 만났다. 하지만 이 만남이 마리의 운명을 결정했다. 카지미에시의 우유부단한 태도에 마리는 진절머리를 냈고, 마침내 두 사람은 완전히 헤어진 것이다. 마리는 파리로 가고 싶다는 답장을 보냈다.

마리가 이때 신혼인 언니와 형부에게 부담을 주면 안 된다는 생각으로 계속 파리행을 거부했다면, 이루어질 가망이 없는 사랑을 계속 간직했더라면, 그녀가 공부할 기회는 영원히 오지 않았을 것이다. 하지만 사랑이 끝나버리자 마리는 새로운 결단을 하게 됐고, 그것은 인생을 뒤바꿀 계기가 되었다. 소르본 대학에서 공부한 멋진 나날들, 남편과의 만남, 방사선 물리학이라는 새로운 학문의 대성공 등등이 그 계기와 함께 시작된 것이다.

또 언니가 의사와 결혼한 이후 생활이 안정되었다는 점도 마리가 사랑을 끝내고 파리로 간 이유 중 하나였다. 이렇듯 운명이란 자신의 의지와는 관계없이 결정되는 경우가 다반사이다. 사람들은 종종 자신이 원래 무엇을 하려고 했는지조차 잊어버리곤 한다. 그것을 다시 떠올리게 해주는 것도 외부의 목소리였다. 마리의 경우 자신이 파리로 나가 공부하고 싶어 한다는 걸 새삼 떠올리게 만들어준 것은 언니의 편지였고, 슬픈 사랑의 결말이었다.

그러나 바라던 기회가 찾아왔을 때, 그것에 응하는 것은 의외로 쉽지 않다. 마리 퀴리조차도 아슬아슬하게 기회를 놓칠 뻔했다.

운명이 자신에게 무엇을 시키려고 하는가, 그런 관점에서 상황을 되돌아보는 일은 의미가 있다. 그리고 자신에게 무엇이 필요한지 느꼈다면 순순히 그것을 따라야 한다.

실패하지 않을까, 잘 안 되지 않을까, 폐를 끼치지는 않을까 싶어 겨우 찾아온 운명의 목소리에 귀를 막지 않아야 한다. 하늘의 뜻이라는 순간이 평생 몇 번인가는 있다. 그때는 일단 해보는 것이다. 해보지 않고서는 아무것도 시작할 수 없다.

회피형 인간은 지금의 상황을 바꾸고 싶어도 바꿀 수 없다는 교착상태에 빠지기 쉽지만 외부에서 손을 잡아당겨 주면 의외로 움직인다. 만약 누군가가 손을 내민다면 그것에 순순히 매달려보자. 꼼짝도 않고, 아무것도 바꿔보려 하지 않는 것보다는 훨씬 재미있는 인생을 살 수 있을 것이다.

/ 회복된 애착 관계가 미치는 영향 /

에릭 에릭슨의 경우, 조안나 사손과의 결혼은 지금으로 말하면 '속도위반'이었다. 조안나가 임신했다는 소식은 에릭에게 그야말로 청천벽력과 같았다. 결혼 같은 것은 전혀 생각해보지도 않았고, 더 나아가 자신이 아버지가 된다는 것 역시 꿈에도 생각지 않았던 것이다.

아이덴티티라는 개념을 만들어낸 장본인도 그 무렵엔 아직 자신의 아이덴티티를 확립하지 못한 채 아동 분석 작업을 시작했지만 과연 계속할 수 있을 것인지, 암담했다. 그 이상으로 자신의 성장 과정과 부모와의 관계도 미해결 과제가 산더미 같아서 숨도 못 쉴 상태였다. 아기를 돌볼 때가 아니라는 게 솔직한 심정이었다.

그런 에릭을 설득한 것은 그의 친구였다. 이대로 가면 조안나의 아이는 사생아가 되고 만다, 그것은 네가 맛보았던 슬픔을 아이에게도 되풀이시키는 것 아니냐, 도망치지 말고 그 아이를 그 운명으로부터 구해주는 게 어떠냐고 말이다. 그 말에 에릭은 비로소 결심할 수 있었다.

결과적으로 조안나와 결혼하여 가정을 꾸린 것은 에릭에게 커다란 행복과 안정을 가져다주었다. 그녀는 아이들을 보살피는 동시에 '제일 손이 많이 가는 아이'인 남편을 보살펴주고, 원고를 읽은 후 정확한 지적을 해주는 등 남편의 지원자가 되어주었다. 조안나의 헌신은 불안형 애착을 가진 여성의 '강박적 보살핌'이라는 성격을 띠고 있다. 조안나도 역시 어머니와는 원만치 못하여 불안정한 면이 있었던 것이다.

그러나 조안나의 헌신에 의해 에릭의 위축된 자기애는 회복되었고, 자신감을 가지고 사회에서 활약할 수 있었다. 이렇게 에릭의 애착 상처는 치유되어 일에만 매진할 수 있었고, 그와 동시에 아버지와의 관계도 개선되었다. 한편 조안나도 자신의 가족이라는 새로운 애착 대상을 손에 넣고, 그것에 헌신함으로써 안정을 얻을 수 있었다.

/ 상처를 공유한 사람들의 만남 /

회피형이든 불안형이든, 애착 장애를 가진 사람이 결혼하는 경향을 보면 가장 흔한 것이 비슷한 상처를 갖고 있는 사람들끼리 공감을 느껴 결합하는 경우이다.

에릭슨 부부도 그런 한 예이지만, 아동문학가 톨킨과 그의 아내인 이디스 커플도 마찬가지였다. 톨킨이 열두 살 때, 전해부터 몸 상태가 급격히 나빠진 어머니 메벨이 사망하자 친척들로부터 고립되어 있던 톨킨 형제는 사실상 고아가 되었다. 어머니가 후견인으로 세워둔 모건 신부는 형제를 하숙집에 맡겼지만 그곳 생활은 비참하고 쓸쓸한 것이었다. 하숙집 여주인은 손톱만큼의 애정도 없어서 형제에게는 유품이나 다름없는 어머니의 편지를 쓰레기라도 되는 듯 불태워버렸던 것이다. 형제의 어두운 표정에서 사태를 짐작한 모건 신부는 새로운 하숙집을 찾아 두 사람이 그곳으로 옮길 수 있게 도왔다.

그 하숙집에는 소극적인 성격의 소녀 하나가 하숙하고 있었는데 그녀 역시 고아였고 사생아로 태어나 아버지가 누구인지조차 몰랐다. 피아노를 잘 쳤지만 여주인의 눈치를 보느라 하루 종일 재봉 일만 하며 보냈다. 그 소녀가 바로 훗날 톨킨의 아내인 이디스였다. 이때 톨킨은 열여섯 살, 이디스는 열아홉 살이었다. 처지가 비슷한 두 사람은 서서히 서로에게 빠져들었다.

학창 시절 톨킨은 친구들과의 관계를 표면적으로는 즐기면서도, 그들에게 완전히 마음을 허용하지는 않았다. 학교라는 곳에서는 자신의 불행한 과거를 잊을 수 있었지만 사적으로 친해지게 되면 환경의 차이가 드러날까 봐 두려웠기 때문이다.

톨킨은 있는 그대로의 자신을 이해해줄 존재가 필요했다. 그것이 바로 이디스였다. 두 사람에게는 타인의 자비에 의지해 살아온, 이루 말할 수 없는 고난을 겪어본 사람만이 공유할 수 있는 뭔가가 있었다. 톨킨은 곧 이디스와 결혼하고 싶어졌다. 그런데 이 연애에 이의를 제기한 사람은 후견인인 모건 신부였다. 이제 곧 대학 진학을 앞둔 젊은이가 사랑에 빠져 제정신이 아닌데다 상대가 연상이고 교육도 별로 받지 못한 사생아이니 톨킨의 장래를 걱정하는 후견인 입장에서는 반대하지 않을 수 없었던 것이다. 안타깝게도 톨킨은 대학 진학을 위한 조건인 장학금 시험에서도 떨어지고 말았다. 그래서 이디스와의 교제를 스물한 살 성인이 될 때까지 금지당한다. 톨킨도 아버지나 다름없는 모건 신부의 반대를 거스를 수가 없었다.

두 사람은 각자 다른 하숙집으로 옮겼고, 톨킨은 장학금 시험과 대학 입학시험에 대비한 공부에 매달렸다. 톨킨의 성격은 원래는 금욕적이고 근면했다. 게다가 연애를 금지당한 효과도 있었기에, 보란 듯이 두 시험 모두에 합격하여 옥스퍼드 대학에 진학하게 된다. 톨킨은 대학 생활을 즐기며 언어학 연구에 매달린 채 이디스는 까맣게 잊은 것처럼 생활했다. 3년 동안 그녀에게 편지 한 통 보내지 않은 것이다.

하지만 그는 이디스를 포기한 게 아니었다. 대학에 무사히 진학하고 성인이 되면 이디스에게 정식으로 청혼하려고 결심했던 것이다. 편지를 쓰지 않은 것은 모건 신부와의 약속을 지키기 위해서였다.

그러다가 비로소 성인이 된 톨킨은 이디스에게 편지로 청혼을 했다. 그런데 이디스는 톨킨으로부터 아무런 연락도 없는 것에 불안해진데다 주변 사람들의 권유도 있고 해서 다른 남자와 약혼을 한 상태였다.

하지만 톨킨 입장에서 보면 성인이 되어 다시 만나자고 한 것도, 편지를 쓰지 않은 것도 모두 약속을 지킨 것일 뿐이었다. 납득할 수 없었던 그는 물러서지 않았다. 이디스도 진심으로 원해서 약혼한 것은 아니었기 때문에 그녀는 결국 톨킨의 설득으로 약혼을 파기하기로 결심했다. 그것은 오갈 데 없는 그녀의 처지에서 보자면 상당한 각오였다.

평소에는 소극적이고 남들의 눈치를 보며, 다툼을 좋아하지 않는 톨킨이나 이디스도 이때만큼은 마음 가는 대로 행동했다.

그 결과 이디스는 그때까지 의지했던 사람들을 배신했다는 비난을 받으며 절연당한 후 살고 있던 집에서도 쫓겨나야만 했다. 하지만 그녀가 지불한 약혼 파기에 대한 엄청난 대가 앞에서 톨킨은 왠지 남 일 구경하듯 행동했다. 같은 회피형 스타일의 소유자라도 톨킨은 좋게 말하면 낙관적, 나쁘게 말하면 자기중심적인 경향이 있었는데 그것은 어머니로부터 사랑받고 긍정적인 반응을 듬뿍 받으며 자라 자기 긍정력이 강했기 때문이라고 볼 수 있을 것이다. 그에 반해 사생아로 태어난 이디스는 어머니의 애정이 그다지 안정된 것이 아니었기 때문에 그만큼 불안감도 강했다. 아무튼 그러한 두 사람이 운명적으로 만나고, 수많은 어려움을 극복하며 맺어진 것이다.

/ 행복한 결혼 생활 /

그렇게 결혼한 두 사람의 앞날은 어땠을까.

두 사람이 결혼한 것은 톨킨이 옥스퍼드 대학을 졸업한 이듬해였다. 하지만 제1차 세계대전이 시작되었기 때문에 신혼 기분을 맛볼 틈도 없이 톨킨은 병사로 전선에 투입되었다. 그가 도착한 곳은 격전지로 유명한 프랑스의 솜(Somme)이었다. 비에 젖은 채 며칠이나 참호 속에서 지내야만 했던 참혹한 상황에서 톨킨도 참호열(塹壕熱, 이가 옮기는 열성 전염병 - 옮긴이)에 쓰러지고 말았다. 하지만 그것이 톨킨의 목숨을 구했다. 그는 후방으로 후송되어 다시 전선으로 복귀하지 않았다. 차분히 결혼 생활을 보낸 것은 제대하고 난 후부터였다.

그동안 장남이 이미 태어나 있었고, 이디스의 고생은 말로 표현할 수 없었다. 톨킨은 대학을 나왔다고는 하지만 사전 편찬을 돕는 정도의 일밖에 없어서 수입은 살림을 지탱하는 데 전혀 도움이 되지 않았다. 그래서 일단 돈을 벌어 생활을 안정시킬 필요가 있었다.

하지만 톨킨에게 '필요는 발명의 어머니'였다. 톨킨은 연구뿐만 아니라 생계를 꾸리기 위한 일에도 정성을 쏟았다. 어떤 일이든 사양하지 않고 열심히 매달렸으므로 교사로서의 평판도 상당히 좋았다. 이윽고 리즈 대학의 초빙을 받고 4년 후 서른두 살의 젊은 나이에 교수로 승진한다. 그리고 다시 반년 후, 옥스퍼드 대학 교수로 선발되었다. 이러한 직업적인 성공을 뒷받침해준 것은 이디스와 어렵게 이룬 가정을 지켜야겠다는 결심 덕분이었다.

톨킨은 3남 1녀의 자녀를 두었는데 그들과의 관계를 정말 소중히 여겼다. 아무리 바빠도 매년 아이들을 위해 그림엽서로 된 크리스마스카드를 만들어, 산타클로스가 보낸 것처럼 전해주었다. 그는 아이들의 이야기를 잘 들어주고 또 좋은 이야기를 많이 해주었는데, 『호비트의 모험』 같은 명작의 아이디어도 그런 과정에서 태어난 것이었다. 아이들이 좋은 교육을 받을 수 있도록 돈을 아끼지 않았던 것도 그의 어머니와 마찬가지였다. 아이들의 학비를 벌기 위해 톨킨은 시험관 아르바이트를 하기도 하고, 수많은 강의도 다녔다.

원래 회피형 인간은 아이를 갖거나 가정을 꾸리는 일에 소극적인 경향을 보이지만 톨킨의 경우는 이디스에 대한 사랑과 그녀와 이룬 가정이 오히려 일에 대한 원동력과 삶에 대한 의욕을 제공해주었다.

창작의 세계에서도 아이들에 대한 애정이라는 요소가 없었다면 전 세계에서 사랑받는 톨킨의 이야기 세계는 만들어지지도 못했을 것이다.

이디스는 소극적인 성격이어서 별로 사교 모임을 좋아하지 않았다. 자신의 출신이나 만족할 만한 교육을 받지 못한 것에 대한 열등감도 교수 부인들의 모임에 섞이지 못한 이유 중 하나였을 것이다.

하지만 밖에서 활동하지 않는 만큼 가정생활을 소중히 여겨 남편이 편히 작업에 매달릴 수 있도록 내조를 철저히 했다. 그리고 그것이 오히려 가정생활을 안정적인 것으로 만드는 데 도움이 됐다. 남편과 아이들만이 그녀의 세계였던 것이 오히려 장점으로 발휘한 것이다.

/ 자신의 인생에서 도망치지 않는다 /

도망치지 않고 성가신 일에도 자신이 먼저 뛰어드는 적극적인 자세를 갖는 것이 회피하는 습관에서 벗어나는 결정적인 열쇠이다. 그리고 거기에서 벌어지는 일은 자신의 책임으로 받아들이고, 자신의 인생을 자신의 의지와 결단으로 살아가려고 각오를 다지는 것이다. 이것은 앞서 이야기했듯이 주체성을 되찾는 일이기도 하다.

이것을 위해서 첫 단계로 해야 할 일은 자신의 마음이나 생각을 말로 표현하는 작업이다.

자신이 무엇을 바라고 있는지 모호하게 말하지 말고 명확하게 표현하는 작업이 중요하다. 평상시에 그런 습관을 들이도록 명심하자.

동기부여 면접법이든, 해결 지향 어프로치든, ACT든 최근의 심리요법에서는 코미트먼트(commitment)라는 것을 중시한다. 코미트먼트란 자신의 의사를 확실히 표명하는 것이다. '이렇게 되고 싶다', '이렇게 하고 싶다', '이것을 목표로 한다', '이렇게 되기로 결심한다' 등 자신의 결심, 각오를 명확한 형태로 말한다.

코미트먼트가 중시되는 것은 그것이 변화를 강화시키는 힘을 갖고 있기 때문이다. 목표는 명확하고 구체적일수록 강한 힘을 갖는다. '나는 이렇게 되기 위해, 이것을 한다'라고 말함으로써 실제 행동이 변화할 가능성이 높아진다.

'말만 앞세우지 말고 행동으로 실천하라'고들 하지만 실제로는 생각을 입 밖으로 내는 편이 행동을 유발하는 데 좋다. 자신을 알아주지 않는 사람한테까지 굳이 말할 필요는 없지만, 적어도 스스로에게는 결심을 명확히 해둬야만 변화가 찾아온다. 그리고 결심이란 타인에게 말함으로써 더욱 긴장감을 느껴 자신을 갈고 닦게 되어 강건해지게 마련이다.

심리 상담 같은 요법이 변화를 촉구하는 것도 이해받고 있는 상태에서 자신의 생각을 말로 표현하면서 그것이 더욱 강한 결심과 각오로 상승하기 때문이다. 이것이 바로 코미트먼트 효과이다. 일상생활 속에서도 바로 이 코미트먼트를 통해 명확한 의사 결정과 강인한 각오를 다져보면 인생이 전혀 새롭게 움직인다.

/ 미야자키 하야오는 어떻게
  회피에서 벗어났나 /

〈이웃집 토토로〉, 〈원령공주〉 같은 걸작 애니메이션으로 세계적인 평가를 받는 미야자키 하야오 감독은 어린 시절 정말 소극적이고 신경이 과민한 소년이었다. 책과 그림 그리기를 좋아했던 소년 미야자키는 날마다 옷을 바꿔 입는 것에도 예민하여 늘 똑같은 옷만 입었다고 한다. 그 당시에는 자신의 주장이나 마음을 표현하는 게 힘들었던 모양이다. 그런 미야자키의 마음속에 불안 성향을 더욱 강하게 만들었던 것이 어머니의 병이었다. 어머니는 척추카리에스(spinal caries, 척추가 결핵균에 감염되어 생기는 질병 – 옮긴이) 때문에 미야자키가 초등학교에 들어간 직후부터 햇수로 9년 동안이나 요양 생활을 해야만 했다. 어머니를 잃을지도 모른다는 불안한 상황에서 그는 언제나 착한 아이로 행동해야 했기 때문에 누구에게도 속마음을 털어놓을 수 없는 상황이 계속되었다. 〈천공의 성 라퓨타〉에 등장하는 하늘 해적 여대장 도라는 미야자키의 어머니가 모델이라고 한다. 도라는 늘 큰소리로 부하들을 질책만 하는 존재인데 미야자키의 어머니도 그랬다. 그녀는 병에 걸린 상태였지만 존재감이 매우 강한 여장부였다. 그런 어머니에게 미야자키는 칭찬을 받은 적이 거의 없었다. 게다가 장기간 부재중이었으므로, 어머니가 그리 좋은 '안전 기지'로 기능하지 못했다는 것은 쉽게 알 수 있다.

불안감이 강한 소극적인 기질대로, 청년기까지의 미야자키는 자신의 의사를 주장하는 게 힘들었다. 고교 시절에는 만화가가 되겠다는 뜻을 품었지만, 그림으로는 밥 먹고살 수 없다는 아버지의 말에 예술계 대학에 진학하는 것은 포기하고 가쿠슈인 대학에 진학했다. 다만, 대학에 다닌 동안은 만화가가 되기 위한 '모라토리엄' 기간이었다고 할 수 있다.

그런 미야자키에게 안전 기지가 되어준 것은 형인 미야자키 아라타 씨와, 중학교 시절의 은사인 사토 후미오 선생님이었다. 가쿠슈인을 선택한 것도 형이 다니고 있는 학교라는 게 가장 큰 이유였다.

형은 어렸을 적부터 괴롭히는 아이들로부터 미야자키를 지켜주던 존재였다. 허약했던 하야오의 '보호자'였던 것이다. 한편 가족 이외에 미야자키가 고민이 있을 때 상담을 받았던 사람은 사토 후미오 선생님이었다. 그는 이 선생님에게 자주 찾아가 이야기를 나누었고 대학에 들어가고 나서는 유화를 배우기도 했다.

그 당시 가쿠슈인 대학에는 만화 동호회가 없었기 때문에 아동 문학 연구회에 드나들었다. 미야자키의 회피하는 습관을 바꾸는 데 큰 역할을 수행한 것으로 짐작되는 일은 바로 그가 학생운동에 참가했던 일이다.

당시에는 좌우 이념이 아직 대립하던 시기였는데 대학가에는 좌익에 동조하는 분위기가 매우 강했다. 처음에는 그다지 정치에 관심이 없었던 미야자키도 서서히 그러한 시대의 흐름에 감염되었다. 미야자키의 경우에는 자신의 출신에 대한 죄책감도 영향을 끼쳤다. 미야자키의 친가는 전쟁 중, 군수공장을 경영하며 큰돈을 벌었다. 그 사실을 미야자키는 몹시 부끄러워해서, 아버지나 어머니에 대해서도 비판적인 말을 하게 되었다. 약간 늦게 반항기가 시작되었다고도 할 수 있을 것이다. 그때까지 어머니에게 반항한다는 것은 생각지도 못했던 미야자키가 어머니와 정치적인 문제로 토론하며, 그의 주장을 어머니가 도저히 받아들이려 하지 않으면 너무 분한 나머지 눈물까지 흘렸다고 한다. 이때 비로소 어머니를 조심스러워하며 그 지배에 속해 있었던 자신의 존재를 밖으로 내걸고 자신만의 주장을 펼칠 수 있게 된 것이다. 이것은 그가 어머니의 보이지 않는 지배에서 벗어난 상징적인 사건이라 할 수 있다.

도에이 동화에 취직한 미야자키는 춘투 기간에 일어난 사내 노동운동에도 선두에 나서서 깃발을 휘둘렀다. 그 후 정치적 활동에서는 손을 뗐지만 연대감을 가지고 약자를 위해 싸우려는 마음은 그의 작품 세계에 큰 기조를 이루게 된다.

약자 중에서도 특히 미야자키가 테마로 다룬 것은 어린이이다. 당시 미야자키에게 영향을 준 작가 가운데 한 명이 생텍쥐페리

(Antoine de Saint-Exupéry, 1900~1944 - 옮긴이)였다. 어린이가 가진 순수함과 밝은 빛이 어른에 의해 파괴되어 가는 슬픔이라는 테마는 생텍쥐페리 작품의 가장 중요한 요소였는데 미야자키는 거기에서 강한 인상을 받았다고 한다. 그 테마는 훌륭한 형태로 계승되어 독자적 전개를 이룰 수 있게 되었다.

이처럼 극단적으로 회피적이고, 자신이 바깥 무대에 서는 것은 상상도 할 수 없었던 허약한 소년은 자신 이외의 존재를 위해 싸우는 공동체 정신으로 자신을 일체화시켜 가면서 회피와 책임에서 도피하는 행동을 중단하고, 전향적인 길을 택한다. 그동안 결혼해서 아이가 생긴 것도 영향을 끼쳤을 것이다. 가족이라는 굴레에 속박당해 자유를 잃어버린 측면도 있을지 모르겠지만 책임을 떠맡은 이상, 미야자키의 내부에 결핍되어 있던 타인과의 유대와 인간적인 온기라는 요소가 새롭게 주입되어, 수많은 사람에게 인정받는 감독이 될 수 있었던 듯하다.

/ 한번 살아보자 /

다른 사람과 인연을 맺는 일에는 번민이 동반된다. 다른 사람과 관계를 분명히 하려면 자신이 누구인지 밝혀야만 하고, 책임이나 실패의 위험부담도 생겨난다. 그러니 관계를 맺지 않고 살아가는 게 더 편하고 안전한 삶의 방식이라고 생각할지도 모른다. 하지만 어디에도 뿌리를 내리지 못한 채, 어느 경우에도 속마음을 드러내지 않고 책임이나 위험부담도 회피하며 살아가는 것만큼 공허한 삶은 없다. 왜냐하면 그것은 살아가는 것을 포기한 것이나 다름없기 때문이다. 위험을 피하려고 힘들게 찾아온 기회를 포기하거나 인생의 가능성을 좁혀버리면, 그것으로 정말 위험을 피했다고 할 수 있을까.

정말 필요한 것은 불안이나 공포로부터 도망치는 게 아니라, 그것들 앞에 과감히 자신을 드러내고 맞서는 게 아닐까. 불안이나 공포를 안고 살아가는 것이 삶이라고 한다면, 그것으로부터 도망치려는 것은 자신의 인생으로부터도 도망치는 것과 같다.

인간은 언젠가 죽는다. 누구도 피할 수 없는 사실이다. 계속 도망쳐봤자 마지막 순간에는 죽음이 쫓아와 당신을 집어삼킨다. 스스로를 관 속에 집어넣지 않더라도 언젠가는 죽음이 찾아오고 관 속에 들어가게 된다. 마지막은 모두 똑같다. 죽으면 불에 타 재가 된다. 도망쳐도 소용없다. 그것은 우리가 선택할 수 있는 게 아니다. 즉 마지막은 파멸과 절망으로 끝날 수밖에 없는 것이다. 결과만을 생각한다면, 우리는 모두가 패배자이다. 어떤 도전도, 결과라는 관점에서만 보면 마지막은 실패다. 이것은 불변의 진리이다.

우리는 그 결과를 선택할 수 없다. 우리가 선택할 수 있는 것은 지금 이 시간을, 어떻게 살아갈 것인가 하는 것뿐이다. 도전할 것인지, 하지 않을 것인지, 그뿐이다. 도망치며 살 것인가, 불안이나 공포와 맞서며 살 것인가? 상처받는 것을 피하려고 자신의 인생으로부터 계속 도망칠 수도 있고, 도망치는 것을 그만두고 상처받는 것을 두려워하지 않고 맞서며 살 수도 있다. 어떤 것을 선택할지는 당신 자신의 몫이다.

거꾸로 말하면 어떤 상황에서도 우리는 도전할 수 있다. 결과는 실패라 하더라도 도전할 자유가 있는 것이다.

실패라는 결과에만 사로잡혀 살 것인가, 아니면 그것으로부터 자유로워져서 가능성이라는 과정을 음미하며 살아갈 것인가. 결국 인생은 결과에 의미가 있지 않다. 그 묘미는 과정에 있다. 도전에 있는 것이다. 그것을 피하면 인생이라는 과일을 맛보지 못한 채 썩히는 것이나 마찬가지다. 과일은 어차피 썩게 마련이다. 그러니 썩기 전에 먹는 게 무슨 문제랴.

회피하는 습관에서 벗어나라

지금 우리는 아무도 경험하지 못한 위기의 시간 속에서 살고 있다. 그것은 단순히 개인적인 위기라기보다 공동체와 종으로서의 위기이다.

무심코 잊어버리는 것 같은데 우리 인간도 약간 머리가 크다고는 하지만 포유류임에는 변함이 없다. 거대한 테크놀로지를 손에 넣었다는 교만으로, 포유류로서의 숙명을 '야만적인 풍습'처럼 우습게 여기고, 그것을 씻어내는 것이 '진보'인 것처럼 생각했지만 포유류로서의 숙명을 멀리한 덕분에 벌써 엄청난 대가를 지불하고 있다.

애착 관계가 붕괴하면서 벌어지는 온갖 문제를 떠올려보라.

혼인율이나 출산율의 저하, 인구 감소, 아동 학대에서 노인 학대에 이르는 가정 폭력, 삶에 대한 허무주의, 불안정한 애착이 원인이 되어 벌어지는 무수한 정신 질환, 경계성 인격 장애와 우울증, 의존증, 식이장애……. 이 모든 문제들은 포유류로서의 숙명, 즉 종의 생존을 지탱하는 애착 시스템이라는 구조를 경시한 이후부터 심각해졌다.

그 결과 급속히 늘어나고 있는 것이 바로 회피형 인간들이다. 이 유형에 속하는 사람들은 애착이 안정돼 있는 사람들과는 '종'이 다르다 해도 좋을 만큼 행동 방식이나 감성, 세계관이나 인생관이 다르다.

그런데 이것은 단지 개인 차원에서뿐만 아니라 사회 전체의 차원에서도 회피형 양상이 강해지고 있다는 뜻도 된다. 회피형 인간으로 판정되지 않은 사람조차도 과거 지구에서 살던 사람들에 비하면 훨씬 강하게 회피형 인간의 특징을 보이고 있다.

이 사실은 그저 인류에게 새로운 행동 양식이나 가치관이 확산되고 있다는 의미가 아니다. 문제는 자녀 양육과 가족에 대한 관심이 부족하고 단독생활을 좋아하는 경향이 인류의 보존에도 큰 영향을 미치고 있다는 점이다. 개인적인 차원에서 봐도 행복한 삶이라는 본질적인 문제에 의문을 던지지만, 사회 전체의 차원에서 봐도 인류의 대가 끊길 위기에 놓여 있기 때문이다.

회피형 인간이 갖고 있는 회피형 애착 성향과 행복, 그리고 생물로서 종의 지속 가능성이 공존할 수 있을까? 친밀한 관계를 필요로 하지 않아도 우리는 인류라는 종을 계속 유지할 수 있을까? 지금 이런 정도의 상태를 이상향으로 여길 정도로 우리 앞에 더 무서운 악몽이 기다리고 있는 것일까?

우리는 여러 시행착오를 겪으며 결국 실패한다고 해도 살아야만 한다. 애착 관계가 희박해진 환경에 처하더라도 우리는 그 나름대로의 삶의 방식을 찾아낼 수밖에 없다. 잘 되든 안 되든 계속해서 모색하는 게 삶이라면 그냥 열심히 살 수밖에 없다. 그래도 도망치지 않고 계속 살아갈 수 있다면 썩 훌륭한 일이 아닐까?

오히려 이런 극한의 시대에 살고 있다는 걸 즐겨야 하는 건 아닐까 싶다. 몇 백 만 년에 걸친 인류의 역사에서 그 번영의 절정과 함께 종말의 위기가 지금, 우리가 살고 있는 시대에 다가오고 있다. 그러한 보기 드문 순간과 마주하고 있다는 걸 오히려 행운이라고 생각하면 어떨까? 이러한 인류의 위기에 정면으로 맞서기 위해서라도 회피하는 습관에서 벗어나 자신의 인생을 되찾는 첫걸음을 떼는 게 중요하다고 믿고 싶다.

지금까지도 우리 인간은 사회가 멸망할지도 모르는 혼란스러운 상황을 극복하며 살아왔다. 강한 사회 불안과 혼란 속에서 사람들 간의 애착 관계가 붕괴된 적도 있었다. 오갈 데 없는 꽉 막힌 상황 속에서도 살아야만 했다. 감정이나 정서적인 것을 제거함으로써 자신의 몸을 지켜야만 할 때도 있었다. 환상 속으로 도피하거나 도취됨으로써 현실로부터 회피하려 한 적도 있었다. 사실 인류는 사회의 붕괴라는 것도 몇 번이나 체험한 적이 있다.

하지만 그 일련의 사건들을 통해 체득한 것은 사회는 멸망해도 개인은 살아남으며, 거기에서 다시 새로운 사회가 생겨난다는 것이다. 우리 인간의 내면에 그러한 수많은 생명력과 희망이 잠들어 있기를 바라면서 이 책을 마무리하고자 한다. 마지막으로 열의와 깊은 배려로 집필을 도와준 고분샤 신서 편집장 모리오카 준이치 씨에게 감사의 마음을 전하고 싶다.

2013년 가을
오카다 다카시

우리는 왜
혼자 있는 시간을 갈망하는가?

'애착'이라는 단어는 얼핏 들으면 매우 흔하고 많이 쓰는 말인 것 같지만 사실 그렇지가 않다.

'삶에 애착을 느낀다.'

'늘 옆에 두고 쓰던 물건에 애착이 간다.'

이렇게 문장 안에 애착이라는 말이 들어가면 자연스러운데 '애착'이라는 단어만 쏙 빼내서 쓰면 무척 생경한 느낌이 드는 것이다. 역시 이 단어가 풍기는 뭔가 병적인 느낌 때문인 것 같다. 사람으로 비유하면 얼굴에 기미가 낀, 뭔가 몸 상태가 불안하다는 것을 암시하고 있다고나 할까. 그런데 아니나 다를까, 심리학 용어로 '애착 장애'라는 단어가 있다는 걸 알게 되었다. 이 증상은 제법 심각한 정신 질환의 하나인데, 굳이 직역하자면 '애착을 느끼거나 갖는 것에 문제가 있는, 장애가 있는 상태'라는 뜻이고, 의역하자면

'뭔가에 대해 사랑의 감정을 품기 힘든, 어려운 상태' 정도이다. 이렇게 뜻을 풀이하고 보니 이것이 얼마나 심각한 정신 질환일지 짐작이 간다. '애착'이라는 단어는 역시나 불길한 느낌이다.

한때 '애정 결핍'이라는 말이 유행처럼 쓰이던 시기가 있었다. TV에서도, 학교나 회사 안에서도 사람들은 툭하면 "넌 애정 결핍이야" 하고 핀잔을 주거나 놀려댔다. 밥을 심하게 많이 먹거나, 튀는 행동을 했을 때 아마도 남들과 다른 점을 확인시켜 주려고 그렇게 말했던 것 같다. 하지만 이 말을 하는 사람이나 듣는 사람이나 모두 심각하게 생각하지는 않았다. 그저 엄마 젖 조금 더 먹으면, 여자 친구, 혹은 남자 친구를 만나면 해결되는 것이겠거니 생각했던 것이다. '애정 결핍'이란 그런 것이었다.

그런데 지금 생각해보니 그 당시의 '애정 결핍'이 '애착 장애'의 원형이 아니었나 싶다. 애정 결핍은 늘 우리 곁에 있었던 문제 같은데 아주 오래전, 우리나라의 근대화 시점으로 거슬러 올라가 산업화가 정점으로 치닫던 무렵부터 조금씩 심각해지고 있었다. 그러다 급기야 이 책의 저자가 말하듯 '종의 멸망' 운운하는 지경에까지 이르고 말았다. 물론 극단적인 망상일 수도 있겠지만 사람들이 전부 혼자 있는 것을 선호한다면 이 세상이 어떻게 될까? 모든 사람들이 혼자 밥 먹고, 혼자 놀고, 혼자 잔다면? 연애가 귀찮고, 섹스리스가 편하고, 책임지는 것이 부담스러워 결혼을 거부하고, 자식에게 얽매이고 싶지 않아 2세를 낳지 않는다면? 이 책의 저자는 이렇게 사회가 흘러가면 몇 만 년 후에, 혹은 몇 천 년 후에는 인간의 씨가 말라버릴 수도 있다고 경고하고 있다.

오늘 하루 먹고사는 것만 해도 피곤해서 죽을 지경인데 몇 천 년, 몇 만 년 후의 먼 미래의 문제는 내 알 바 아니라고 생각할지도 모르지만, 꿀벌이 사라지면 지구가 멸망한다고 말한 아인슈타인의 경고처럼 '애착 장애' 문제는 한 번쯤 심각하게 되짚어봐야 할 문제임에는 틀림없다.

하루가 멀다 하고 벌어지는 극악무도한 사건들만 봐도 사실 그 원인은 애정, 애착 문제에서 비롯된 경우가 많기 때문이다. 존속 살인 사건, 은둔형 외톨이, 휴대폰 중독 및 게임 중독, 1인 가구의 비약적인 증가와 결혼율과 출산율의 저하 등등 현 시점의 사회문제를 '애착 장애'라는 키워드로 풀어내는 저자의 이론은 사실 충격적이다.

한번 돌아보자. 우리가 이렇게 혼자 있는 시간을 갈망하고, 혼자 놀고 싶어 하게 된 것이 다름 아닌 근대화 이후 우리 사회가 만든 관습 때문이라니……(저자는 대형 병원의 출산 시스템과 아기 침대의 보급, 유아원 교육과 기계문명의 발달이 회피형 인간을 만들어냈다고 주장한다).

그러나 본문 내용을 따라가다 보면 자연스럽게 수긍이 가는 대목들이 많다. 또 키르케고르나 에릭 호퍼, 조앤 롤링, 톨킨, 융, 헤르만 헤세, 그리고 미야자키 하야오까지 회피형 인간으로 거론되는 유명인의 삶은 그의 이론을 탄탄하게 뒷받침하고 있다. 한편으로 생각하면 이들 유명인들 역시 자신의 회피형 애착 장애를 극복하고 현재의 명성을 손에 넣은 것이니, 어쩌면 이것은 현대인들이 평생 지니고 다녀야 할 숙명인지도 모르겠다.

늘어가는 1인 가구와 노령화, 세대 갈등과 계층 갈등 등의 복합적이고도 고질적인 문제를 안고 있는 한국 사회도 저자의 시각으로 관찰해보면 상당 부분 납득이 된다. 문제의 해결 방안을 찾기 위해서는 먼저 원인을 알아내는 것이 일의 순서라고 본다면 이 책은 우리 사회에도 상당한 도움을 줄 거라 기대해본다.

2015년 2월
김해용

애착 성향 진단 테스트

아래의 질문에 대해 과거 몇 년 동안 자신의 성향을 떠올리며 가장 적합한 것을 선택해주십시오. 다만 '어느 쪽이라고도 할 수 없다'가 너무 많으면 검사의 정밀도가 낮아지므로 주의하십시오.

I

1 적극적으로 새로운 일을 시작하거나 새로운 장소, 새로운 사람을 만나는 편입니까?
   ① 네
   ② 아니요
   ③ 어느 쪽이라고도 할 수 없다

2 누구와도 금방 대화할 수 있고 친해지는 편입니까?
   ① 네
   ② 아니요
   ③ 어느 쪽이라고도 할 수 없다

3 만약 곤란한 일이 생겨도 어떻게 되겠지 하고 낙관적으로 생각하는 편입니까?
   ① 네
   ② 아니요
   ③ 어느 쪽이라고도 할 수 없다

4 친한 친구나 지인을 진심으로 신뢰하는 편입니까?
   ① 네
   ② 아니요
   ③ 어느 쪽이라고도 할 수 없다

5   누군가를 질책하는 등 공격적인 성향을 가지고 있습니까?
     ① 네
     ② 아니요
     ③ 어느 쪽이라고도 할 수 없다

6   지금까지 해본 적 없는 경험을 할 때, 불안을 잘 느끼는 편입니까?
     ① 네
     ② 아니요
     ③ 어느 쪽이라고도 할 수 없다

7   당신의 부모(양육자)는 당신에게 냉담한 면이 있습니까?
     ① 네
     ② 아니요
     ③ 어느 쪽이라고도 할 수 없다

8   인간은 무슨 일이 생겼을 때 배신하거나 믿을 수 없는 존재라고 생각하십
     니까?
     ① 네
     ② 아니요
     ③ 어느 쪽이라고도 할 수 없다

9   당신의 부모(양육자)는 당신을 평가해주기보다 비판적인 편입니까?
     ① 네
     ② 아니요
     ③ 어느 쪽이라고도 할 수 없다

10   어린 시절의 추억은 즐거웠던 일이 슬펐던 일보다 더 많습니까?
     ① 네
     ② 아니요
     ③ 어느 쪽이라고도 할 수 없다

11 당신의 부모(양육자)에게 정말 감사하고 있습니까?

① 네

② 아니요

③ 어느 쪽이라고도 할 수 없다

12 힘든 일이 있을 때 부모나 가족을 생각하면 마음이 진정됩니까?

① 네

② 아니요

③ 어느 쪽이라고도 할 수 없다

13 옆에 없게 되었어도 그 사람을 오랫동안 계속해서 생각하는 편입니까?
아니면 다음 사람을 곧바로 찾는 편입니까?

① 그 사람을 계속 생각하는 편이다

② 다음 사람을 찾는 편이다

③ 어느 쪽이라고도 할 수 없다

Ⅱ

14 좋고 싫은 구분이 명확한 편입니까?

① 네

② 아니요

③ 어느 쪽이라고도 할 수 없다

15 정말 좋은 사람이라고 생각했는데, 환멸을 느끼거나 싫어진 적이 있습니까?

① 자주 있다

② 거의 없다

③ 어느 쪽이라고도 할 수 없다

16 자주 화가 나거나 침울해지는 편입니까?

　① 자주 있다

　② 거의 없다

　③ 어느 쪽이라고도 할 수 없다

17 자신에게는 장점이 거의 없다고 생각한 적이 있습니까?

　① 자주 있다

　② 거의 없다

　③ 어느 쪽이라고도 할 수 없다

18 거절당할까 봐 불안한 적이 있습니까?

　① 자주 있다

　② 거의 없다

　③ 어느 쪽이라고도 할 수 없다

19 좋은 점보다 나쁜 점을 더 신경 쓰는 편입니까?

　① 네

　② 아니요

　③ 어느 쪽이라고도 할 수 없다

20 스스로에게 자신감을 갖고 있는 편입니까?

　① 네

　② 아니요

　③ 어느 쪽이라고도 할 수 없다

21 다른 사람에게 기대지 않고 결단하거나 행동할 수 있는 편입니까?

　① 네

　② 아니요

　③ 어느 쪽이라고도 할 수 없다

22 자신은 다른 사람에게 그다지 사랑받지 못하는 존재라고 생각하십니까?
① 네
② 아니요
③ 어느 쪽이라고도 할 수 없다

23 무슨 안 좋은 일이 생기면 하던 일을 자꾸 미루는 편입니까?
① 네
② 아니요
③ 어느 쪽이라고도 할 수 없다

24 당신의 부모(양육자)로부터 상처받은 적이 자주 있습니까?
① 네
② 아니요
③ 어느 쪽이라고도 할 수 없다

25 당신의 부모(양육자)에 대해 분노나 원망을 느낀 적이 있습니까?
① 네
② 아니요
③ 어느 쪽이라고도 할 수 없다

Ⅲ

26 힘들 때 친한 사람과 자주 만나려고 노력하는 편입니까, 아니면 힘들수록
만나지 않으려고 하는 편입니까?
① 만나려고 한다
② 만나려고 하지 않는다
③ 어느 쪽이라고도 할 수 없다

27 친밀한 대인 관계는 당신에게 중요합니까?

① 정말 중요하다

② 그다지 중요하지 않다

③ 어느 쪽이라고도 할 수 없다

28 늘 냉정하고 쿨한 편입니까?

① 네

② 아니요

③ 어느 쪽이라고도 할 수 없다

29 끈적끈적한 만남은 질색입니까?

① 네

② 아니요

③ 어느 쪽이라고도 할 수 없다

30 알던 사람과 헤어져도 금방 잊는 편입니까?

① 네

② 아니요

③ 어느 쪽이라고도 할 수 없다

31 다른 사람과의 만남보다 자신의 세계가 더 중요합니까?

① 네

② 아니요

③ 어느 쪽이라고도 할 수 없다

32 자신의 능력만을 믿습니까?

① 네

② 아니요

③ 어느 쪽이라고도 할 수 없다

33 지나간 일은 별로 그리워하지 않는 편입니까?
① 네
② 아니요
③ 어느 쪽이라고도 할 수 없다

34 표정에 감정을 잘 드러내지 않는 편입니까?
① 네
② 아니요
③ 어느 쪽이라고도 할 수 없다

35 연인이나 배우자에게도 사생활은 간섭받고 싶지 않습니까?
① 네
② 아니요
③ 어느 쪽이라고도 할 수 없다

36 친한 사람과 살갗이 닿거나 포옹 같은 스킨십을 좋아하십니까? 아니면
그다지 좋아하지 않습니까?
① 좋아하는 편이다
② 그다지 좋아하지 않는다
③ 어느 쪽이라고도 할 수 없다

37 어린 시절의 일을 잘 기억하는 편입니까, 아니면 별 기억이 없는 편입니까?
① 잘 기억하고 있다
② 별 기억이 없다
③ 어느 쪽이라고도 할 수 없다

38 친한 사람과 있을 때도 신경 써서 예의를 갖추는 편입니까?
① 네
② 아니요
③ 어느 쪽이라고도 할 수 없다

39 곤란에 처했을 때 타인은 친절하게 도와주는 존재라고 생각하십니까?

① 네

② 아니요

③ 어느 쪽이라고도 할 수 없다

40 타인의 선의를 부담 없이 받아들이는 편입니까?

① 네

② 아니요

③ 어느 쪽이라고도 할 수 없다

41 실패가 두려워 도전을 피해버린 적이 있습니까?

① 네

② 아니요

③ 어느 쪽이라고도 할 수 없다

42 누군가와 헤어질 때 정말 슬프거나 동요하는 편입니까?

① 네

② 아니요

③ 어느 쪽이라고도 할 수 없다

43 타인의 간섭 없이 혼자 자유롭게 살아가는 게 좋습니까?

① 네

② 아니요

③ 어느 쪽이라고도 할 수 없다

44 당신에게는 일과 학업, 연애와 대인 관계 어느 쪽이 더 중요합니까?

① 일과 학업

② 연애와 대인 관계

③ 어느 쪽이라고도 할 수 없다

45 당신이 상처받았거나 침울해 있을 때 다른 사람이 위로해주거나 이야기
    를 들어주는 게 얼마나 중요합니까?
    ① 정말 중요하다
    ② 별로 중요하지 않다
    ③ 어느 쪽이라고도 할 수 없다

집계 방법

각 질문에 대한 대답을 아래 표의 대답 번호 칸에 기입해주십시오. 질문 번호와 대답 번호가 어긋나지 않도록 주의해주십시오. 대답 번호와 일치하는 번호가 오른쪽 A, B, C, D 칸에 있으면 그것을 ○를 쳐주십시오. 그 작업이 끝나면 A, B, C, D마다 ○가 몇 개 있는지 세어 제일 아래 합계 칸에 기입해주십시오.

질문 번호	대답 번호	A	B	C	D
1		1			
2		1		2	
3		1			
4		1			
5		2			
6		2			
7		2			1
8		2			
9		2			1
10		1	2		2
11		1	2		2
12		1	2		2
13		1	2		
14			1		
15			1		
16			1		
17			1		
18			1		
19			1		
20			2		
21			2		

22		2	1		
23		2	1		
24		2	1		1
25		2	1		1
26				2	
27				2	
28				1	
29				1	
30				1	
31				1	
32				1	
33				1	
34				1	
35				1	
36				2	
37				2	
38		2	1		
39		1		2	
40		1		2	
41				1	
42			1	2	
43			2	1	
44			2	1	
45				2	
합계					

판정 방법

A, B, C, D 합계 점수는 각각 '안정형 애착 점수', '불안형 애착 점수', '회피형 애착 점수', '미해결형 애착 점수'입니다.

우선 어느 점수가 가장 높은지 봐주십시오. 그것이 당신의 기본적인 애착 성향입니다. 특히 15점 이상인 경우에는 그 경향이 상당히 강하며, 10점 이상인 경우에는 강한 편이라고 판단할 수 있습니다.

다음으로 두 번째로 높은 점수도 주의해주십시오. 5점 이상인 경우 그 경향도 무시할 수 없는 요소라고 말할 수 있습니다.

그것들을 종합적으로 정리하여 각 애착 성향의 판정 기준과 특징을 기록한 게 아래 표입니다. 덧붙여 ≫ 기호는 '상당히 크다'라는 의미입니다만 여기에서는 5점 이상 차이를 판정의 기준으로 생각해주십시오.

각 애착 성향의 판정 기준과 특징

애착 성향	판정 기준	특징
안정형	안정형 점수≫불안형, 회피형 점수	불안형, 회피형 성향이 모두 낮고 가장 안정된 유형
안정-불안형	안정형 점수>불안형 점수≧5	불안형 성향이 보이지만 전체적으로는 안정형
안정-회피형	안정형 점수>회피형 점수≧5	회피형 성향이 보이지만 전체적으로는 안정형
불안형	불안형 점수≫안정형, 회피형 점수	불안형이 강하며, 대인 관계에 민감한 유형
불안-안정형	불안형 점수≧안정형 점수≧5	불안형이 강하지만 어느 정도 적응력이 있는 유형
회피형	회피형 점수≫안정, 불안형 점수	회피형이 강하고 친밀한 관계가 되기 어려운 유형
회피-안정형	회피형 점수≧안정형 점수≧5	회피형이 강하지만 어느 정도 적응력이 있는 유형
공포회피형	불안형, 회피형 점수≫안정형 점수	불안형, 회피형 모두 강하고, 상처에 민감하며, 의심이 많은 유형
미해결형	미해결형 점수≧5	부모(양육자)와의 애착 상처를 오랫동안 안고 있었으며, 불안정해지기 쉬운 유형으로 다른 유형과 공존한다.

오카다 다카시 岡田 尊司

도쿄대에서 철학을 공부했지만 중퇴하고 교토대 의과대학에 다시 들어가 정신과 의사가 된 특이한 경력의 소유자이다. 현재는 오카다 클리닉 원장으로 활동하고 있다. 정신의학과 뇌 과학 분야 전문가로 주목받는 그가 꾸준히 주장하고 있는 '애착 이론'은 청소년 범죄의 근본적인 원인과 해결책을 제시했다는 점 때문에 일본 사회에 큰 반향을 불러일으켰다.

『나는 상처를 가진 채 어른이 되었다』, 『나는 왜 혼자가 편할까?』, 『나는 왜 저 인간이 싫을까?』가 대표작이며 『나만 바라봐』, 『예민함 내려놓기』, 『심리 조작의 비밀』, 『애착 수업』, 『나는 네가 듣고 싶은 말을 하기로 했다』 등 수많은 책이 국내에 소개되었다. 특히 이 책 『나는 왜 혼자가 편할까?』는 결혼율과 출산율이 저하되고 1인 가구가 늘어가는 근본적인 원인을 파헤치고 그 대안을 제시하는 심리학 도서로 입소문만으로 국내 출간 이후 7년 동안 변함없이 사랑받고 있다.

김해용

경희대학교 국어국문학과를 졸업하고, 출판 편집자로 일하며 다수의 일본 작품을 번역하고 편집했다. 오쿠다 히데오의 『버라이어티』, 『나오미와 가나코』, 이사카 고타로의 『악스』, 모리미 도미히코의 『야행』, 츠지무라 미즈키의 『도라에몽: 진구의 달 탐사기』 등의 소설과 『조류학자라고 새를 다 좋아하는 건 아닙니다만』, 『지성만이 무기다』, 『나는 왜 혼자가 편할까?』, 『나는 왜 저 인간이 싫을까?』, 『신공룡도감: 만약에 공룡이 멸종하지 않았다면』 등 여러 교양서를 우리말로 옮겼다.

나는 왜 혼자가 편할까?

1판 1쇄 발행 | 2015년 4월 10일
1판 27쇄 발행 | 2021년 2월 16일
2판 1쇄 발행 | 2022년 1월 20일
2판 8쇄 발행 | 2024년 9월 10일

지은이 | 오카다 다카시
옮긴이 | 김해용
발행인 | 김태웅
기획편집 | 정상미, 엄초롱
디자인 | design PIN
마케팅 총괄 | 김철영
마케팅 | 서재욱, 오승수
온라인 마케팅 | 김도연
인터넷 관리 | 김상규
제   작 | 현대순
총   무 | 윤선미, 안서현, 지이슬
관   리 | 김훈희, 이국희, 김승훈, 최국호

발행처 | (주)동양북스
등   록 | 제2014-000055호
주   소 | 서울시 마포구 동교로22길 14 (04030)
구입 문의 | 전화 (02)337-1737 팩스 (02)334-6624
내용 문의 | 전화 (02)337-1739 이메일 dymg98@naver.com
네이버포스트 | post.naver.com/dymg98
인스타그램 | @shelter_dybook

ISBN 979-11-5768-771-8 03190